# 营销4.0时代武汉老字号品牌消费者购买行为研究

田姗 著



WUHAN UNIVERSITY PRESS
武汉大学出版社

**图书在版编目(CIP)数据**

营销4.0时代武汉老字号品牌消费者购买行为研究/田姗著.—武汉：武汉大学出版社,2021.11
ISBN 978-7-307-22728-6

Ⅰ.营… Ⅱ.田… Ⅲ.①老字号—品牌营销—研究—武汉 ②老字号—品牌—消费者—购买行为—研究—武汉 Ⅳ.F279.276.31

中国版本图书馆CIP数据核字(2021)第234753号

责任编辑:唐 伟　　责任校对:李孟潇　　版式设计:马 佳

出版发行：**武汉大学出版社**　（430072 武昌 珞珈山）
（电子邮箱：cbs22@ whu.edu.cn　网址：www.wdp. com.cn）
印刷:武汉邮科印务有限公司
开本:720×1000　1/16　印张:13.5　字数:219千字　插页:1
版次:2021年11月第1版　2021年11月第1次印刷
ISBN 978-7-307-22728-6　定价:45.00元

# 前　言

营销4.0时代背景下，老字号品牌不仅面临着全球品牌与新创品牌的竞争压力，还需解决随着忠诚度顾客年龄的增加以及新一代消费者关注低导致的品牌老化问题，要求越来越多的老字号在企业经营过程中要不断变革和创新商业模式，要根据市场需求的动态变化性做出及时、针对性地调整。一些老字号企业已然开始了这场数字化的革命，根据市场发展特点，重新制定了产品策略，对传统产品进行创新，尝试利用信息化平台，开启社会化媒体营销、新媒体营销、内容营销、跨界营销等新模式，呈现出一些老字号品牌推广的经典案例，诸如大白兔与气味图书馆合作推出“快乐童年香氛系列”产品、泸州老窖和钟薛高推出“白酒断片雪糕”产品、英雄与RIO推出“墨水鸡尾酒”产品、人民日报与李宁推出“卫衣系列”产品、故宫与奥利奥推出“故宫食品联名御点”系列产品等。近年来，经过政府的扶持和企业自身的努力，部分老字号企业的经济实力、品牌价值和发展情况都出现了新的增长，但是依然有大批的老字号企业存在经营理念落后、人才缺乏、推广不足、产品创新不够、品牌价值低估等问题。

武汉作为中国历史文化名城，有着丰富的历史文化渊源，而武汉老字号品牌不仅是地域文化现象的经典符号，具有历史悠久、品种繁多、制作精细、用料讲究的特点，更是武汉这座英雄城市生活习俗、人文背景、历史变迁等方面的见证者。但是当我们深入武汉这座老城，去三镇探寻老字号的踪迹时，有诸多惋惜，汉正街曾是武汉众多老字号品牌的诞生地，随着历史的变迁，这里已经换了模样，有的老字号品牌淹没在历史的尘埃中，有的基于发展需要已经迁出旧址，有的却被新兴品牌遮住了昔日的光辉。假日的时光走在吉庆民俗风情街上，可以一家家尝过闻名遐迩的武汉老字号餐饮品牌，诸如四季美、蔡林记、谈炎记、老万成、老通城、冠生园、汪玉霞等，也能看到那些被精心绘制的带有武汉方言的艺术字墙壁，可是心中除了历史带来的厚重感，还有不少疑惑，为什么这些老字号品牌店内随处碰见的游客居多，本地人较少？为什么它们的服务种类还是相对单一，产品附加值较低？为什么相隔不远处网红品牌“茶颜悦色”排起长龙，这里却鲜少人排队？

作为一名“80后”，见证着中国改革开放带来的经济快速发展，也经历着国外品牌涌入中国市场带来的冲击，在我们少年时，周边的同龄人谈论最多的都是来自西方的各种“洋品牌”，可是随着国内外市场的不断变化，在数据包围的当下，我们慢慢发现那些被淹没的老字号品牌，才是应该被追寻的品牌，因为它们都有着丰富的历史文化内涵，它们是中华民族优良传统记忆的载体，是童叟无欺商业道德的典范，是精益求精工匠精神的体现，也因如此，国货意识在时下年轻群体当中被不断唤起，所以在这股“国潮旋风”下，我希望能有更多人群开始关注武汉老字号品牌，让其重焕昔日光彩。因此，本书的研究目的在于：一方面，从理论上完善和丰富消费者行为学领域和老字号领域的相关研究，尤其是营销4.0时代，当所有人都开始关注大数据、社群和价值观时，消费群体呈现出什么特征，可以构建什么样的消费者行为模型，区域性老字号品牌呈现出何种特点，区域性老字号品牌的价值存在哪些方面，如何激活区域性老字号品牌在数字化时代的新发展；另一方面，从实践上能够实现传承武汉地方文化特色，增强城市魅力，提升武汉老字号品牌价值的目的，让武汉老字号品牌焕发新时代的生机。为此，本书研究分别从以下几个方面逐步展开分析。

首先，对消费者购买行为研究、国货意识研究和老字号品牌研究进行系统、深入的文献阅读和整理工作，找出武汉老字号品牌在营销4.0时代背景下，消费者购买行为研究的理论基础和可行性。

其次，应用深度访谈、实地调查和二手数据资料收集等调研方法，搜寻武汉老字号品牌发展的各种资料，力求对武汉老字号品牌发展时期、发展特点以及存在问题等方面进行较为完整的论述。

再次，细致认真地研读文献，选取合适的研究变量，应用规范的、严谨的、科学的市场调研方法进行问卷设计工作，构建武汉老字号品牌消费者购买行为研究模型，采用抽样的方法对样本数据进行收集，并应用SPSS 23.0软件与AMOS 23.0软件对数据进行有效性和稳定性检测、基础描述性分析、验证式因子分析与结构方程模型分析等统计分析，全面系统地完成对研究模型的论证过程。

最后，基于模型验证结果，整合学者们在创新武汉老字号品牌发展路径的相关研究成果，应用对策研究的方法，探讨营销4.0时代发展背景下，适合武汉老字号品牌的发展路径。

本书由笔者完成主旨设计、理论框架与研究模型，具体包括文献研究、理论梳理、模型构建、数据验证与分析和对策探讨等工作。感谢龚宁格、刘小莹、李思玉和谭发英等同学在选题初期对资料的整理工作，并带着我们最早的构思作品去参加第11届全国大学生市场调查与分析大赛，获得国赛二等奖的荣誉，这让我更加坚定要完成此项研究的决心和信心。感谢王其和教授给予选题方向的指导，梁晶副教授给予的技术和方法指导，以及院系各位领导、老师们给予的关心和帮助。特别感谢家人的精神支持和鼓励，否则我也很难有勇气完成此书。

关于武汉老字号品牌消费者行为方面的研究，本书提出了购买行为模型，但是还需要进一步优化，包括变量内部测量项目的精简设计、潜变量关系的深入探究、新生代消费群体的消费特征等方面。基于本人的能力和精力，本书在论述中难免存在缺陷和错误，恳请各位专家、学者和读者给予批评和指正，并且诚邀有兴趣的学者加入武汉老字号品牌消费者行为的课题中，共同将研究问题深入化和细致化，获取更加丰富的理论和实践价值。

田　姗

2021年8月

# 目　　录

# 第一章 引 言

当下正处在以大数据、社群、价值观营销为基础的营销4.0时代，国内外不少企业开始逐步将营销的中心转移到与消费者积极互动、尊重消费者作为"主体"价值观、让消费者更多地参与营销价值创造的活动中来[1]。在数字化连接的时代，信息传递异常便捷，商贸流通也越发频繁，竞争也日益激烈，消费者主体表现出理性化、个性化、年轻化、体验化等特征，而洞察与满足这些连接点所代表的需求，帮助客户实现自我价值，是营销4.0时代所需面对和解决的问题。

老字号是中国商业品牌特有的称谓，通常是指有多年成功的经营经历，在一定区域内有良好声誉的商号及其商品和服务的称谓[2]，其是经济现象更是文化现象，呈现出了关于中华民族和地方特色的优良传统记忆，代表着诚信经营的商业道德，具有精益求精的工匠精神，是中国品牌软实力的重要代表。当百年老字号品牌身处营销4.0时代当中时，机遇与挑战并存，区域性的老字号品牌更需要创新的营销思维、营销模式和营销战略去迎接时代的考验，利用互联网与数字化技术，洞察与满足现有消费群体和潜在消费群体的不同层次需求，提升老字号品牌产品(服务)购买体验，让老字号品牌的社会文化价值不断向市场价值进行转换，获取核心竞争优势，赢得品牌常青。

## 第一节 研究背景

### 一、国货意识形成和发展研究

19世纪末至20世纪初，国货意识随着中国近代民族资本主义的产生和发展而逐步形成，属于近代爱国主义和民族主义的重要内容。中华人民共和国成立后，国货意识不断发展，相关研究也日益丰富。李新灏(1990)、周铭(1990)、宫希魁(1998)等学者对“国货”及“国货意识”给出了明确定义[3-6]；王海忠、赵平(2004)以消费者民族中心主义倾向为细分标准，将中国消费者划分为国货崇尚簇、国货接受簇和崇洋簇[7]；庄贵军、周南、周连喜等(2006)肯定了国货意识与消费者民族中心主义内涵的一致性，研究发现大学生群体的国货意识是随着本土品牌质量、知名度和性价比的提高而增强[8]；周志民、贺和平、刘雁妮等(2010)构建了国货意识形成机理概念模型[9]；王鹏、庄贵军、周英超(2012)指出国货意识的前因变量包括爱国主义和民族主义，研究发现中老年消费群体更偏爱传统老字号国货品牌[10]；张燚、刘进平、张锐、郭斌、肖燕、李冰鑫、龚政、卢方杰等一批学者自2014年开始就进行“国货意识”的相关研究，揭示了国货意识淡漠消费者的认知和行为特征、国货支持在本土品牌购买决策中的重要影响、国货意识和消费者民族中心主义内涵的一致性等问题，并构建了国货意识研究的基本架构与研究断层[11-17]。李倩倩、崔翠翠等(2018)通过设计全球品牌与本土品牌偏好驱动因素模型，发现中国品牌正在实现国内大逆转并逐步迎来全球化发展阶段[18]。

## 二、老字号内涵及其经营发展研究

### (一)老字号定义及特征

老字号是我国商业特有的称谓，最早可追溯至唐宋时期，大多诞生于明清时期，当代关于老字号范畴的界定研究，大多基于2006年商务部发布的《中华老字号认定规范(试行)》中界定的标准。刘帆(2007)提出中华老字号品牌具有四个方面的特征[19]；周露阳(2011)在研究时指出中国的老字号是一种成为文化遗产典型成分的品牌[20]；王伊礼(2018)研究认为地方认定的文化特色浓、品牌信誉高、市场竞争力强的老字号企业也属于老字号研究范围，具有五点特征[21]；白玉苓(2019)梳理了自1990年到2018年中华老字号的概念及认证历史，指出老字号的特点呈现出三个方面[22]；沈浩蓝(2020)对老字号概念进行了辨析[23]。

### (二)老字号经营发展特点

老字号在发展过程中具有自身的独特优势，却也在时代背景下呈现出各种发展问题。邱志强（2004）基于中华老字号企业的营销战略环境视角、王成荣（2012）基于中外老品牌的研究对比视角，都指出老字号品牌的优势主要集中在三个方面，不足则体现在四个方面[2,24]；冷志明（2004）指出中华老字号品牌建设滞后性的四个表现[25]；刘帆（2007）从品牌文化视角指出“中华老字号”所具有的四个文化优势[19]；张景云、陈碧莹、白玉苓等（2019）指出老字号品牌与年轻消费群体的心理距离较远[26]；李鹏、谢奕、李静、杨凯强等（2021）研究认为在新时代，老字号企业与消费者需求缺乏融合性[27]。

针对老字号品牌存在的问题，不少学者从战略视角提出了发展对策。邱志强（2004）在老字号品牌战略上较早进行深入研究，提出创新战略、品牌营销战略、规模化战略和国际化战略。后续学者们则在此基础上不断深化某战略层次方面的研究。

一是创新战略研究层面，王兆峰（2005）研究认为“中华老字号”企业品牌创新策略包含七个方面内容[28]。尉建文、黄莉（2016）对“老字号”品牌创新因素进行了分析[29]；徐伟、杨玉成、李永发（2020）构建了老字号品牌创新发展模式[30]；魏崇红、王金玉等（2020）探讨了在新媒体语境下中华老字号品牌的创新路径思路[31]；何开源等（2021）从产业链创新角度进行了分析[32]；门海艳（2021）构建了新经济背景下老字号企业创新发展模式[33]。

二是营销战略研究层面，学者以品牌属地和行业属性等方面进行深入研究，探讨其应用性。陈喆等（2009）、罗颖（2010）、罗纪宁、陈绿丹（2011）、杨珩（2012）、张景云等（2017）、张昊雯（2018）、谭培健（2019）、胡家铭等（2020）、李珍珍等（2020）、张景云等（2020）、吕倩（2021）等众多学者着重研究了餐饮老字号品牌在营销创新方面的策略[34-44]；吴国峰（2015）、宣春霞（2019）、高敏（2020）、江炜康等（2020）、刘博（2020）等学者研究了地方代表性老字号食品品牌的营销创新策略[45-49]；吴新玲（2013）、杜丰秀（2015）、陈虹羽等（2018）、曾静（2019）等学者针对医药老字号品牌研究了营销创新策略[50-54]；陈家怡等（2016）、涂开仁等（2016）、迟丹凤等（2017）、白玉苓（2018）、谭春玲等（2019）、秦瑞瑜等（2020）针对片仔癀、百雀羚、孔凤春、谢馥春等老字号化妆品品牌进行了营销战略相关研究[55-60]。

三是经营战略研究层面，王成荣、李城、王玉军等（2012）系统整理了学者们相对零散的研究，从老字号的经营特性为切入点，指出老字号可以采用“倚老卖老”型、“倚老带新”型和“倚老卖新”型战略[2]。张永、张浩等(2012)具体分析了标准化管理、连锁店的控制、营销模式和资本运作等在老字号品牌经营中的重要作用[61]。朱有明(2016)研究了信息经济视域下老字号企业经营战略[62]。

四是国际化战略研究层面，涂嘉欣(2016)研究认为当下我国经济转型升级与新一轮全球化呈现历史交汇，老字号的转型升级策略可与国际接轨，将品牌国际化作为目标[63]。张恒军(2017)指出当下应逐步促进海外消费者对老字号品牌的认知与行为改变，全面推进品牌国际化传播[64]。陈奇(2018)研究指出“互联网 +”时代消费环境和消费模式为中华老字号的发展提出了新的要求，中华老字号需要建立国际化经营战略[65]。李芳芳(2020)研究认为借助“一带一路”倡议发展机遇，在推进“中华老字号”国际化进程中要不断完善知识产权保护措施[66]。

## 三、老字号品牌价值构成及评估研究

王玉军(2010)研究了北京老字号品牌价值，并支持其构成要素包括市场价值与社会和文化价值[67]；李盛林、田雯霞(2014)基于消费者决策角度，指出影响老字号品牌价值的主要因素方面[68]；姬志恒、王兴元(2014)认为老字号品牌文化与企业价值密切关联[69]；吴方(2015)指出“老字号”品牌的商业价值主要体现在经济价值、市场价值与历史文化价值等三个方面[70]。陈亚荣、孙晶路(2013)将老字号品牌价值的构成要素称为“老字号强度”，构建了中华老字号品牌价值评估模型[71]。王成荣等(2012)指出老字号品牌价值呈现构成不均衡的特征，并设计了老字号品牌价值评估模型，研究老字号品牌价值三种组成部分统一化问题[2]。

## 四、老字号品牌激活策略及路径研究

何佳讯、李耀(2006)构建了品牌活化矩阵，指出其是适合中国老品牌复兴的基本战略架构[72]。吴水龙(2008)研究指出激活“老字号”品牌资产的方向、关键路径和策略是对“老字号”品牌的旧元素加以复活，并适时注入新元素[73]。杨攀、于海龙等(2008)从企业视角和消费者视角提出了中华老字号品牌资产激活路径模型[74]。陶云彪(2011)从消费者激活、品质感知激活、品牌联想激活、认知度激活和营销能力激活五个方面研究了实施老字号品牌资产的激活策略[75]。江红艳、王宇、吉峰、孙配贞等(2016)研究了社会排斥对老字号品牌激活策略效果的影响，提出可以在广告中设置不同的社会排斥场景，从而达到践行老字号品牌不同激活策略的目的[76]。郭雯琦(2018)认为老字号品牌的激活包括创新和怀旧两个方面[77]。许晖、张海军、冯永春等(2018)指出了老字号品牌活化四类路径模式，包括防御型、折中型、创业型和先锋型[78]。江炜康等(2020)研究指出与互联网经济催生的新兴品牌比照，老字号拥有巨大的品牌价值，可以通过跨界 IP 合作策略进行老字号品牌激活[48]。

综合学者们关于国货意识与老字号品牌的相关研究可以发现，在消费者群体关注国货、购买国货、宣传国货日益高涨的趋势下，老字号品牌需要合理利用数字化时代给予的发展红利，扬长避短，活化品牌形象，与消费者建立持续的连接，积极互动，应用创新的营销思维和模式去实现自身跨越式发展。

## 第二节　研究目的及意义

本书选取武汉老字号品牌为研究对象，目的在于研究其消费者的行为特征，挖掘武汉老字号品牌被低估的价值。这些有着丰富历史沉淀的武汉老字号品牌在营销 4.0 时代，需要走出地域限制，面向全球市场打造汉派精品，创造自身的品牌价值，并不断创新具有规模效应和品牌效应的武汉老字号特色，迎来属于“武汉造”的春天。

### 一、理论意义

#### (一)丰富消费者行为学领域的研究

国内外学者关于消费者购买行为的研究可谓车载斗量，从宏观研究层面来看，消费者行为与消费生活方式概念紧密相连；从微观研究层面来看，消费者行为与消费者认知、态度、购买意愿以及决策过程等具体购买行为息息相关；从研究主题来看，消费者行为研究包括消费研究、消费者研究和消费者行为研究三个层面；从发展情况来看，消费者行为学在中国经过了 30 多年的发展，国内营销学者在消费者行为研究方面学术成果形式多样、数量丰富。总体来说，消费者行为学在中国乃至世界都还有很多值得深入研究与探讨的问题，尤其是在数字化时代，营销模式从1.0向4.0快速迭代，互联网迅速渗透到人们的生产生活中，信息传递已从传统的金字塔形变成立体网球形，个体信息获取速度和数量几何级增长，随着新媒体技术的发展，也使得单个个体行为汇聚成群体性行为，出现能在极短时间内形成的“数字化口碑”现象，它对消费者购买行为影响极大。而当前学术界关于营销4.0时代消费者行为的探讨才刚刚起步，很多未知领域和细分领域亟待开发。

### （二）丰富老字号领域的研究

学术界当前关于中国老字号的研究比较庞杂，从研究内容来看，多数围绕老字号内涵、老字号经营发展特点、老字号品牌创新、老字号老化与激活等方面进行；从研究对象来看，著名的老字号品牌案例研究居多，餐饮类老字号研究较为丰富；从研究方法来看，定性研究偏重老字号内涵、特点、路径与创新等方面，且主要基于企业角度，而定量研究则偏重个案研究，探讨某个变量对购买行为的影响，多以回归分析、结构方程模型和实验研究等方法开展；从地域研究来看，北京、上海、江苏等地的老字号研究较为丰富，其他地域研究零星分布。综合来说，老字号研究的领域范围较广，但深度不够，真正将定性研究和定量研究结合、将地方特色与老字号发展结合、将时代背景与老字号经营结合、将区域老字号品牌与消费者购买行为结合等方面的系统研究相对匮乏，基于此，本书立足营销4.0时代发展背景，结合定性与定量分析方法，系统研究区域老字号品牌消费者购买行为的特征，力求在老字号领域的理论研究上有所贡献。

## 二、实践意义

### （一）传承地方文化，增强武汉城市魅力

武汉的历史可追溯到3500年前的商朝盘龙古城，自古就处于荆楚文化圈范围中，至明朝成化年间，汉水改道，汉口开始形成，也就此完成了武汉三镇鼎力格局的基础。到了19世纪后期，受到外来文化冲击，这座古老的城市，开始融

入了新的文化形式，在城市建筑中出现了租界建筑、里弄建筑、民族工业建筑及公用事业建筑。历次革命活动后也留下了众多革命遗迹、名人故居，1949年以后，武汉的思想又被融入了“民族的形式，社会主义的内容”。这个城市的文化是独特的，它既有历史的厚重，也有文化的融合，还有开拓未来的决心。

城市文化对于一个城市的发展非常重要，而文化的传承就需要有对应的载体，老字号品牌正好实现了这样的功能，它们是区域文化特色的标志之一，是地缘区域的优质资源集合，浓缩了武汉的自然资源和人文资源的精华，有些历经百年不衰，成为维系武汉地方文化情结的重要纽带。曾经的武汉街头巷尾流传着这样的时髦语：“头戴盛锡福的帽，身穿谦祥益的衣，脚踩老华美的鞋，手挽亨达利的表，撑着苏恒泰的伞，提着汪玉霞的点心，去显真楼照相，到新市场看戏。”这些老字号曾与生于斯、长于斯的武汉人民朝夕相处，给江城三镇市民打下了深刻的烙印，它们记载着武汉城市的历史和文化，演绎着武汉的时代变迁。

营销4.0时代的到来，打破了地域的鸿沟，数据连通着我们每一个人，当武汉老字号品牌想“走出去”时，它带来的不仅仅是产品和服务，更多的是将武汉的城市文化向外输送，让更多的人认识这座城市。

通过对武汉老字号品牌的研究，初衷就在于挖掘记录在文献里的、古迹里的、博物馆中的武汉文化，让它可以在新的时代依然薪火相传，进入到我们每一个普通人日常生活的衣食住行中，尤其是能够在年轻一代、新生代、Z世代消费群体中引起关注，让他们去活化这些老字号品牌，去丰富武汉的文化精神，去优化武汉的城市环境，去提升大武汉的城市魅力。

### （二）提升品牌价值，增强武汉老字号品牌竞争力

武汉老字号品牌展示了浓郁的武汉地方特色，传承着汉上独居匠心的技艺和服务，体现了诚信经营的商业文化，它们分布在武汉居民日常生活的各个行业。早在明清时期，汉口就已经成为“天下四聚”的商业巨镇，汇聚了盐、茶、药材等商号所属的“上八行”和手工艺作坊所属的“下八行”，形成了一批各具特色、异彩纷呈、声播四海的工商企业，它们大多有着较强的竞争力，如全国四大中药店之一的叶开泰，购货于海外的大布号谦祥益，汉上食品行业的巨头汪玉霞等。在商务部2006年第一批认定的“中华老字号”430个品牌中，武汉市老字号品牌

马应龙、曹祥泰、五芳斋、长生堂榜上有名。截至当前，武汉市共有61家“老字号”叫响全国，其中“中华老字号”13个，“湖北老字号”15个，“武汉老字号”48个，且武汉市老字号品牌平均寿命在110年以上，可以说武汉老字号品牌所沉淀的社会价值和文化价值，与新创品牌相比具有先天优势。但是，武汉老字号企业经营规模普遍不大，品牌价值难以衡量。

随着营销4.0时代的到来，中国品牌迎来了发展的新契机，2020年更是成为中国本土品牌发展的高光时刻，消费市场刮起“国潮旋风”，中国新生代的消费主力军们不再迷恋国际品牌，国货意识不断增强，他们更加看重品牌背后的文化底蕴、美学价值和传导的生活理念，因此，这一次的消费迭代是武汉老字号品牌提升和挖掘自我品牌价值，增强品牌竞争力的重要时刻，在这个特殊节点，对武汉老字号品牌及其对应消费群体进行深入研究，具有符合时代的发展意义和价值。

## 第三节　研究内容与方法

### 一、研究内容

本书以相关理论研究为重要研究基础，整理和分析武汉老字号品牌的经营发展情况，深入研究武汉老字号品牌消费者购买行为特征及影响因素，旨在为营销4.0时代武汉老字号品牌发展与创新提出建议。

#### （一）武汉老字号品牌经营与发展情况

武汉老字号品牌的发展状况是本书首要研究的内容。本书将在对国货意识研究、老字号品牌研究、武汉老字号发展历史等相关文献整理的基础上，结合实地调查的方法，汇总各种重要的信息资料，力图整理出武汉老字号品牌发展历史阶段、发展特点和存在问题等方面的相关研究成果。

#### （二）武汉老字号品牌消费者购买行为模型

国内外关于消费者购买行为的研究非常丰富，并且存在很多经典的模型，但是针对我国老字号品牌消费者行为方面的研究还处于发展完善阶段，学者们关于研究模型中变量的选择都比较零散，并没有形成统一的老字号品牌消费者购买行为模型。本书在对消费者行为研究、消费者本土品牌偏好、老字号品牌价值研究、老字号品牌购买行为影响因素研究等相关文献的整理基础上，拟构建适合武汉老字号品牌的消费者购买行为模型，探究武汉老字号品牌消费者购买行为的基本特征、购买行为的影响因子以及相关变量之间的关系。

### （三）营销 4.0 时代武汉老字号品牌发展对策

基于武汉老字号品牌经营发展情况分析和消费者购买行为模型构建与验证的基础上，本书最终将整合营销 4.0 时代发展研究、老字号品牌创新研究和老字号品牌激活研究等方面的成果，提出营销 4.0 时代适合武汉老字号品牌的创新发展对策，助力提升武汉老字号品牌价值与竞争力。

## 二、研究方法

本书将结合定性分析与定量分析的研究方法，研究武汉老字号品牌发展、消费者行为特征以及影响因素等方面的问题。

首先，本书将对文中涉及概念的重要理论基础进行文献整理，此部分主要应用文献研究法。接着，在构建武汉老字号品牌消费者购买行为模型时，主要采用实证方法，综合应用问卷设计、访问调查、统计分析等方法，并运用 SPSS 23.0 和 AMOS 23.0 软件对数据进行处理。最后，采用对策研究的方法，结合研究结论提出适合的相关发展建议，具体的研究思路及技术路线图如图 1.1 所示。

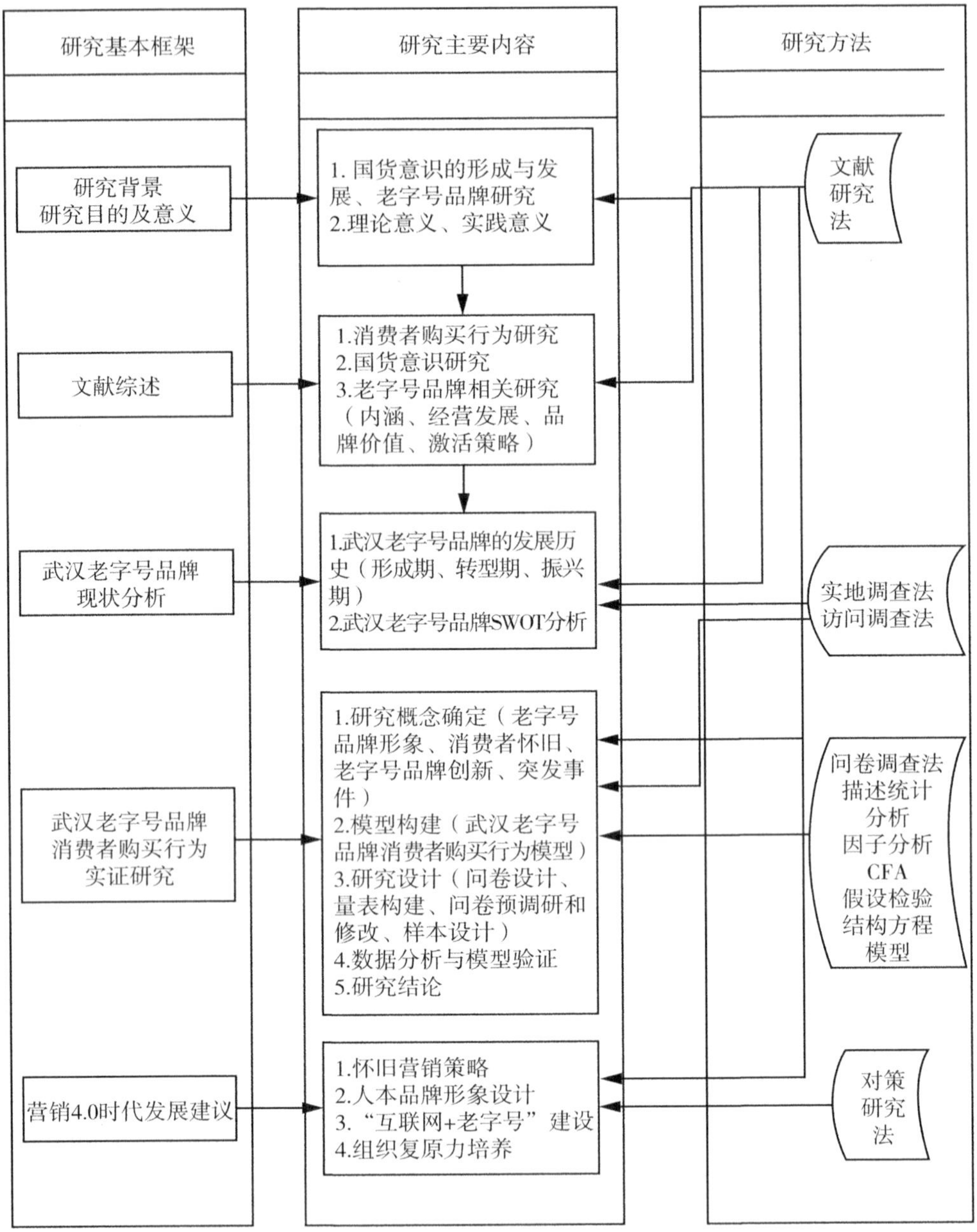


图 1.1 本书研究思路及技术路线

# 第二章　文献综述

## 第一节　消费者购买行为研究

消费者行为研究始于19世纪末20世纪初，最早从事这方面研究的是美国社会学家凡勃伦，他在1899年出版的《有闲阶级论》一书中，提出炫耀性消费及其社会含义，指出了研究消费者心理与行为的必要性。同时期，社会学家斯科特(1901)提出应用心理学原理指导广告宣传，随后其将有关理论进一步系统化。德国心理学家闵斯特伯格(1912)阐述了在商品销售中橱窗陈列和广告对消费者心理的影响。“行为主义心理学之父”约翰·华生的刺激—反应理论(S-R理论)揭示了消费者接受广告刺激与行为反应之间的关系[79]。到了20世纪60年代，消费者行为学作为新学科诞生，相关研究日益丰富，70年代出现了两个重要研究领域：一是关于家庭决策的研究；二是关于心理统计与生活方式的研究。80年代后，除了前述研究在深度和广度上得到进一步发展以外，学术界对之前的研究也开始进行反思，并涌现出一些备受关注的新研究领域或主题，比如关于消费者满意与不满意的研究、关于发展品牌资产和建立长期顾客关系的研究，关于绿色消费的研究，关于消费者情感与体验的研究，关于消费文化的研究，关于消费决策与环境关系的研究等。

杨晓燕(2003)对国内外消费者行为相关研究进行了综述，指出国外消费者研究包括宏观和微观两个层次。在宏观研究层面，消费者行为与消费生活方式概念相联系，常用恩格尔等学者提出的生活方式四维度(包括态度、活动、观点和人口统计特征)来描述消费者生活方式，美国SRI公司开发的VALS2就是一个著名的生活方式测量工具，但主要应用在美国国内。在微观层面上，消费者行为通常与消费者认知、态度、购买意愿以及决策过程等具体购买行为相联系，倾向于对消费者在具体的信息沟通、购买决策、产品使用、品牌态度等方面的行为进行解释和说明，多属于解释性研究[80]。

表 2.1　　消费者行为学演化大事件年表

| 时间 | 事　　件 |
| --- | --- |
| 1940—1950 年 | 开始出现消费者动机研究(motivation research) |
| 1963 年 | 生活方式(lifestyle)概念提出 |
| 1968 年 | 恩格尔等人的《消费者行为学》出版 |
| 1969 年 | 霍华德—谢斯(Howard-Sheth)购买者行为理论提出 |
| 1974 年 | 《消费者研究学刊》(JCR)创刊 |
| 1982 年 | 自我概念(self concept)被引入消费者行为学(Sirgy，1982) |
| 1985—1991 年 | 受限意向行为理论(Theory of Planned Behavior，TPB)产生并完善 |
| 1992 年 | 《消费者心理杂志》(JCP)创刊 |
| 1995 年 | 《数字化生存》(*Being Digital*)一书出版 |
| 2001 年 | 品牌社群(brand community)概念提出 |
| 2002 年 | 《消费者行为杂志》(JCB)创刊 |
| 2004 年 | 社交媒体 Facebook 出现 |
| 2005 年 | 消费者文化理论(Consumer Culture Theory，CCT)提出 |
| 2010 年 | 数字化媒体与数字化消费者行为概念与研究出现 |

资料来源：卢泰宏．消费者行为学 50 年：演化与颠覆[J]．外国经济与管理，2017，39(6)：23-38.

20 世纪 80 年代，消费者行为学传入中国，卢泰宏教授从 1999 年起，开始招收第一批“消费者行为与中国营销”方向的博士研究生，并致力于采用本土化的方法研究中国消费者行为[80]。经过 30 多年的发展，中国营销学者在消费者行为研究方面学术成果形式多样、数量丰富，但质量还有待提高。陈建(2014)通过对国内消费者行为主要研究进行汇总，分析发现中国消费行为理论正形成体系(表 2.2)：在理论研究上，不仅消化了国外的消费者行为理论，还提出了中国特色消费者行为理论；在方法论上，创造性提出定性模型与定量模型结合模型研究方法；在网络营销与大数据营销方面与国外同步；在空间维度上，以卢泰宏为代表的学者侧重对西方消费者行为进行横向分析，以郭国庆为代表的学者侧重对中国消费者行为进行纵向分析，以符国群为代表的学者侧重将中国消费者行为与西方消费者行为进行横向分析[81]。

表 2.2 **中国消费者行为研究学派分析**

| 研究学派 | 代表人物 | 主要研究方向 | 学术观点 |
| --- | --- | --- | --- |
| 理论研究<br>侧重消费文化背景、消费者思想 | 符国群 | 品牌价值 | 中国需要吸收西方消费者行为理论 |
| | 郭国庆 | 营销理论发展史 | 构建有中国特色消费者行为理论 |
| | 卢泰宏 | 西方管理思想汉化 | 提倡西方消费者行为理论中国化 |
| 实证研究<br>侧重消费者市场现状、消费者外在表象 | 庄贵军 | 营销渠道 | 中国消费者讲关系 |
| | 汪涛 | 消费者行为、品牌价值 | 中国消费者讲面子 |
| | 李东进 | 消费者行为 | 中国消费者讲理性 |
| 理论与实证相结合<br>侧重新的研究领域和新的研究方法 | 黄敏学 | 网络营销 | 网络价格策略 |
| | 黄升民 | 大数据营销 | 从海量级的数据分析消费者行为 |
| | 周志远 | 方法论 | 用定性模型与定量模型结合研究消费者行为 |

资料来源：陈建．中国消费者行为研究进展及展望[J]．商业时代，2014(27)：30-32.

卢泰宏(2017)指出21世纪数字化浪潮所发生的种种颠覆，其根源都是消费者的变化，并从消费者研究的发端、人物、阶段、内容、方法、学科框架等几个方面描述了消费者行为学50年的发展梗概。他认为消费者行为学的发展经历了学术研究→理论创立→理论深化→理论重构四个阶段，消费者行为研究的主题包括消费研究、消费者研究和消费者行为研究三个层面，在研究方法主要有观察和调研方法、因果模型方法、实验方法、大数据智能方法等。并且特别指出随着互联网快速渗透人类社会，数字化时代的信息基础结构已从金字塔形变成去中心的立体网球形，消费者进入透明的几乎完全信息状态，消费者的信息行为完全改变，数字化时代对消费者行为的关注已经从“个体行为”转向“群体行为”，出现了“数字化口碑”，它能在短期内形成巨大能量，对品牌忠诚影响较大，商业价值不可低估，最重要的是数字化购买行为和决策模式与传统明显不同，未来在消费者行为领域还将有精密科技化、智能化发展趋势[82]。

综合国内外各位学者关于消费者行为的研究不难发现，以消费者心理与行为研究为基础的消费者行为学，在数字化时代，虽然面临诸多创新与发展问题，但同时也是营销 4.0 时代，进行各种领域、行业、企业研究消费者心理、决策、动机及行为研究的重要理论基石，技术更新会让消费者行为学的研究走得更远。

## 第二节　国货意识研究

国货意识(National-brand Consciousness，NBC)是中国学者基于中国国情的提法，其是消费者民族中心主义在中国的一个应用。早期国货意识是在 19 世纪末 20 世纪初，伴随着中国近代民族资本主义的产生和发展而形成，属于近代爱国主义和民族主义的重要内容，韩小林、刘向明(1995)研究指出近代“国货意识”包括两个方面的内容：一是抵制洋货、提倡国货；二是改良国货、振兴民族工商业，但当时“国货意识”影响非常有限[83]。

当代，随着我国对外开放程度的不断提高，学者们开始了对“国货意识”的新研究。李新灏(1990)指出“国货”是指在国内组织生产制造的生产资料和消费资料，是民族智慧的结晶，标志着国家经济的发展状况和水平，是衡量一个国家经济实力的标度，提倡国货意识关系民族经济兴旺[3]。周铭(1990)则是通过当时的调查数据，指出提倡国货具有广泛的社会基础，尤其是在生活消费品领域，特别应当提倡国货，增强国货意识[4]。宫希魁(1998)明确给出了“国货意识”的定义：国民对本国产货物正确评价、认同和推崇程度的观念反映，包含三个要素：①对国货具有民族情感；②对国货实施效用评价；③对国货进行纵横比较。并且强调成熟的国货意识不是一种狭隘的民族主义观念，是把自强与开放、经济理性与民族理性、加强自我保护参与国际竞争有机结合起来的一种理念和觉悟，改革开放下的民族魂理应包括国货意识，2006 年他再次在研究中强调重提国货意识的重要性[5-6]。

王海忠(2003)是较早将消费者民族中心主义进行中国本土化问题研究的学者，他采用定量分析方法，研究证实消费者民族中心主义及其量表 CETSCALE 在中国具有满意的信度和内在关系，指出本土企业在制定营销战略时，可以应用集体主义、家庭观念、能力认知、成本认知、严重性认知等元素，培养消费者偏爱国货的氛围，使人们确定购买国货具有“收益”，包括物质满足和心理满足方面，而政府要担当培养国货消费观念的主角，使整个民族受益[84]。随后，他和团队成员以消费者民族中心主义倾向为细分标准，将中国消费者划分为三个细分市场：①国货崇尚簇，国产产品在他们心目中具有积极正面的形象，购买国货的潜在倾向很大，在中外产品质量相近时，更偏爱国货；②国货接受簇，中庸群体，接受和认同国货；③崇洋簇，具有极低的消费民族性倾向，对国货认可度低，消费追求时尚[7]。进一步研究发现消费者民族中心主义具有健康消费者民族中心主义和虚伪消费者民族中心主义的两面性，并且健康消费者民族中心主义在国货占有、重购意愿上具有显著差异[85]。庄贵军、周南、周连喜等(2006)肯定了国货意识与消费者民族中心主义内涵的一致性，国货意识可看作在中国本土的意译词，实证研究表明在其他情况相同时，本土品牌的相对知名度、相对质量和相对性价比越高，消费者越偏爱本土品牌。同时他们也提出了一些质疑，认为王海忠等人的研究结果的成立是有约束条件的，对于在校大学生群体而言，国货意识的强弱并不会影响他们对于本土品牌的偏好，相反消费者会因为本土品牌在质量、知名度和性价比上的提高而增强国货意识[8]。

周志民、贺和平、刘雁妮等(2010)从国家品牌社群的角度，研究中国人国货意识形成机理，认为国货意识是一个国家品牌的社群成员出于对自己国家社群的责任感而对本土品牌产生的偏向意识，并构建了国货意识形成机理概念模型，在模型中，国家集体自尊影响国民社群身份认同和民族经济忧患意识；民族经济忧患意识影响国货意识；而国民社群身份认同一方面通过国民爱国情感影响国货意识，一方面直接作用国货意识[9]。王鹏、庄贵军、周英超等(2012)研究指出在中国本土环境下，国货意识的前因变量包含爱国主义和民族主义，并且年龄与国货意识有显著关系，中老年消费者更偏爱传统老字号国货品牌[10]。汪蓉、李辉(2013)研究发现基于危机感的国货意识比基于自豪感的国货意识具有更强的负向影响，消费者——品牌个人情感会负向调节国货意识与外国产品品牌购买意向之间的关系，而消费者——品牌社会情感则对国货意识与外国产品品牌购买意向之间的关系具有正向调节作用[86]。

自2014年开始，张燚、刘进平、张锐、郭斌、肖燕、李冰鑫、龚政、卢方杰等西南政法大学、重庆文理学院的一批学者开始对“国货意识”进行深入研究。他们团队首先从本土品牌负面刻板印象研究作为切入点，发现本土品牌自身良莠不齐以及高端产品匮乏是产生负面刻板印象的根本原因，提出要加强国货意识的引导工作[11]。随后，他们应用扎根理论的质性研究方法，指出情感意识、自我概念、来源国形象、社会规范以及宏观环境是中国消费者普遍国货意识淡漠的主要影响因素，揭示了国货意识淡漠消费者的认知和行为特征，补充了对国货意识理论的研究方向[12]。接着设计了由产品选择集、来源国形象、国货支持动机等构成的全要素问卷，研究发现，在多数产品领域，启动国货意识的比例要高于外国品牌偏好，国货支持已成为本土品牌购买决策不可忽视的重要因素之一[13]。在经过三年多的研究后，他们整理了国内国货意识的相关研究，肯定了国货意识和消费者民族中心主义内涵的一致性，指出国货意识是一种消费态度和来源国产品认知，其形成过程与一般消费心理活动一样，存在认知过程、情感过程和意志过程，研究发现影响国货意识的变量包括情感变量(爱国主义、民族主义、文化认同、敌意等)、环境变量(文化环境和具体事件)、个体特征变量(年龄、教育水平、收入水平等)和后果变量(国货认同与偏爱)，并构建了国货意识研究的基本架构与研究断层。研究中他们还指出正面社会情绪对国家自豪感、民族经济忧患意识、国家集体自尊、“大我”动机、自我肯定程度、本土品牌认同度以及国货意识具有显著的正向调节作用，并且消费者国货意识的形成需要在支持国货的强烈“大我”需要作用下，通过降低“小我”需要，提高国货满意感与认同度，使国货偏爱既能实现“大我”需要，又能满足“小我”需要，达到三者态度平衡[14-15]。在近期的研究中，他们还发现国货意识消费者与国货偏见消费者在面对相同信息时，存在不同的情感、信息加工、自我调控和个体调节机制，揭示了消费者国货意识、国货偏见形成的主要心理机制，是对当前国货意识理论的新发展[16]。并且结合当下自主品牌发展情况，以8个论坛的受众跟帖为例，应用探索性研究，发现负面企业形象、负面国货形象、媒体渲染、国货意识淡漠和社会规范压力等六个方面是导致自主品牌负面刻板印象生成的主要影响因素，指出本土企业需要积极塑造中高端品牌，政府部门要切实采取国货支持和引导政策，在国货采购和国货消费中做好表率，加强对本土消费者自主品牌情感和理性消费观的培养，让优先购买国货成为一种时尚[17]。

李倩倩、崔翠翠(2018)以中国市场近年出现的本土品牌逆袭和消费者偏好逆转为背景，构建了全球品牌与本土品牌偏好驱动因素模型(见图2.1)，发现本土品牌逆袭与消费者偏好逆转存在互动影响，表明全球品牌的优势在逐渐下降，本土品牌(国货)的质量和象征价值在不断提升，中国品牌正逐步实现国内大逆袭并不断走向全球化市场[18]。

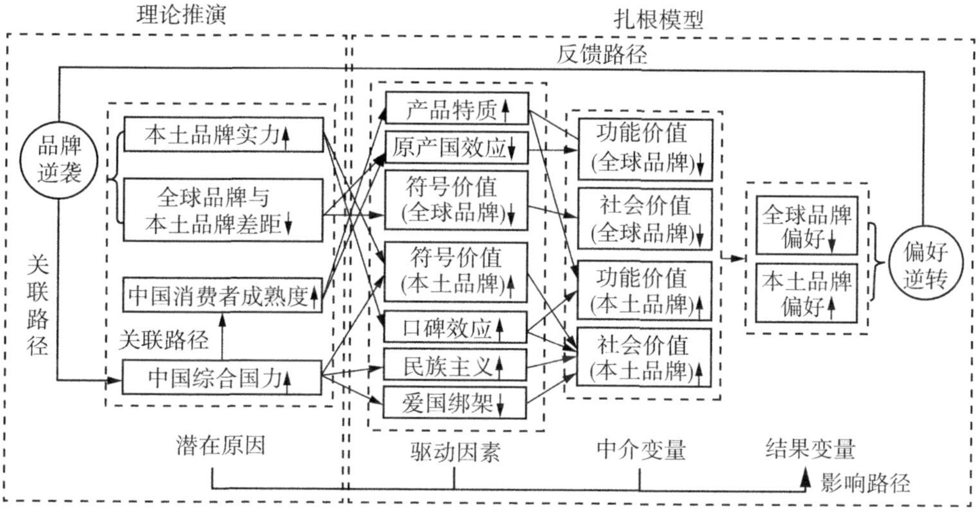


图2.1　本土品牌逆袭与消费者偏好逆转的互动影响路径

资料来源：李倩倩，崔翠翠．本土品牌逆袭与消费者偏好逆转的纵向扎根研究[J]．管理科学，2018，31(5)．

综合上述学者的研究发现，对国货意识的研究经历了从定义明确到影响因素探讨，再到形成机理分析，直至前因变量和后果变量共建模型的发展，学者们将定量分析方法与定性分析方法进行了多维度的结合。本书对国货意识的研究主要作为对老字号品牌研究的基础理论，探讨随着中国综合国力的不断提升，新时代背景下，老字号品牌如何重获消费者的偏爱。

## 第三节　老字号品牌相关研究

在知网中以“老字号”为关键词进行搜索，共显示有12822篇文献，从20世纪90年代以后相关研究开始丰富起来，2007年相关研究达到峰值有1074篇，其后有所回落，近三年的相关研究平均值在624篇左右。以“老字号品牌”为关键词进行搜索，共显示有2056篇文献，最早一篇是2000年成功、凯旋发表的《百年老店新生之路》，文章从中华老字号出现的经营危机出发，分析中华老字号与外国品牌在价格、人才和价值上存在的差距，探讨中华老字号该如何在未来竞争中应对各种挑战的对策。2009年相关研究首次突破100篇，十年后的2019年达到232篇，2021年预测数值达到历史新高248篇，说明当下已有越来越多的学者开始关注并研究国货品牌中的代表——老字号品牌。

### 一、老字号内涵

老字号是我国商业特有的称谓，最早的雏形可追溯至唐宋时期，尤其是北宋时期，其随着社会进程的发展，在历史长河的沉淀中慢慢形成，大多诞生于明清时期，聚集在经济发达、交通便利、文人荟萃、商贾云集的市邑，相较于一般的品牌，老字号有两个突出特点：一是历史性，高者达几百年；二是民族性和文化性，老字号具有深厚的文化底蕴，在一定程度上反映了中华文化传统和民族特色，是一个地区和城市的历史以及文化沉淀[87]。

应雄、金海(1998)在较早的研究中指出老字号应具备四个特征：①历史性，品牌时间久远；②优质性，产品质量优；③信誉性，在消费者心中形象良好，在社会上知名度高；④民族性和文化性，具有深厚文化底蕴。因此，老字号是指在长期的市场竞争中形成的、且在消费者更新换代过程中长盛不衰的老牌子，包括历史名店、传统名优特产品牌、特殊的老招牌以及部分名优特产新品牌[88]。

当代关于老字号范畴的界定，学术界基本是一致的。大部分的研究都基于2006年商务部发布的《中华老字号认定规范(试行)》中界定的标准，“中华老字号是指历史悠久，拥有世代传承的产品、技艺或服务，具有鲜明的中华民族传统文化背景和深厚的文化底蕴，取得社会广泛认同，形成良好信誉的品牌”。刘帆(2007)深入分析了“中华老字号”的一般概念，其首先明确老字号是指经营一定年限以上的品牌，如果没有注册商标，则不能称之为“老字号”，仅是一个“老招牌”；接着指出中华老字号品牌的定义即为商务部在认定规范中的定义，并提出中华老字号品牌特征体现在四个方面：①时间性；②地域性；③字号性；④传承性。[19]周露阳(2011)在研究时指出中国的老字号可称为“深度文化性品牌”，是一种成为文化遗产典型成分的品牌，属于中国商业的特有称谓，但“老字号”却是一种在世界各国商业界普遍存在的品牌现象[20]。

2018年，为促进中华老字号的传承发展，完善中华老字号名录，商务部又起草了《老字号认定管理办法(征求意见稿)》。新办法中再次明确中华老字号定义，并延续了2006年的概念。在此基础上，商务部设定了中华老字号必备条件：①品牌创立于1956年(含)以前；②传承独特的产品、技艺或服务；③具有中华民族特色和鲜明的地域文化特征，具有历史价值和文化价值。并明确申请中华老字号认定的企业，还应同时具备四个条件：①拥有代表性注册商标的所有权或使用权；②有传承中华民族优秀传统的企业文化；③具有良好信誉，得到广泛的社会认同和赞誉；④经营状况良好，且具有较强的可持续发展能力[89]。

此后，学者们也对老字号的内涵进行了深入分析。王伊礼(2018)研究认为除去商务部认定的“中华老字号”以外，地方认定的文化特色浓、品牌信誉高、市场竞争力强的老字号企业也属于老字号研究范围，并指出“老字号”应具有五点特征：①历史性；②文化性；③诚信性；④地方性；⑤优质性[21]。白玉苓(2019)梳理了自1990年到2018年中华老字号的概念及认证历史，指出老字号的特点呈现在三个方面：一是资历老，二是产品质量的优良性，三是在消费者中具有良好信誉[22]。沈浩蓝(2020)对老字号概念进行了辨析，指出在我国“老字号”并不是一个法律概念，商务部给出的定义是针对经营状况良好、在全国范围内有一定影响力的中华老字号，并不能普遍适用于全体老字号，对老字号的理解应从三个角度展开：①老字号创立时间久，拥有较长的品牌历史；②老字号在历史上享有美名，具有较高的文化和经济价值；③老字号的本质是一种识别性标记[23]。

本研究在界定“老字号”概念时，还是以商务部认定的标准来界定，其具有四个方面的特征：一是具有深厚的历史文化沉淀；二是能代表地域文化与民族文化特色；三是在消费者和社会上具有良好的经营信誉；四是品牌名称具有符号性可以被识别。

## 二、老字号品牌经营研究

### (一)老字号品牌的优势与局限

#### 1. 老字号品牌的发展优势研究

邱志强(2004)研究了中华老字号企业的营销战略环境，指出老字号品牌的优势主要集中在三个方面：一是品牌文化的优势，中华传统老字号历史悠久、文化底蕴深厚，中华传统老字号大多经历了至少上百年的时间，在其发展的历程中，通过年复一年的岁月积淀，已在其品牌上打下了深深的文化烙印，并在目标市场中牵系了生生不灭的文化情结，正是这个烙印、这种情结维系了老字号过去几百年的辉煌，这是现代品牌无法比拟的优势；二是“诚信为本”的营销理念深入人心，当众多的老字号从家庭作坊式开始起家时，就严格信守以德讲信、诚实待客的经营原则，正因如此，中华传统老字号在没有经过现代的广告宣传和公关活动的情况下，却能凭借着诚实守信的经营风格被神州大地的人们所传颂，并世代拥有自己的忠诚顾客群，这些都是现代品牌包括跨国品牌在中国暂时无法获得的优势；三是特色的产品和服务，大多老字号企业都非常讲究用料的考究、操作的精细化和工艺的独特性，生产出来的产品质量卓著而有特色[24]。

刘帆(2007)从品牌文化视角指出“中华老字号”的品牌文化是中华民族的瑰宝，是我国的文化财富、民族财富和商业财富。一是表现在悠久的历史文化层面，“中华老字号”是传承优秀历史文化的载体，承载着不同地区、不同城市的历史和文化，演绎着不同地区或城市的时代变迁；二是表现在民族特色文化层面，“中华老字号”一旦走出了国门，融入经济全球化，就映衬出其中华民族品牌和民族精神，也体现出本土文化的地方特色，同时也更强调其自主创新的时代精神，“中华老字号”品牌从其诞生之日起，可以说就是“原汁原味”的自主创新品牌；三是表现在商业价值文化层面，“中华老字号”蕴含的商业价值文化是无价之宝，“中华老字号”品牌为“金字招牌”，品牌的诚信、信誉、人格力量、经营理念、商品的品质、口碑及影响力等是沉淀在“老字号”中的内在商业价值文化；四是表现在非物质文化遗产层面，非物质文化遗产包括口头文字及其语言载体、传统表演艺术、民俗礼仪与节庆、有关自然界和宇宙的民间知识与实践、传统手工艺技能及其相关的文化空间等，“老字号”中不少制作工艺都是独门绝技，是我国非物质文化遗产中的重要组成部分[19]。

王成荣等(2012)在对比了中外老品牌的研究基础上，对中国老字号品牌的发展情况进行了评估，指出中国老字号的优势的主要体现在如下三个方面：①质量优势，不少老字号有特殊工艺，严格的质量控制办法，长期坚守着企业的质量信念；②诚信优势，老字号深深植根于中华民族文化的沃土中，深受儒家文化仁德精髓与诚信思想影响，形成了良好的诚实守信传统；③经营特色优势，老字号虽然身处餐饮、服务、商业经营等进入门槛较低行业，但却能在激烈的竞争中脱颖而出，关键在于其拥有旁人难以复制的核心竞争力，表现在独特的产品配方、技术、手艺等方面，而且能够在保持传承的前提下，最大限度地防范核心技艺的扩散，构筑起了企业无法超越的竞争壁垒[90]。

2. 老字号品牌的发展问题研究

冷志明(2004)指出中华老字号品牌建设相对滞后：一是在于缺乏品牌运作，有一些老字号企业依然沿袭传统家庭作坊式经营模式、营销手段，用很小的现实资产去顶着百年老字号巨大无形资产的大帽子，还有一些老字号国有企业没有引进现代生产和经营方式，生产设备落后，技术含量不高，标准化程度低，整体品牌运作严重缺位；二是在于缺乏品牌文化创新，中华老字号一头连接着厚重的珍贵文化遗产，一头更通向日新月异、与时俱进的现代社会，但是大多数老字号只看重了岁月的“老”，没有重视文化创新，因循守旧；三是在于缺乏品牌保护，一方面是不少老字号品牌受到假冒伪劣商品冲击，另一方面是行业内部企业恶性竞争，低价格的策略也带来了产品品质的滑坡；四是缺乏有效的品牌传播，长期以来，老字号建立在口头传播上，在品牌视觉识别上显得不合时宜，不重视品牌传播，许多老字号品牌的理念识别一直停留在初级阶段，没有对品牌进行提炼和集约化[25]。

邱志强(2004)指出老字号品牌与国内外知名品牌相比，也显露出明显的不足：一是营销观念陈旧，缺乏现代市场营销观念和营销策略，过高估计了“老”

字品牌的含金量和抗风险能力，习惯于用传统的观念看待变化的市场，凭长期在商品短缺、卖方市场条件下所形成的商业暴利经营方式来参与激烈的市场竞争，在商品充裕、买方市场、经营微利的条件下，缺乏以市场为导向的现代市场营销观念及相应的营销策略；二是产品陈旧、品种单一，科技含量较低，大多数老字号为了单纯地追求产品特色，不注重对产品创新和开发，几十年甚至几百年一贯制，无法适应消费者的多样化、个性化的需要，制作工艺主要以手工操作为主，生产效率低下、成本高，质量不稳定，而且科技含量少、产品附加值低；三是经营规模偏小，很多老字号企业仍然沿袭过去家庭作坊式的经营方式，资本积累困难，容易陷入资金短缺的困境，市场风险的抵御能力弱，没能实现"老字号"无形资产的扩张转化；四是营销方式落后，很多老字号企业依然在吃老祖宗的品牌老本，对老字号的品牌追加投入很少，在产品设计、包装、定价、广告宣传、营业推广等方面，其营销手法非常贫乏[24]。

王成荣等(2012)也指出老字号发展的局限性表现在 4 个方面：①文化上的保守性，倚老卖老，进取性不足，不愿否定自己学习他人，即使是比较成功的老字号在文化形象上也总是给人以"老古董"的联想，缺乏文化创新和形象创新；②技术上局限性，由于经济实力不足，技术投入少，产品研究力度小，老字号不能进行产业和产品创新，传承下来的技术工艺由于没有进行再次开发和创新，有些技艺已经过时，未过时的也没有形成自主知识产权，不规范；③经营上的狭隘性，老字号经营范围太窄，不能以一个产品为基础，向一个产品族甚至一个行业发展，没有产业升级，经营半径较短，还局限在狭小的区域市场，没有国际化，经营规模偏小，经营理念、技术、产品和服务缺少创新，不能随着消费水平和消费方式的变化而变化，缺乏现代推销意识，忽视传统渠道的作用，缺乏目标市场策略；④形象上的老化，没有活路，缺乏现代品牌的尊贵感，大多品牌传达的是古朴、长寿、睿智等老者形象，市场价值远远低于文化价值[90]。

张景云、陈碧莹、白玉苓等(2019)在针对"内联升"老字号研究时指出了其存在的问题：一是品牌及产品与年轻人心理距离较远，在进行品牌活化转型的过程中，与现代年轻人的时尚理念契合度还不够，对现代消费文化的本质还需挖掘；二是品牌自身个性模糊，品牌对自身的定位不够准确，产品风格、销售价格、宣传手段不是很契合；三是品牌与社群互动不足，话题性明显不足，客户的参与度和活跃度都很低，没有形成良好的社群文化[26]。

李鹏、谢奕、李静、杨凯强等(2021)研究指出在新的经济发展形势下，中华老字号企业经营状况日渐衰败，与新时代的消费者需求缺乏融合性，并以“片仔癀”为例，指出老字号品牌存在的问题：①主导产品单一，品牌关联性弱，产品之间相关性不高，核心宣传点不统一，容易引起消费者认知偏离，品牌形象不够突出，知名度不高；②产品包装过时，难以吸引消费者，尤其是年轻群体，产品包装没有差异化无法提升产品的档次和个性；③品牌传播薄弱，海内外市场过于集中，品牌宣传起步较晚，形式单一，宣传力度较低；④营销渠道单一，对终端控制力不强，主要产区经销模式，多数产品无法提供体验功能，营销效果不尽如人意；⑤原材料紧缺，制约企业发展，关键原材料稀缺，导致价格上升，对生产成本造成了极大影响[27]。

综合来看，本书认为老字号品牌的发展优势主要体现在“三个优势”上：一是品牌文化优势，有悠久的历史带来特殊的符号和情感含义，文化价值较高；二是产品质量优势，经过时间的检验，以诚信生产和经营，认可度较高；三是品牌个性化优势，每一个沉淀下来的老字号品牌，都有自己的独门绝技，产品或服务特色明显，个性化特征较高。同样，在经营发展过程中，这些老字号也日渐与时代脱节，面临各种发展窘境，主要表现在“三个缺乏”上：一是缺乏现代化品牌运作理念和方法，鲜少进行品牌文化创新、产品研发和技术创新、营销模式创新；二是缺乏品牌知识产权保护，对自身商标、字号等保护不及时，力度不够；三是缺乏品牌活化思维，品牌形象老化，因循守旧，与年轻消费群体互动不足。

### (二)老字号品牌战略研究

对于老字号在发展中存在的各种问题，应该合理利用自身优势，快速捕捉环境变化带来的机会，避开威胁，创新战略思维，邱志强(2004)做了深入研究，为此提出了四种企业战略。第一个层面是创新战略，首先就是营销战略思维的创新，包括具备全方位竞争战略思维、全球营销战略思维和服务营销战略思维几个维度；接着就是产品创新，老字号要在与现代品牌尤其是跨国品牌的激烈竞争中取得生产和发展，必须改变产品近百年没有变化的状况，根据市场需求变化，适时调整产品策略；然后是技术创新，老字号手工作坊式的生产效率低下、质量不稳定，科技含量少，应实现生产的工业化、规范化和标准化，提高产品附加价值；还有就是服务创新，老字号企业应在继承传统服务特色基础上，针对顾客服务新需求，进行服务创新；最后是营销方式、手段创新，老字号要积极引进、吸引国际上的现代营销方式，同时也要结合中国国情，创造出具有中国特色的营销方式[24]。

第二个层面是品牌营销战略，老字号企业必须正视自己的市场地位，一是要保持传统特色，创新品牌文化；二是要强化品牌传播，提高品牌知名度，要改进老字号传统的品牌传播方式，进行视觉形象再设计，开展故事品牌营销；三是要重铸诚信，严格实行产品质量管理，不能因一时小利而坏了品牌的名声；四是要强化品牌商标保护意识，加强对老字号品牌的法律保护[24]。

第三个层面是规模化战略，老字号要打破地域界限，进行名牌与规模联动，可以根据自身情况扩大经营规模，采取诸如集团化、连锁经营、授权经营、重组等形式[24]。

第四个层面是国际化战略，老字号想要获得更多消费者认可，还要从地方品牌走向全国品牌，走向国际品牌，参与国际市场竞争[24]。

随后整理一些学者的文献发现，大多在邱志强的研究基础上，结合相关领域不断深化某些方面的研究，整体说来包括如下四个方面的战略研究。

1. 创新战略研究

品牌创新战略作为企业生产和发展至关重要的因素，对我国“老字号”企业适应当下社会不断变化的形势，取得长远发展具有重大意义，在这方面也汇聚了大量学者的研究。

王兆峰(2005)研究认为“中华老字号”企业品牌创新策略主要在体制创新、文化创新、管理创新、技术创新、服务创新、市场创新和法制创新七个方面[28]。

尉建文、黄莉(2016)应用回归模型对“老字号”品牌创新影响因素进行了分析，研究发现：一是地域、行业和产权性质对“老字号”企业品牌创新影响显著，北京、上海、广州等一线城市的“老字号”更注重品牌推广创新，食品业、日用品业“老字号”企业在品牌形象创新方面与餐饮业“老字号”企业存在显著差距，国有“老字号”企业比外资或其他性质的“老字号”企业更加注重品牌形象创新；二是“老字号”企业的品牌创新存在显著马太效应，越是具有优势、发展预期好或者社会资本丰富的“老字号”企业，越是注重品牌创新，不具有优势、发展预期不好或者不具有丰富的社会资本的“老字号”企业反而在品牌创新上作为甚少[29]。

徐伟、杨玉成、李永发(2020)采用模糊集定性比较分析法，构建了老字号品牌创新发展模式，包括积极进取的市场开发、谨慎发展的产品创新和保守稳健的商业模式创新等3种模式[30]。

魏崇红、王金玉(2020)探讨了在新媒体语境下中华老字号品牌的创新路径思路，首先应该明确中华老字号品牌的核心价值，满足消费者不同层次需求，实施品牌价值创新；二是可以利用“爆款理论”引领产品创新，依托品牌价值，从广度和深度两个方向扩宽产品范围，实施产品创新，增强消费者对品牌的认可度；三是需要老字号企业革新营销模式，拓宽宣传渠道，推进“有高度、抓主流、接地气”的全媒体宣传，通过文字、视频等方式进行营销，还可以利用直播带货的方式，对品牌文化和产品特色向中青年群体进行实时推送；四是老字号要把握当下互联网发展，实施“老字号+新电商”计划，创新发展中华老字号品牌的经营模式；五是引进与新媒体应用高度匹配的专业管理人才，从专业角度组建和完善管理团队，支持好、维护好新媒体语境下所产生的各种需求，大力提升品牌管理效率[31]。

何开源等(2021)从产业链创新角度分析：一是要融合上游供应链、下游销售链和中游加工链制定产业链整合战略；二是要利用数字化采买模式和数字化销售模式布局产业链数字化战略开展产业链数字化战略；三是要运用品牌特色化、连锁特色化和食品加工厂特色化来构建产业链特色化战略[32]。

门海艳(2021)构建了新经济背景下老字号企业创新发展模式，首先设计线上转型路径，创建独立经营的新线上销售公司，利用合作带货销售模式，开发线上零售店铺创新管理模式，整合零售店铺，打造线上售卖渠道，实现线上店铺规模化运用；然后是线下转型路径，把握消费者个性化、多元化等消费需求，实现线上线下无缝对接和融合[33]。

2. 营销战略研究

学者们在进行老字号品牌的营销战略研究时，主要是从品牌属地和行业属性等方面进行深入研究，探讨其应用性。其中，关于餐饮行业老字号营销战略研究的学者是最为丰富的，也体现出我国老字号在制定营销战略时，这个领域的资料和成果较多。陈喆、张欣旻等(2009)研究指出老字号应从重视品牌保护、修正品牌定位、加强品牌传播、编纂品牌故事、利用品牌扩展和发展特许经营等六个方面入手，强化品牌意识，进行品牌营销战略[34]。罗颖(2010)则基于战略选择的角度，从知识管理战略引入、品牌战略实施、文化营销战略创新等方面进行了分析，探讨品牌营销战略问题[35]。罗纪宁、陈绿丹等(2011)立足文化营销视角，指出老字号文化营销战略定位应从文化定位、文化个性以及文化形象三个方面展开；在进行文化营销战略布局时，应将重点放在唤醒技艺、强化传统形象以及添加时尚元素等方面，并利用规模效应和战略协同形成共赢；最后实施文化战略时要在文化包装、服务文化、文化创意及市场调研等方面下工夫，深化老字号品牌内涵[36]。杨珩(2012)从树立品牌形象、采用信息营销方式、文化营销、事件营销等方面提出老字号品牌营销传播策略[37]。张景云、周野等(2017)具体分析了“全聚德”的品牌创新路径，指出其利用“互联网+餐饮”模式进行品牌传播和渠道创新，更加贴近年轻一代的消费习惯[38]。张昊雯(2018)研究了老字号餐饮企业的营销传播策略，提出要重视第三方点评网站等社会化媒体在线口碑，要应用精准营销寻找意见领袖，要重视服务的差异化和独特性，尝试娱乐营销[39]。谭培健(2019)提出感官营销传播策略，包括视觉、听觉、触觉、味觉和嗅觉营销创新策略[40]。胡家铭、李小刚、李静等(2020)从打造粉丝基本盘、注重企业品牌经营、培育年轻顾客、营造良好消费体验环境等方面研究了老字号品牌的粉丝营销策略[41]。李珍珍、黄利坤等(2020)提出老字号企业营销创新策略，除去品牌特色保持、食品质量保证、知识产权保护、产品种类创新等方面，还提出要创建规范制度、提高员工素质，落实营销创新观念[42]。张景云、程瑜、白玉苓等(2020)研究了东来顺的品牌营销创新策略，从菜品与服务创新、品牌形象重塑、开店模式创新、电商平台入驻到多渠道品牌传播手段应用等方面进行了分析[43]。吕倩(2021)基于实证研究数据表明，餐饮老字号企业需要向“互联网”全渠道营销战略转型，将“传统渠道+电子商务+移动互联网”等多渠道与消费者互动整合，利用网络新兴传播规律宣传老字号文化品牌，构建老字号企业新技术与传统技术的选择机制，根据消费者购买意向的大数据进行产品开发项目，推进老字号餐饮产品信息技术水平提升[44]。

关于食品行业老字号品牌营销战略的研究，多数为各地代表性品牌的具体应用研究。吴国峰(2015)基于战略创业视角构建了嘉兴“五芳斋”品牌价值提升理论模型，并提出中华老字号食品企业品牌延伸策略：一是科学精准的品牌延伸“生态位”，包括适度的规模化、谨慎的多元化和积极的国际化；二是原点创新品牌延伸的怀旧倾向；三是有效规避品牌延伸的感知风险；四是深度拓展品牌延伸的营销渠道[45]。宣春霞(2019)基于消费怀旧情绪，提出了苏州老字号营销策略，包括怀旧情绪激发、传统媒介与新媒体融合推广、传统怀旧与个性时尚相结合的产品设计等方面[46]。高敏(2020)提出泰康食品应落实标准化管理、采取差异化竞争策略，完善 O2O 发展模式，推动信息一体化进程，以此完善整个数据体系[47]。江炜康、吴锦莲、叶育宁等(2020)以稻香村为研究对象，提出基于跨界 IP 的营销策略，包括 IP 合作对象选择、IP 生态链打造、IP 宣传等方面[48]。刘博(2020)以黑龙江的中华老字号品牌秋林食品为研究对象，从多渠道增强品牌知名度、多元化设计品牌产品、多角度优化企业经营理念等方面提出相关品牌策略[49]。

在医药行业的老字号品牌营销战略研究中，吴新玲(2013)提出大健康营销战略，要把单纯对产品的推广转向文化营销，弘扬老字号核心价值理念，获取社会各界广泛认同，要经常开展与行业相关的宣传推广活动，在营销策略和手段中要体现行业特色[50]。陈虹羽、董媛媛、胡杨峰等(2018)针对北京同仁堂进行研究，指出老字号品牌营销战略应从品牌个性、品牌传播、品牌销售和品牌管理等方面展开[51]。相较而言因为广州拥有医药老字号数量较多，学者们展开的研究也更丰富一些，杜丰秀(2015)研究了广东药业老字号的品牌创新对策[52]；曾静(2019)根据品牌领导力理论，提出应建立消费者与医药老字号品牌的交易关系和共享关系，推动医药产业集群发展，实现规模效应，实现品牌延伸，塑造医药老字号品牌的核心价值，进行医药旅游资源开发，布局医药老字号品牌领导力战略，并且还结合新媒体时代发展背景，分析了广州医药老字号品牌营销策略，包括新媒体社交平台应用、情感营销、五感营销、实行品牌人格化、提供线上购物平台等方面[53-54]。

在化妆品行业的老字号品牌营销战略相关研究中，片仔癀、百雀羚、孔凤春、谢馥春等老字号品牌是学者们研究中的重点对象。李鹏、谢奕、李静、杨凯强等(2021)从品牌酷感、品牌真实性、品牌独特性、品牌认同感、品牌幸福感等方面研究了片仔癀品牌年轻化策略[27]。对百雀羚的研究较为丰富，陈家怡、陈琳、马钰妍、曾为瑛、周小倩等(2016)主要分析了怀旧营销策略的应用，包括定位策略、产品与包装策略、价格策略、促销策略和渠道策略等方面[55]。涂开仁、甘胜进等(2016)应用定量分析方法，提出了复兴营销战略，包括品牌认同、品牌延伸、包装设计、品牌联想、情感互动、国货意识等方面[56]。白玉苓(2018)从产品重塑、品牌销售渠道重构、品牌形象更新、个性化定制服务等方面研究品牌重塑策略[58]。秦瑞瑜、秀梅等(2020)探讨了新媒体营销策略应从情感联系入手，巩固忠实消费群体，针对年轻消费者群体，以社交媒体为主，构建一条完整的新媒体营销链条[59]。迟丹凤、温韬等(2017)研究了谢馥春的品牌营销策略，包括运用传统情结激活品牌、确定品牌定位塑造品牌形象、更新产品设计品牌包装、加强宣传做好品牌传播、做好老字号与创新的结合等方面[57]。谭春玲、毛可进等(2019)提出了孔凤春品牌的营销策略，需从扩大品牌产品类型、提升品牌知名度、美誉度和让品牌年轻化等方面着手[60]。

还有一些学者从文化、服饰等行业研究老字号品牌营销战略问题。冯炫淇(2019)以北京故宫博物院为研究对象，应用"社交+电商组合""影视组合""移动端 APP 组合"等方式，差异定位，新老搭配，形成品牌组合战略，共同为老字号主品牌巩固"旧物新感"的认知[91]。白玉苓(2019)指出中华老字号服务品牌营销策略的选择应从注重产品品质、技术创新、紧跟消费潮流和借力新媒体传播方面展开[92]。

3. 经营战略研究

王成荣、李城、王玉军等(2012)系统整理了学者们相对零散的研究，从老字号的经营特性为切入点，指出老字号可以采用三种不同的战略。一是"倚老卖老"型，适合于仍然具有核心能力的和一定消费人群的老字号，利用传统技艺服务于高端市场，既能保证企业经营又能体现稀缺性的产品规模，另外部分不具有核心技术但是在声誉方面具有号召力的老字号也适合这种类型。二是"倚老带新"型，适用于仍然具有核心能力的老字号，利用传统产品和高端品牌形象，辐射新的产品和消费市场，其有形的产品和服务能够为新的市场延伸提供有力的形象支持。三是"倚老卖新"型，适合于已经丧失核心技术和原有消费市场的老字号，利用老字号的历史积累和品牌联想进入新的事业领域，要放大老字号的品牌影响力，利用普通企业无法替代的历史感和传奇性打动消费者，同时要注意对品牌形象的维护[2]。

张永、张浩等(2012)以全聚德为研究对象，具体分析标准化管理、连锁店的控制、营销模式和资本运作等关键点，指出标准化制度的优化是贯穿全聚德连锁经营的主线，连锁经营最重要的就是强化对连锁店的管理和控制，并不断创造出具有中特色的营销方式，并将连锁经营最重要的生命力通过资本运营和有效运筹，实现企业滚动式发展[61]。

朱有明(2016)研究了信息经济视域下老字号企业经营战略，一是要积极主动争取政府部门的政策扶持，争取地方政府对老字号原址原貌保护，将老字号行业协会打造成为联系政府与企业的纽带和工作平台；二是要制定电子商务发展战略，重视电子商务与传统商业经营方式的协调融合发展；三是建设有特色的老字号商业街区，整合资源，建立老字号企业同业联盟、品牌联盟，形成资源有偿共享机制，有效提升老字号的品牌竞争力[62]。

4. 国际化战略研究

随着不少老字号企业逐步开始国际化经营，其选择如何进入国际市场不仅成为了中国企业高度关注的问题，也成为学术界值得探索的理论问题。

涂嘉欣(2016)研究认为当下我国经济转型升级与新一轮全球化呈现历史交汇，国内市场进一步开放，中华老字号可借此机会开拓国际市场来寻求更大的生存空间，老字号的转型升级策略可与国际接轨，将品牌国际化作为目标。中华老字号基于对国际化进程的可行性分析，制定品牌国际化战略策略，以中华老字号独特的魅力，借助有力的平台加大其品牌传播，专注市场导向，必然能释放老牌子的品牌影响力，打响国际市场[63]。

张恒军(2017)研究指出中华老字号要走出去，需从传承古训文化入手，开展品牌国际传播，通过宏大理念设置公关主题，有效整合传播优势，逐步促进海外消费者对老字号品牌的认知与行为改变，全面推进品牌国际化传播，但是如何处理不同文明间的关系，如何构建企业品牌的文化共享机制，已经成为中华老字号品牌国际化拓展的关键点[64]。

陈奇(2018)研究指出“互联网 + ”时代消费环境和消费模式为中华老字号的

发展提出了新的要求，也提供了新的发展机遇，中华老字号需要建立国际化经营战略。一是要多方位进行国际化推广，政府相关部门要积极举办国际博览会和交流会，助力中华老字号走出去；二是要对接跨境电商平台，互联网打破了地域限制，老字号企业要积极与出口跨境电商企业进行资源对接；三是精准把握消费者需求，建立大数据IP，针对销售主题和目标人群进行定制化产品设计和生产；四是实施标准化管理，要进入国外市场，必须取得相关国际认证，使产品和服务与国际接轨，规范行业标准和技术标准，从品牌标准化、服务标准化、质量标准化到人才培训标准化、特许经营标准化等多方面[65]。

李芳芳(2020)研究指出借助“一带一路”倡议发展机遇，在推进“中华老字号”国际化进程中不断完善知识产权保护措施，是我国在新形势下实施品牌强国的迫切要求，也是增强文化自信和文化自觉的重要体现[66]。

## 三、老字号品牌价值研究

### (一)品牌价值研究

品牌价值是企业的一种无形资产，包括为消费者提供的价值和为企业提供的价值，具体在研究时多以品牌资产价值角度进行研究。美国市场营销协会(AMA)对品牌资产的定义是：一部分消费者、渠道成员对母公司的一组联想行为，品牌借此而获得比品牌产品较大的收入和较大的边际利润，并借此获得比竞争者强势、持续的差异化的优势[93]。

国内外品牌学者当前对品牌资产价值的研究有诸多理解，因此品牌价值的构成和内涵从不同方面会有不同的诠释。①基于消费者视角的研究认为：品牌之所以对企业和经销商有价值在于其对消费者有价值，强调是消费者最终决定了品牌资产价值；②基于市场的品牌力模型研究认为：品牌资产价值的大小应体现在品牌自身成长与扩张能力上，从公司短期目标转向了长期目标；③基于会计视角的研究认为：品牌资产价值用公司总的市场价值减去有形资产部分，得到品牌等无形资产价值，最终得到品牌资产价值[93]。而这些研究中，最具代表性的就是David Aaker的品牌资产价值模型，即“五星”概念模型(见图2.2)，他认为品牌资产是由品牌知名度、品牌认知度、品牌联想度、品牌忠诚度和其他专有品牌资产五部分组成[94]。

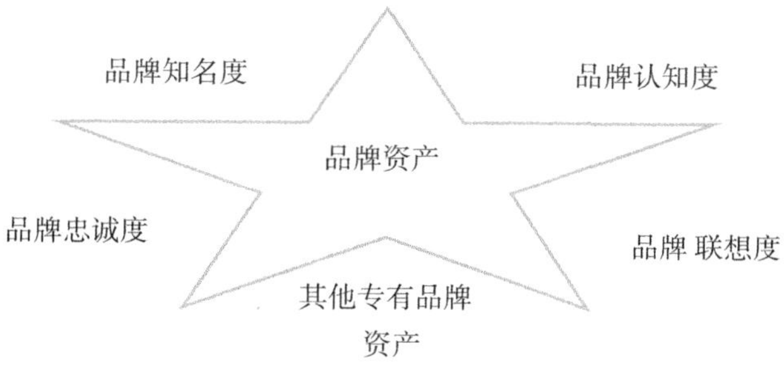


图 2.2　五星概念模型

资料来源：David A Aaker. Managing Brand Equity[M]. New York：The Free Press，1991.

正如美国营销学者 William Well 所说："对品牌资产的研究就像盲人摸象，不同的人受制于个人背景、出于不同的目的，赋予品牌资产不同的含义并采用不同的评估方法。"当前，品牌资产价值评估的方法多来源于市场调研公司、广告公司、品牌资产专业机构等领域，主要集中在两大类别中：一个是会计方法，包括历史成本法、重置成本法、股票价格法、未来收益法等，侧重使用客观财务数据，体现品牌资产的交易价值；另一个是市场基础评价法，包括溢价法、消费者偏好法、Interbrand Group 评估法、北京名牌资产评估事务所评估法等，基于消费者调查、股市业绩考察等统计数据，用特定模型计算，体现品牌资产的内在价值。

（二）区域品牌研究

英文中关于"区域品牌"中"区域"的名词有多个，包括 Location、Place、Country、Nation、City 等词，国外关于区域品牌的研究有两个起源：一个是市场营销理论的延伸，另一个是战略理论的发展[95]。1962 年 Ernest Dichter 首次提出，产品标签上的"产自……"短语会影响消费者的决策制定，这是目前所知关于产品所在区域对消费者购买行为产生影响的最早观点[96]。Kotler 等学者(1999)也认为区域可以像产品或服务那样品牌化，当一个地区在目标消费者心目中创造了适当的品牌联想时，区域品牌就会产生，进一步创造了消费者在该地消费的机会。归纳国外区域品牌理论的发展脉络可以发现主要和两种理论关系密切：①公司品牌化理论，很多学者都认为区域品牌化与公司品牌化具有重要相似性，都有复合的力量根源，都涉及多重利益相关者，都具有高度无形性和复杂性，都要考虑社会责任，都要管理复杂的品牌识别；②原产国理论，一些学者认为区域品牌是原产国形象理论研究的新发展方向，也有学者认为这两个领域正在进行融合[87]。为了系统分析区域品牌化理论的演进脉络，Hankinson（2010）从主流品牌化理论出发，基于对文献的回顾和针对区域品牌化组织高管人员的深度访谈，将区域品牌化理论的发展划分为领域的起源、领域的深化和领域的拓宽等三个阶段[96]。

从课题研究角度来看，区域品牌化研究是个比较复杂的问题，孙丽辉、毕楠、李阳、孙领（2009）等学者对国外的研究进行了总结，归纳出四个分支发展趋势。第一个分支：国家品牌化研究，Philip Kotler、David Gertner、Simon Anhol等学者较早在此领域进行研究，指出国家能够品牌化，存在国家品牌资产，新兴市场经济国家要想在全球化经济中更有竞争力，就必须对出口业务及国家实施品牌化战略，就此，拉开了国家品牌化研究的大幕。第二个分支：城市品牌化，该提法源自Keller（1998）的《战略品牌》，他认为“像产品和人一样，地理位置或空间区域也可以称为品牌，即城市可以被品牌化，城市品牌化就是让人们了解和知晓某一城市并将某种形象和联想与这座城市的存在自然联系在一起，让其精神融入城市的每一座建筑之中，让竞争和生命与这座城市共存。”其后，关于城市品牌化的研究包括产品和公司品牌、零售商、旅游目的地、政府政策与公共关系等视角。第三个分支：目的地品牌化，大部分学者是从建立或改变目的地形象的角度诠释内涵，以和旅游者建立情感联系作为研究关键。第四个分支：集群品牌化，学者们认为区域品牌化能帮助集群获得区域竞争优势，在建立集群时应该采用区域品牌化战略，但关于集群品牌化的定义及其理论框架的研究不是很系统[97]。

国内关于区域品牌的研究较国外要晚，陆国庆（2002）最早提出在农产品经营中建立区域品牌的观点[98]；夏曾玉、谢健等（2003）对温州区域品牌建设进行了理论分析，提出了发展区域品牌的必要性[99]。直到2005年后，关于区域品牌的研究才大量涌现，在2010年达到一个高峰值，随后相关研究有所回落，2019年后又开始密切研究和关注。学者们研究的重点主要放在区域品牌的内涵、性质与特征、形成机理与影响因素、区域品牌与企业品牌关系、区域品牌效应、区域品牌资产评估、区域品牌管理等方面。杨建梅、黄喜忠、张胜涛等(2005)综合国内外区域品牌成长历程，指出市场份额、区域文化和区域营销是区域品牌生成机理的三要素，区域品牌的生成路径与集群的成长过程关系密切，提出了区域品牌的五阶段生成路径模型[100]，以成长时间和品牌价值为两个维度，从区域产品、区域认知、区域美誉、区域文化最终到达区域信仰。

蒋廉雄、朱辉煌、卢泰宏等(2005)给出了区域品牌资产的明确定义：区域品牌资产是在满足外部消费者的需要、实现内部营销主体目标一致的基础上，增加区域品牌的消费者影响力、市场竞争力和区域品牌的社会影响力，以提高区域品牌的营销效应和竞争能力，为区域公共部门和私人部门、区域居民创造最大的附加值，以促进区域政治、经济、文化目标的实现。在研究中基于消费者影响力、市场竞争力、社会影响力和内部目标一致性等维度，提出区域品牌资产的构成体系[101]（见表 2.3）。

表 2.3 **区域品牌资产的构成体系**

| 概念维度 | 维度定义 | 测量指标 |
|---|---|---|
| 消费者影响力 | 区域品牌影响目标市场消费者对区域产品服务的购买态度和购买行为倾向的能力 | 品牌杰出性、品牌表现、品牌情感、品牌评价、品牌忠诚、品牌关系 |
| 市场竞争力 | 区域品牌在访客、旅游、人才和劳动力流动、招商引资、出口市场等方面的总体吸引力 | 品牌溢价、品牌地位、市场份额、市场区域、吸引能力 |
| 社会影响力 | 加强区域政治、经济、文化功能的发挥和区域政治、经济、文化目标的实现 | 区域形象、区域地位、前景认可 |
| 内部目标一致性 | 区域社会、公共部门和私人部门、区域居民营销目标的一致性 | 目标认知、行动一致性、参与程度、支持承诺 |

资料来源：蒋廉雄，朱辉煌，卢泰宏．区域竞争的新战略：基于协同的区域品牌资产构建[J]．中国软科学，2005(11)：107-116.

孙丽辉、盛亚军、徐明(2008)指出区域品牌的性质研究有三种观点：①两要素观点，区域品牌具有区域性和品牌效应两方面属性；②三要素观点，产业集群区域品牌是区域经济、产业集群和品牌营销等行为活动的复合，包括区域特性、品牌内涵和产业基础三个要素；③四要素观点，区域品牌具有区域性、产业特性、品牌特性和公共性四个基本属性[102]。在随后的研究中，孙丽辉、王艳芳、蓝海平、毕楠等学者(2015)指出区域品牌形象效应的存在性是区域品牌理论研究与营销实践的基础，实证研究结果表明快速消费品依托型区域品牌和覆盖型区域品牌、耐用消费品覆盖型区域品牌对消费者的认知、态度、购买意向均有显著影响[103]。

赵军(2008)研究了非物质文化遗产的区域品牌化问题，研究指出非物质文化遗产具有经济价值和品牌效应，非物质文化遗产在塑造区域品牌中有四种模式，并遵循着产品化、产业化、产业集群化和多产业集群化的成长过程[104]。

雷亮、彭真、李鸿等(2015)对大数据应用于区域品牌营销的途径与领域进行了分析，并对大数据如何在区域品牌营销中进行应用，围绕使用在线分析平台、绘制“大数据信息蓝图”、明确客户诉求、洞悉购买行为规律和即时响应需求等五个方面内容提出了发展策略和建议[105]。

马向阳、白丽群、杨颂等(2016)研究指出在文化认同驱动下，内群体成员对区域品牌的态度存在一定程度的偏好，具备传播区域品牌正面口碑的意愿[106]。

熊爱华、邢夏子等(2017)研究指出区域品牌已成为提升区域竞争力的重要途径，剖析了资源禀赋对区域品牌发展的驱动机制，分析品牌声誉、金融支出、技术投入共3类因子及9个关键指标，证实了区域资源禀赋对区域品牌发展的内在决定作用，扩充并丰富了区域品牌发展“集团内生模式”的相关研究[107]。

赵卫宏、程海兵、张雷等学者(2017)采用Churchill的研究范式，设计了区域品牌信任维度模型和量表，实证结果表明区域品牌信任包含区域产品信任(产品性价比、产品口碑、产品个性、产品质量和产品认证)、区域法律信任(监管严格性和法律规范性)、区域文化信任(价值观共享性和诚信理念俗成性)和区域企业信任(企业诚信、企业责任感和企业能力)四个维度，并对区域品牌信任对消费者购买意愿的影响进行了验证，其中区域产品信任、区域企业信任、区域文化信任、区域法律信任共同影响区域品牌信任，最终对消费者购买意愿产生影响[108]。

### (三)老字号品牌价值研究

老字号品牌大多属于区域品牌，其品牌价值的研究基于品牌价值和区域品牌研究基础上，主要从老字号品牌价值构成与老字号品牌价值评估两个维度展开。

老字号品牌价值构成研究。王玉军(2010)研究了北京老字号品牌价值的构成要素包括市场价值、社会和文化价值，并具体指出社会价值和文化价值的表现形式[67]。陈亚荣、孙晶路等(2013)在研究老字号内涵时，提炼出老字号品牌价值的重要构成要素包括创新能力、社会责任与文化价值，并统一称之为“老字号强度”[71]。李盛林、田雯霞等(2014)基于消费者决策角度，指出品牌知名度、美誉度、信任度和追随度是影响老字号品牌价值的主要因素[68]。姬志恒、王兴元等(2014)研究指出老字号品牌文化属性最终表现为消费者关于历史传承性与民族特色的品牌联想，包括地域独特性、广域接受性、长期稳定性和发展创新性等方面，与企业价值和成长性密切关联[69]。吴方(2015)指出“老字号”品牌的商业价值主要体现在经济价值、市场价值和历史文化价值等三个方面，并基于品牌生命周期理论研究区域老字号品牌建设问题[70]。

老字号品牌价值评估研究。在品牌价值的研究中，主要有三种评价方法：①基于财务因素的评价方法；②基于市场因素的评价方法；③基于消费者因素的评价方法。而在老字号品牌价值的评价中却缺少公认的模型和体系。陈亚荣、孙晶路等(2013)基于 Interbrand 评估法、大卫·艾克品牌资产十要素模型，构建了中华老字号品牌价值评估模型，在模型中老字号品牌价值($V$)= 老字号品牌收益($I$)×老字号品牌强度系数($G$)，其中，品牌收益值利用专业判断方法计算，老字号强度系数通过自主构建的老字号品牌指标计算(见图 2.3)。

王成荣、王玉军等(2014)较早在这一领域进行研究，他们指出老字号品牌价值来源于品牌经营主体的特殊劳动创造和市场消费者的认同，应包括市场价值、社会价值和文化价值，但在进一步的研究中，他们指出老字号品牌价值呈现构成不均衡的特征，即从老字号整体表现出的市场价值与其社会价值、文化价值进行对比后，出现巨大反差，市场价值较低，而社会价值、文化价值较高。老字号的社会价值、文化价值一直处于不断积累和提升的过程中，在消费者层面的作用和

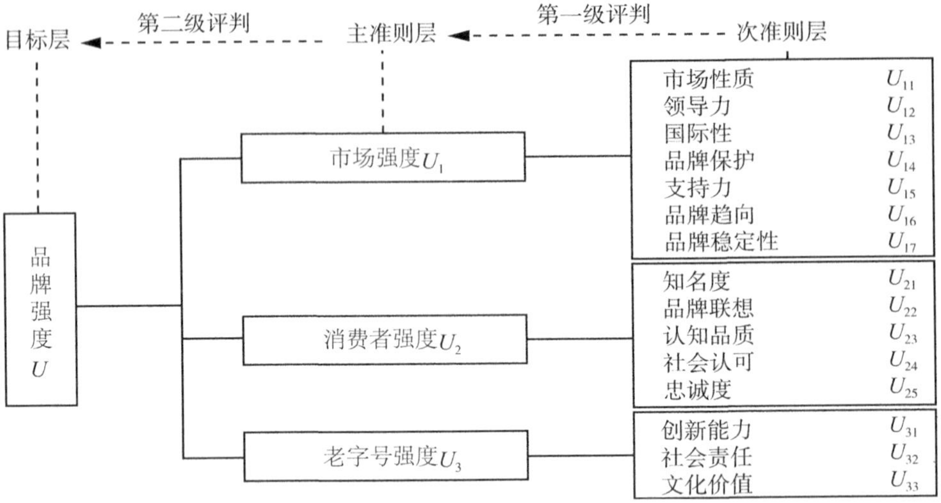


图 2.3　品牌强度指标体系

资料来源：陈亚荣，孙晶路．中华老字号品牌价值评估模型[J]．北京服装学院学报（自然科学版），2013，33(1)．

意义较低，这种品牌价值的结构性失衡，缘于社会生活方式和消费方式的变化、老字号传统体制约束与资源分配不平衡、自身经营管理不足等方面。为了进行科学评估，他们设计了老字号品牌价值评估模型——THBV(Time-Honored Brand Value)评估法(见图 2.4)，力图将老字号品牌价值三种组成部分统一化[2,113]。

李嘉敏、韦明、李星颖等(2019)指出我国当前老字号品牌价值评估体现不完善，忽略了品牌价值的文化及历史等非经济因素，存在一些问题：①研究专家并未统一品牌价值评估的方法；②品牌价值影响因素不全面；③价值指标未完全考虑老字号品牌发展问题。并且指出 THBV 模型对市场优势乘数进行了分析，将老字号品牌划分为四类，从五个方面进行了深入研究，但该模型整体上存在主观性强、社会文化价值被高估、理论检验时间不足等问题[109]。

从品牌价值、区域品牌再到老字号品牌价值的研究中可以发现，老字号品牌价值应该属于品牌资产中的重要内容，是体现老字号品牌竞争力的重要指标，对其科学、系统和稳定的测量与评估，是促进老字号品牌持久发展的重要动力。

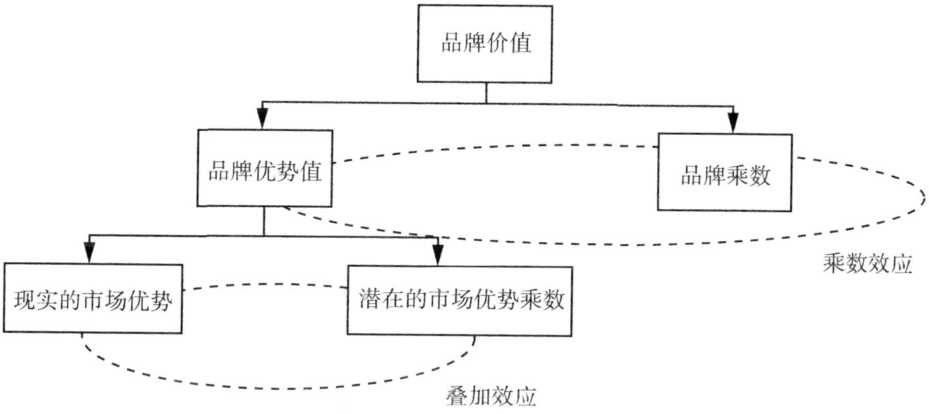


图 2.4　THBV 评价模型

资料来源：王成荣，王玉军．老字号品牌价值评价模型[J]．管理评论，2014，26(6).

## 四、老字号品牌激活研究

品牌活化或称为品牌激活，最早由 Berry(1988)提出，但当时并没有对概念进行界定，是从企业实践的角度提出了品牌激活的七个步骤：①千方百计提供高质量的产品或服务；②仔细检查一些能影响消费者感知质量的因素；③管理品牌与消费者之间的关系；④理解品牌价值所在；⑤每个品牌都必须有一些特质；⑥协调好品牌激活过程；⑦为品牌重新上市安排一个激动人心的、重要的而且有报道价值的派对[110]。同样基于营销策略的角度，学者 Aaker( 1991) 提出品牌激活 7 条策略：①增加品牌使用机会；②发现品牌新的用途；③进入新的市场；④品牌重新定位；⑤提升产品或服务性能；⑥通过引进新产品、新技术，替代现有的产品；⑦进行品牌延伸[73]。而 Keller 则基于顾客的品牌资产角度提出品牌激活的原理，最终在 2004 年提出品牌资产激活路径[111](见图 2.5)。

何佳讯、李耀(2006)研究指出西方品牌激活原理的研究可以从两个角度来看：①基于认知心理学角度，它的机理包括拓展品牌意识和改善品牌形象两个方面；②基于社会心理学角度，强调的是品牌意义的复活(包括品牌故事、理想化的品牌社群、品牌精髓和品牌悖论四个概念框架)，它的机理是唤醒消费者的怀旧情结。并且，何佳讯等将这两种理论有效结合起来，建立了认知心理-社会心理联合视角品牌活化矩阵(BRM)(见图 2.6)，建议中国老品牌的复兴应采用这个

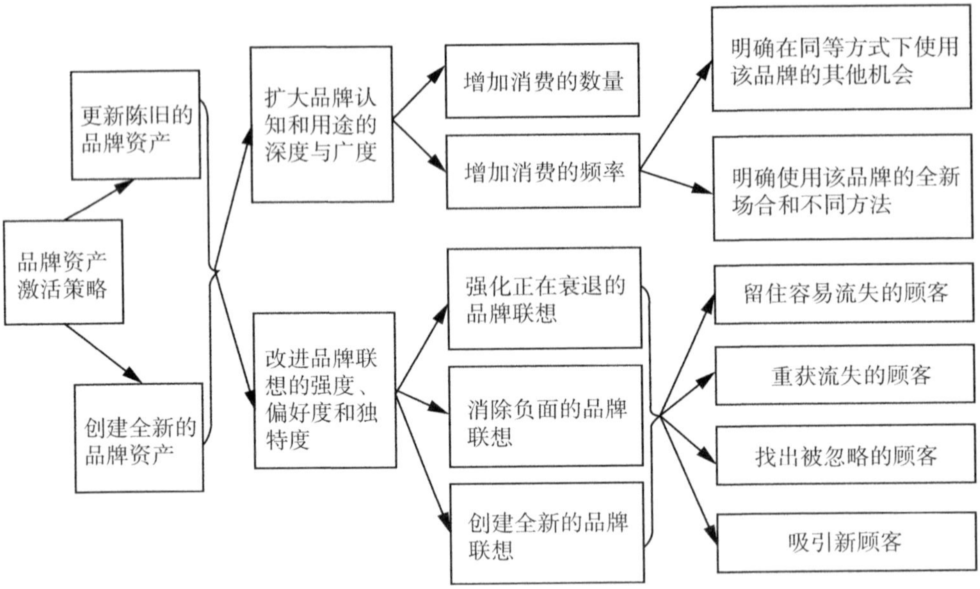


图 2.5　品牌资产激活的 CEEB 模型

资料来源：Kevin Lane Keller. Strategic Brand Management(影印版)，the 2nd Edition [M]. 北京：中国人民大学出版社，2004.

社会心理的视角

| 认知心理的视角 | | 老资产 | 新资产 |
| --- | --- | --- | --- |
| | 意识 | 唤醒 | 扩展 |
| | 形象 | 复古 | 改变 |

图 2.6　品牌活化矩阵

资料来源：何佳讯，李耀．品牌活化原理与决策方法探窥——兼谈我国老字号品牌的振兴[J]. 北京工商大学学报(社会科学版)，2006(6)：50-55.

基本战略架构，实施怀旧战略建立消费者联系，重估品牌精髓和意义，老品牌要在“新”上下工夫，要“表”“里”并重，实行联合品牌经营战略[72]。

国内学者吴水龙(2008)在后续的研究中也归纳了国外学术界关于品牌激活理论的相关研究，发现学者们大多以经验分析或案例研究作为主要研究方法，并得出了相关结论和启示(见表2.4)，在此基础上，他针对性指出激活“老字号”品牌资产的方向和关键路径和策略是对“老字号”品牌的旧元素加以复活，并适时注入新元素[73]。

表2.4　　**品牌激活的主要研究文献**

| 作者 | 主要贡献 | 研究方法 |
|---|---|---|
| Brown(1992) | 提出了品牌激活的七项技术 | 经验分析 |
| Ewing(1995) | Mazda案例研究 | 案例 |
| Wansink & Gilmore(1999) | 品牌激活的策略 | 经验分析 |
| Clancy(2001) | 品牌激活的四个步骤 | 经验分析 |
| Jacksou(2001) | 品牌激活的方法 | 经验分析 |
| Davis(2003) | 品牌颠覆的教训和成功的经验 | 案例研究 |
| Kaikati & Kaikati(2003) | 品牌重塑的陷阱和应对策略 | 经验分析 |
| Brown，Kozinets(2003) | 品牌意义与品牌激活 | 定性研究 |
| Muzellec，Doogan(2003) | 品牌重塑的过程 | 经验分析、内容分析 |
| Lehu(2004) | 品牌衰退的原因与激活策略 | 实证研究(品牌管理者调查) |
| Stuart & Muzellec(2004) | 企业并购与品牌重塑 | 经验分析 |
| Daly & Moloney(2004) | 品牌重塑的管理步骤 | 经验分析 |
| Munthree & Bick(2006) | 产品线延伸与品牌激活 | 对管理者深度访谈 |

资料来源：吴水龙．品牌激活策略研究：以“老字号”为例[J]．现代管理科学，2008(1).

杨攀、于海龙等(2008)在研究老字号品牌老化问题时指出，解决品牌老化的最好办法就是品牌激活，从企业视角和消费者视角提出了中华老字号品牌资产激活路径模型。在企业视角中，要注重对老字号品牌既有资产挖掘，合理利用怀旧情结，并且积极打造个性鲜明的产品品牌，注入符合时代的新元素；在消费者视角中，通过理性诉求的策略实现“老字号品牌的应有之情”，通过杰出的创意和营销智慧实现“老字号品牌的真有之情”[74]。

陶云彪(2011)研究指出老字号品牌老化本质上是品牌资产的流失，并基于Aaker的五星概念模型，从五个方面探讨了实施老字号品牌资产的激活策略：①消费者激活，对老顾客利用怀旧情感激活，对新顾客通过品牌故事加强与消费者的互动来激活；②品质感知激活，保证高品质的前提下进行产品创新，评估影响老字号品牌质量感知的因素；③品牌联想激活，从复活旧元素、注入新元素等方面进行全面元素激活，强化老字号品牌联想的强度、偏好和独特性；④认知度激活：一方面以老带新扩大认知，另一方面吸引年轻消费群体，获得他们的认可；⑤营销能力激活，从老字号产品、服务、品牌管理能力、分销网络体系等方面提升营销能力[75]。

柴俊武、陈倩倩等(2014)研究指出当前学术界对老字号实施品牌激活的研究有两类：①一部分学者主张激活老字号的品牌资产，从而实现品牌的激活；②一部分主张对老字号的品牌意义进行激活，通过激活品牌意义的4A要素(品牌故事、品牌社群、品牌精髓、品牌悖论)实现品牌激活[112]。

江红艳、王宇、吉峰、孙配贞等(2016)整理前人对老字号品牌激活策略的研究，发现主要形成了两个派别的观点：一种是采用求变、创新的策略激活老字号品牌；一种是采用怀旧策略激活老字号品牌。他们指出消费者在不同的人际关系情境中会产生不同的消费心理特点，从而导致对特定类型的老字号品牌激活策略有所偏爱，研究发现因平庸而被排斥与因优异而被排斥的消费者在老字号不同品牌激活策略下的购买意愿具有显著差异，即因平庸而被排斥的消费者怀旧倾向更强烈，偏好怀旧型品牌激活策略，因优异而被排斥的消费者注重自我未来的发展与变化，偏好创新型品牌激活策略[76]。

郭雯琦(2018)回顾品牌激活相关文献时，也指出当前研究主要分为创新战略和怀旧战略两派，两者在品牌设计、品牌定位、品牌传播等方面采取的战略存在明显差异[77]。

许晖、张海军、冯永春等(2018)研究发现老字号品牌激活包含品牌真实性构建和价值迁移两个维度，具有技术优势的老字号企业倾向于通过品牌建构真实性和跨领域品类扩张进行品牌活化，具有产品优势的老字号企业基于品牌真实性和品牌价值链延伸进行品牌活化，并提出了老字号品牌活化四类路径模式(见表2.5)：防御型、折中型、创业型、先锋型。[78]

表 2.5 **老字号品牌活化模式与关键特征比较**

| 活化模式 | 压力特征 | 品牌活化行为 | | 品牌架构 | 活化机制 |
|---|---|---|---|---|---|
| | | 品牌真实性管理 | 价值迁移 | | |
| 防御型模式 | 技术创新能力弱，市场匹配能力弱 | 原真实性管理 | 纵向迁移：产业链一体化 | 单一品牌 | 衍生机制 |
| 创业型模式 | 技术创新能力强，市场匹配能力弱 | 原真实性管理 | 横向迁移：跨品类延伸 | 主副品牌 | 变异机制 |
| 折中型模式 | 技术创新能力弱，市场匹配能力强 | 建构真实性管理 | 纵向迁移：产业链一体化 | 背书品牌 | 更新机制 |
| 先锋型模式 | 技术创新能力强，市场匹配能力强 | 建构真实性管理 | 横向迁移：跨品类延伸 | 独立品牌 | 再生机制 |

资料来源：许晖，张海军，冯永春．传承还是重塑？本土老字号品牌活化模式与机制研究——基于品牌真实性与价值迁移视角[J]．管理世界，2018，34(4)．

简予繁、周志民、周南等(2019)等借鉴组织合法性理论，从文化的角度研究老字号品牌延伸策略及其对品牌形象的作用机制，探索了老字号品牌结合流行文化塑造延伸产品行为合法性与品牌延伸产品合法性的来源与结果，研究发现，流行文化——品牌象征的文化相容性与流行文化——消费者持续性涉入对品牌延伸产品合法性、品牌行为合法性都有着显著的正向影响[114]。

江炜康等(2020)研究指出与互联网经济催生的新兴品牌比照，老字号拥有巨大的品牌价值，但实际经营中半数以上的老字号企业仍面临着品牌老化的问题，品牌战略规划跟不上时代发展，缺乏品牌管理意识，提出通过跨界 IP 合作策略帮助解决老字号品牌形象老化、品牌传播创新能力不足等问题，提升老字号品牌核心价值，增强老字号品牌差异化竞争优势[48]。

综合来看，基于品牌活化理论的老字号品牌研究，主要围绕着激活的步骤、方法、技术等策略展开，大多建立在怀旧和创新两个维度去建立新的品牌激活对策，这也是进行品牌激活的重要方面。

# 第三章　武汉老字号品牌的经营与发展

## 第一节　武汉老字号品牌的发展历史

通过对周德钧(2005)、周英姿(2008)、王琼辉(2015)、姚伟钧和李任(2019)等学者研究的整理，本书认为武汉老字号品牌的发展主要分为三个时期：形成期、转型期和振兴期。

### 一、武汉老字号品牌的形成期

在历史的视角，武汉就是一座具备大市场、大流通与大商业的城市，而这座城市早年却是因军事需要催生，并逐步从一个军事堡垒发展为重要的军港，进而成为区域政治中心乃至省会城市。闻名遐迩的武汉老字号品牌如叶开泰、汪玉霞、老马入和、苏恒泰、曹祥泰等就是在这样的环境下孕育诞生。

早在隋唐之际，武汉因鄂州、汉阳隔江对峙的“双城”格局，作为一个区域的政治中心功能就已粗具规模。到了元代时期，武汉已然成为一个通都大邑，各种传统城市手工业在满足城市消费需求的环境下应运而生，彼时坊铺林立、百业匠作、技艺纷呈，其中口碑良好、生意兴隆的作坊店铺成为日后武汉老字号品牌的先声[115]。明朝成化年间由于汉水改道，汉口从汉阳析出，武汉由此从“双城”格局形成三镇鼎力之势，汉口迅速崛起，待到明末清初时期，云、贵、川、湘、桂、陕、豫、赣之货皆于汉口转运，两湖淮盐在汉口分销，湖广漕粮在汉口交兑，此外，闽粤的日杂百货、京苏的鞋靴、广东的铁器以及湖笔徽墨等全国各地的精品名牌也纷然杂陈于此地，汉口成为当时中国内地最大的商品集散中心[115]，是名副其实的“天下四聚”商业巨镇，被《大清一统志》描述为“往来要道，居民填溢，商贾辐辏，为楚中第一繁盛处”[116]，尤其是在河街、汉正街、夹街、堤街一带密集分布着各种商号、行栈、店铺，如叶开泰成为全国著名的四大中药店之一，谦祥益发展成购货于海外、行销于四方的大布号，汪玉霞成为汉上食品行业的巨头，还有一大批商业字号渐成规模，诸如苏恒泰、曹祥泰、邹协和、鸿彰永、悦新昌、亨达利、冠生园、周恒顺、老同兴、曹正兴、胡开文等一时俱兴。它们各具特色，异彩纷呈，是名重汉上、声播四海的工商企业，成为武汉老字号的主体[117]。汉口开埠以后，华洋互市、中外贸易大规模展开，武汉渐显国际化大都会的风采，那些经营有年且规模初具的店铺行栈栉风沐雨，终于发展成规模可观、声誉卓著的名号大行，成为近代武汉商业企业的杰出代表，自然，也成为武汉老字号这一商业群体中最具魅力的形象代言人[115]。

**案例资料：**

### 遮风挡雨——苏恒泰

1861年，湖南长沙东乡石门坎人苏文受携妻子在汉口开埠时即来到汉口码头靠替人修伞讨生活，由于手艺好，顾客络绎不绝，在有了一点积蓄以后便购进原料开始制售油纸伞。他们大胆创新，不受地域限制，将湖南伞的耐用结合浙江伞的美观再加湖北伞的抗风柔韧集于一身，其产品脱颖而出，受到大众欢迎。1864年，苏文受在汉正街关帝庙魁斗巷口购置小板铺门面一间，创立苏恒泰油纸伞店，取此名喻义长久安康，既指产品结实耐用，又指能护佑顾客通达四方。

苏恒泰伞店开始是个典型的手工作坊，店内雇工12人，外加3个徒弟。规模不大，生意却红火得很，月销纸伞五六百把，还时常脱销。产品的畅销，质量是关键，苏文受深知这一点，质量过得硬，才能站稳市场，赢得信誉。创业之初，苏恒泰纸伞的质优价廉使其很快就声誉鹊起，在集家嘴一带小有名气，于此带来的就是“苏恒泰”的产品供不应求。为了扩大生产规模，苏文受想到了以产销组合方式进行跨地经营，他们在作坊的基础上实行了协作生产，将制伞分作5道工序，5人协作完成整个伞的制作。伞架的制作由3人完成，一人做长一骨，一人做短寸，一人做兜托、套柄(伞上的葫芦和伞柄)；油稽的工作由2人完成，一人措伞，一人打油。以此定岗定员，形成小规模的流水作业。这样一来，效率大增，产量迅速提高。为了进一步扩大生产，苏文受又在大火路的先贤巷(今旌德一巷)租下一栋民房，作为专门制伞的作坊，集中生产。

1890年苏文受病故，店铺由其子苏云生继承，生意实际是苏夫人管理，在她的经营下，“苏恒泰”的生产销售又上了一个台阶。1905年，纸伞月销量达到4000~5000把，积累资金4000银圆。1906年，苏夫人确立了“苏恒泰”日后发展的重要战略——以市场为导向，以品牌经营为核心，实行完全的产销分离。苏夫人在店内挑选了一个名叫左云程的伙计，此人忠于东家、勇于任事而又善于经营管理。经双方秘密协商，由苏家出钱，左云程回湘潭开设作坊，按“苏恒泰”指定的材质、规格与款式，做成成品后，全部运到汉口，由“苏恒泰”包销，而湘潭的作坊取名“左和祥”，其实际上是汉口“苏恒泰”的异地生产基地，类似于今天公司总部与分厂的关系。湘潭“左和祥”设立后，由于靠近原料产地，人工费又较汉口便宜，纸伞成本大为降低。稍

图3.1　“苏恒泰”第五代传承人苏峰正在精心制作油纸伞

后，“左和祥”的纸伞就源源不断运抵汉口，“苏恒泰”的产量因而大增，此时，苏恒泰纸伞除畅销本地，还销往黄陂、孝感、河阳、汉川、嘉鱼、麻城、罗田、天门、鄂城、襄樊等地，并远销至河南、河北，年销量达 8 万把。由于“苏恒泰”品牌的名气与市场信誉，继“左和祥”之后，湘潭的“朱德泰”“傅保兴”，长沙的“李仁和”等作坊纷纷成为“苏恒泰”的产品供应商。经过这一调整，“苏恒泰”实际上成为了一个雨伞经销商，而与其他经销商不同的是，“苏恒泰”依靠的是品牌，实行的是以品牌为依托的产销一体化经营战略。清末民初，“苏恒泰”已成为汉口十大名牌之一，是中部地区最具实力的纸伞厂商。

资料来源：周德钧．细说“苏恒泰”[J]．武汉文史资料，2006(7)：44-47；苏峰．苏恒泰油纸伞的前世今生[J]．武汉文史资料，2020(6)：60-64.

既然是一座“因武而昌”的城市，必是历朝历代兵家必争之地，同样也成为了水患频发的危地，再加之火灾肆虐、市场波动，好不容易建立起来的一批武汉老字号步履维艰，一大批闻名遐迩的老字号品牌没落甚至消失在历史的长河中。1911 年辛亥革命时期，清军纵火焚烧汉口，众多商铺化为灰烬；民国时期，又遇上军阀混战，武汉整体经济恢复缓慢；1931 年武汉遭遇中国近代史上受灾区域最广、历史最长、灾情最为严重的特大水灾，《中华民国二十年水灾区域之经济调查》中提到，“而损毁之圩堤与道路，与夫秋冬作物之因积水而无法播种，其损失几何，且犹未计及焉”，这就导致了汉口灾民灾后直到第三个季节才能再次收获农作物，农业损失空前绝后，商业萧条，商户减少 2000 余户；抗日战争时期，从武汉迁往川、湘、桂、陕、黔等地的工厂达到 233 家，武汉经济受到严重破坏，许多老字号被摧毁；抗战胜利后，一些官僚资本家垄断操控武汉市场，商业经济也是举步维艰[118]。

回首 1911 年至 1945 年这三十多年间，武汉老字号被毁无数，甚至有些在重建后多次被毁，但实力强的品牌总能屹立不倒。如“苏恒泰”在 1911 年第一次被毁于汉口大火，1931 年店铺被大水淹毁，1938 年日寇入侵武汉，苏恒泰店铺内所有货物、原料等被人搬运一空，直到 1945 年抗战胜利后，“苏恒泰”才恢复到原来的生产水平。在武汉沦陷时期，曹祥泰杂货店被日寇强占成了海军酒保，高洪太铜响器店生产陷入瘫痪，“老通城”的经营场所被炸毁，它们都在胜利后才恢复生产和营业；1944年，老大兴园酒楼被失去准头的炸弹炸毁，但至年底“老大兴园”恢复营业[118]。除此以外，还有一些字号、商铺在这个动荡的时期建立，开始崭露头角，成为日后的武汉老字号品牌。如1911年创立的“长生堂”倡导文明理发，顺乎时代发展；1927年创立的“四季美”融合江南与湖广口味，制作兼具南北特色的“武汉汤包”；1928年创立的“蔡林记”因热干面分量足、配料全、风味独到，使得武汉三镇居民争相前往、一品为快。

**案例资料：**

### 常留俊美——长生堂

1911年9月，扬州剃头匠张聚年在汉口车站路开设了一家铺子。张聚年来汉是为“求生”二字，借引以作“长生”，因此挂出“长生堂”的招牌，全名为“汉口长生堂文武理发店”。当时，人人都蓄长辫，长生堂主营剃头修发生意。他以“文武理发”吸引顾客。所谓“文武”理发，就是将理发与推拿按摩融为一体，除了对顾客剃头修发外，还附加对顾客从头到脚浑身的推拿。因技艺独特，顾客舒畅，兼之招牌有长命百岁之寓意，“长生堂”口口相传，宾客如云。10月，辛亥首义成功。湖北军政府发布《剪辫令》：“今者满廷已覆，民国成功，凡我同胞，允宜涤旧染之污，作新国之民。兹查通都大邑至偏乡僻壤，留辫者尚复不少，仰内务部通行各省都督，就未去辫者，于令到之日，一律剪除净尽。”一时间，人人争着剪除长辫，以示同清朝决裂。张聚年抓住时机，响应革命，宣布凡来剪辫者均可免费，长生堂生意更加红火。

所谓“虽有智慧，不如乘势”，“长生堂”的创立正值辛亥鼎革之际，新旧交迭，文明开化风行一时，“长生堂”顺乎时代，倡导文明理发，可谓恰逢其时。到了民国中期，汉口的对外贸易蓬勃发展，开埠开放，气象万千，时尚新潮，扑面而至，“长生堂”借此机缘，乘势而上，迎来了发展的高峰。

1937年，抗战爆发，民国时期经济发展的“黄金时代”宣告结束。随着战争气氛的日趋紧张，武汉市民平静的生活被打破了，达官显贵、富商巨贾们也失去了往日的悠闲，开始了四散离难的生活，“长生堂”的客源因此大减，生意一度萧条。张聚年便以贱价将“长生堂”卖给了本店职员代恒贵。代恒贵接手后，召集当年创办“长生堂”的一帮同仁，诸如徐少斋、周德才、胡保正、张回卿等，组成股份制公司，重新集股认资，此间，周德才出资最多，于是取代了代恒贵，成为“长生堂”的新一任老板。

周德才斥巨资对店堂进行大规模的装修。地面全部铺以进口地砖，添置16把铁制的理发专用椅，每把椅子配以真皮坐垫，店堂外面以彩色雕花饰窗，店内以雕花隔扇分出不同的作业区间，操作台以天然大理石为台板，全部用红铜条包边。周德才又从上海高薪请来8位名师，连同本店的4名师傅，16名学徒，组成了一个庞大的阵容。“长生堂”以豪华时尚、技术领先、规模庞大而占据着武汉理发业的“高端”市场，度过了危机。武汉沦陷后，“长生堂”由于地处法租界，所受影响较小，生意发展平稳，成为当时美容美发业的翘楚。

图3.2　武汉长生堂

资料来源：周德钧．风华“长生堂”[J]．武汉文史资料，2007(9)：47-51；孙方遒．长生堂传奇[J]．工友，2015(4)：52-53.

综合来看，在这一时期，武汉众多老字号品牌多属于创始阶段，规模较小，以创始人为核心，通过自身的努力在短期内形成一些名气，但在产品结构、技术装备、经营战略等方面很不成熟，不过武汉老字号企业日后的经营理念大多是在这一时期奠定，并通过在其经营领域的不断尝试，为其核心产品、技艺形成和市场发展打下了坚实的基础。

## 二、武汉老字号品牌的转型期

1949 年，中华人民共和国成立，国民经济恢复时期，国营商业建立了统一管理、统一经营的专业公司，实行资金大回笼、物资大调拨制度，形成高度集中的商业管理体制。1956 年，完成了对资本主义工商业的社会主义改造，实现了全行业公私合营，很多小商号被合并，品牌字号也随之被取消，如“叶开泰”联合陈太乙等几家中药店，组成“武汉健民制药厂”。1960 年以后，很多老字号都变成了国有企业，在政府的扶持下，公私合营挽救了一批老字号企业，一部分规模较大的老字号得到了恢复发展，老字号的技艺得以传承，如汪玉霞从合营走向国营后，改名“武汉市新华食品厂”，生产设备增加，产值大幅提高，开发新品种达 120 余种，年产值 400 万元。但也有些老字号因失去原有的独立字号品牌，为日后发展埋下了隐患，“文化大革命”期间，很多老字号牌匾被摘被换、从业人员被批斗，导致武汉老字号品牌在这一时期遭到了很大破坏[118]。

**案例资料：**

### 从不愁卖——曹祥泰

曹祥泰创办于 1884 年，开始只有一个不起眼的小门面，在武昌后长街的新街口上。1910 年，它发展为“福禄寿禧”四大字号，有了福记杂货店、禄记米店、寿记钱庄、禧记槽房。1915 年，曹祥泰又创办了祥泰肥皂厂，其“警钟肥皂”是中国肥皂的第一代产品。后来它还先后开办了祥泰新百货号、祥泰禄记机米厂、铭新纽扣厂、经新针织厂。曹祥泰的喜饼、绿豆糕、芝麻糕在武汉最有名。过去，老百姓结婚生子、建房上梁、逢年过节，总要挑着箩筐来曹祥泰购买，“曹祥泰，不愁卖”的美名流传至今。

20世纪50年代初，全国上下掀起对工商业的社会主义改造运动，作为“曹祥泰”的第三代传人，曹美成积极主动地顺应时代的潮流，他亲率员工，接受社会主义改造。1956年，“曹祥泰”实现公私合营，不久又改为国营。“文化大革命”期间，“曹祥泰”的店面更名为险峰大楼，1979年，改为武汉市工农兵副食品商店，1982年，恢复“曹祥泰”字号，定名为武汉市曹祥泰副食品商场。改革开放以后，这个百年老店重获生机，恢复了许多传统的经营项目，特别是“曹祥泰”的糕点食品重上柜台，赢得了三镇新老主顾的青睐。

图3.3　曹祥泰杂货店/萧继石画

资料来源：张叙之，陈安松，张丹．我所知道的曹祥泰家族及其产业[J]．武汉文史资料，2014(2)：36-40；周德钧，王耀．闲话“曹祥泰”[J]．武汉文史资料，2007(2)：45-50.

1978年，党的十一届三中全会以后，我国的商业体制开始了改革探索之路，老字号企业也纷纷开始进行企业改制，面向市场，独立经营。1984年5月，武汉被中共中央、国务院批准为经济体制综合改革试点城市，实行国民经济计划单列，赋予省一级经济管理权限，中央在汉企业原则上下放到武汉市管理，武汉市也成为全国省会城市中第一个进行经济体制综合改革试点的城市。1984年至1986年为“两通”突破阶段，以“两通”为突破口，开放市场，着力搞活流通和交通；1987年至1991年为全面推进阶段，按照政企分开的原则，在全市大多数工商等各类企业实施两轮企业承包、租赁经营，在部分重点企业进行放开经营，办“特厂特店”，在部分国营商业企业进行经营放开、价格放开、用工放开、分配放开试验，在一些企业进行股份制、组建企业集团试点，推行企业兼并[119]。

此后数年间通过改革，武汉老字号企业也在不断适应时代和市场的需求，努力前行和发展，迎来了自身的转型时期，但老字号之间的分化问题也由此产生，有些武汉老字号企业因为体制痼疾、人才流失、传承困难等问题，无以为继最终被迫停产；有些武汉老字号企业却能再次挣脱命运束缚、与时俱进，走出一条新的发展之路，如叶开泰、曹祥泰、马应龙、长生堂、四季美等品牌。

**案例资料：**

## 金字招牌——叶开泰

叶开泰以自制的双参桂鹿茸丸、八宝光明散、虎骨追风酒等名药，驰名湘、鄂、赣、豫、陕各省，并远销港、澳及海外一带，被称为中国四大中药店（北京同仁堂、杭州胡庆余、广州陈李济、汉口叶开泰）之一，汉口人流传着一句歇后语：“叶开泰的药——吃死人都是好的”。“叶开泰”究竟有何魅力，引得雅俗共赞、世人同誉？当然有，这种魅力就是它悠久的历史，它无与伦比的市场影响力，以及广泛的社会公信度。

叶开泰中药店创始于1637年，距今已有370多年的历史。创始人叶文机，从江苏溧水县塔山渡迁来汉口行医，在汉正街鲍家巷口找了一所店屋，悬壶应诊，挂起“叶开泰”的招牌，意为“叶家所开药店，有补国泰民安”。明末战乱之际，四方难民拥挤于此，疫病流行。叶文机心存仁厚，广施药剂，救助难民，赢得了河街一带民众的称道。到了19世纪中期，“叶开泰”声名鹊起，从一个普通的中药号发展成名重三镇的大号。叶家第七代孙叶名琛是清朝中后期著名疆臣，官至两广总督擢授体仁阁大学士，第二次鸦片战争中被英人俘虏至印度，自诩“海上苏武”，当叶明琛殉节印度消息传来，三镇为之动容，武汉市民更加钟爱“叶开泰”。从19世纪中期到辛亥革命前，“叶开泰”稳步发展，经营规模不断扩大，鼎盛时期营业额占到武汉同业总量的13%。除药业外，还广置房产、地产、古玩字画，成为富甲一方的巨室。武汉沦陷期间，“叶开泰”的正常经营被迫终止，人员物资转往汉口法租界，大部分贵重药材被日寇掠夺。抗战胜利后，叶氏后人在原址大夹街恢复经营，然人是物非，无论怎样的努力，“叶开泰”也不复当年之盛，直到中华人民共和国成立，“叶开泰”的发展方才迎来一个新的轮回。

1953年5月，叶开泰第十代传人叶蓉斋等，联合陈太乙、陈天保等几户私营药店，筹划建厂事宜。会上提议厂名为“叶开泰药厂”的建议被否决。最后几家达成协议同意用“健民”为厂名。1953年6月1日，在汉口大夹街原叶开泰药店的旧址上，建起了“私营武汉健民制药厂”。当时的生产组分为“制丸组”“炮制组”“磨粉组”“包装组”，分散在三区十八门。三区是汉阳区、硚口区、江汉区；十八门是指大夹街、汉正街、星火巷几处厂房一共要进18个门。健民制药厂的董事长为叶蓉斋。1955年10月1日，汉口大夹街的“私营武汉健民制药厂”招牌被摘下，换上了“公私合营武汉市健民制药厂”的新招牌。从20世纪50年代中期至60年代初，健民制药厂的生产规模小，经营分散，生产方式落后，每年产值不过几百万元；到1963年，全厂只有100多职工，破破烂烂的厂房分散在9处，最大的一个车间1019平方米，最小的一个车间只有152平方米，当时，健民药厂的车间、仓库、办公室中有70%是危房。

1970年，健民厂走出汉正街，选址汉阳鹦鹉大道。1974年，新厂房竣工，厂区宏敞，设施日新，资产剧增，产值过千万，从叶开泰药店到健民药厂，经过公私合营，转归国营，已然走出低迷。1978年，新品“牡荆油胶丸”上市，荣获全国科学大会奖，为国家药典收载为法定药物。1980年，产值首次突破2000万元，到1984年，工厂的月产值仍稳定在200万元，利税数百万元；1987年研制出防治小儿佝偻病新药——“龙牡壮骨冲剂”，1988年获全国儿童用品新产品金鹿奖，“健民”也成为“全国中药儿童用药生产中心”，同年，健民制药厂恢复启用“叶开泰”的老字号招牌。进入20世纪90

年代，其发展步伐更快了。1997年，健民集团的总资产达3.02亿元，销售收入30008万元，实现利税5138万元。跨入21世纪以后，“健民”的年产值过5亿元，并于2004年4月在上海证券交易所成功上市。

从“修合无人见，存心有天知”的慎独良知，到“服务民生，健康民众”的博爱情怀，“健民”秉承了“叶开泰”，也超越了“叶开泰”，在“健民”辉煌的业绩中，“叶开泰”这一深受武汉人民钟爱的金字招牌获得了新生，并被赋予了全新的时代价值。

图3.4　当下在汉口的叶开泰门店

资料来源：周德钧．品读“叶开泰”[J]．武汉文史资料，2006(9)：40-43；俞汉民．从叶开泰药室到健民集团风风雨雨数百年[J]．武汉文史资料，1999(1)：27-29；周永亮. 百年老店叶开泰[J]．档案记忆，2020(1)：23-25.

## 三、武汉老字号品牌的振兴期

2006年，为贯彻落实党的十六大和十六届五中全会精神，引导具有自主知识产权、优秀民族文化和独特技艺的老字号加快创新发展，发挥老字号在经济和社会发展中的重要作用，《商务部关于实施“振兴老字号工程”的通知》(商改发

〔2006〕171 号)发布，明确各地商务主管部门要根据本地区老字号发展特点按照《“振兴老字号工程”工作方案》要求，研究制定“振兴老字号工程”实施规划[120]。同年十一月，《商务部关于认定第一批“中华老字号”的通知》(商改发〔2006〕607 号)发布，430 个企业(品牌)为“中华老字号”，其中武汉市老字号品牌马应龙、曹祥泰、五芳斋、长生堂榜中有名[121]。2007 年，为维护“中华老字号”的信誉，加强对“中华老字号”标识的管理，《商务部关于印发〈“中华老字号”标识使用规定〉的通知》(商改发〔2007〕137 号)发布[122]。2008 年，为贯彻落实党的十七大关于加快培育我国知名品牌，加强对民族文化的挖掘和保护的精神，《商务部等 14 部门关于印发〈关于保护和促进老字号发展的若干意见〉的通知》(商改发〔2008〕104 号)发布[123]。

可以说，自 2006 年启动“振兴老字号工程”以来，商务部会同相关部门围绕“建立老字号保护体系、促进体系和挖掘老字号内涵”开展了一系列工作，老字号的发展环境得到了不断优化，经过十年的发展至 2016 年，多数老字号发展情况都有了较大改善，但依然有部分老字号企业因为机制僵化、观念陈旧、创新不足、传承无力等原因，面临发展困境，为持续推动老字号企业大力发展，2017 年，商务部等 16 部门联合印发《关于促进老字号改革创新发展的指导意见》，从推动老字号传承与创新、加强经营网点保护、推进产权改革等三个方面提出了八项任务[124]。2018 年，中华老字号企业过半数已经开启线上线下融合互动模式，有些老字号还热销海外，跻身全球品牌[125]。

正是从这一时期开始，老字号受到越来越多关注，武汉老字号品牌也进入了保护和振兴时期。武汉市自 2010 年就正式启动老字号振兴工程，2010 年 11 月颁布了《市人民政府办公厅关于印发武汉老字号认定办法的通知》(武政办〔2010〕156 号)，并从 2010 年至 2015 年每年投入 500 万元专项资金支持老字号发展。2016 年，武汉市出台《市人民政府办公厅关于进一步实施武汉老字号振兴工程的意见》(武政办〔2016〕8 号)，强调从财政政策扶持力度加强、知识产权保护、经营网点保护、文化遗产保护、人才培养、中介机构作用发挥等方面展开武汉老字号品牌的保护和振兴工作。同年底，武汉市商务局发布《“武汉老字号”认定办法》(武商规〔2016〕1 号)，其中明确定义：武汉老字号(Wuhan Time-honored Brand)，是指武汉地区历史悠久，拥有世代传承的产品、技艺或者服务，具有中华民族特色和鲜明的地方文化特征，获得社会广泛认同，形成良好信誉的企业品牌。规定参加“武汉老字号”认定的单位必须具备以下六个条件：

- 拥有商标所有权或使用权
- 品牌创立 50 年以上(含 50 年)
- 具有世代传承的独特产品、技艺或服务
- 具有中华传统文化特色和鲜明的武汉地域文化特征，具有历史价值和文化价值
- 具有良好信誉，得到广泛社会认同和赞誉
- 国内资本或者港澳台地区资本控股或者相对控股，且能正常经营。

并且特别说明，在武汉市行政区域内已经被国家、省商务主管部门认定为“中华老字号”“湖北老字号”的，市商务局不再组织认定“武汉老字号”[126]。在“十四五”期间，武汉将进一步大力培育本土品牌，培育一批面向全球的新名品、新名企，打造汉派精品，振兴老字号品牌，打造具有规模效应和品牌效应的老字号特色街区，培育一批销售过亿元的老字号品牌，这必将大大助力武汉老字号品牌在新时期的腾飞和发展[127]。

综合来看，商务部在 2006 年、2010 年先后认定了两批 1129 家“中华老字号”企业，湖北省共 26 家上榜(见表 3.1)其中属于武汉市的中华老字号有 14 家。

表 3.1　　**中华老字号企业名录(湖北省)**

| 序号 | 企业名称 | 注册商标 |
|---|---|---|
| 1 | 武汉马应龙药业集团股份有限公司 | 马应龙 |
| 2 | 武汉五芳斋食品贸易有限公司 | 楚粽 |
| 3 | 武汉曹祥泰食品有限责任公司 | 曹祥泰 |
| 4 | 武汉市长生堂美发美容有限责任公司 | 长生堂 |
| 5 | 孝感麻糖米酒有限责任公司 | 孝感麻糖 |
| 6 | 湖北省赵李桥茶厂 | 川 |
| 7 | 云梦县楚河鱼面厂 | 楚河 |
| 8 | 武汉市江岸区老亨达利世界名表有限公司 | 老亨达利 |
| 9 | 湖北汉明喜来登眼镜有限公司 | 汉明喜来登 |

续表

| 序号 | 企业名称 | 注册商标 |
|---|---|---|
| 10 | 湖北稻花香酒业股份有限公司 | 稻花香 |
| 11 | 湖北枝江酒业股份有限公司 | 枝江 |
| 12 | 武汉天龙黄鹤楼酒业有限公司 | 黄鹤楼 |
| 13 | 湖北久康食品有限公司 | 久康 |
| 14 | 黄石市白鸭食品有限公司 | 白鸭 |
| 15 | 武汉谈炎记饮食有限公司 | 谈炎记 |
| 16 | 孝感市宏源饮食服务有限责任公司米酒大楼 | 孝感米酒 |
| 17 | 湖北黄山头酒业有限公司 | 黄山头 |
| 18 | 湖北省安陆市涢河酒业有限公司 | 碧山牌 |
| 19 | 武汉市四季美饮业有限责任公司 | 四季美 |
| 20 | 黄石市食博园饼业有限公司 | 食博园 |
| 21 | 武汉健民药业集团股份有限公司 | 健民 |
| 22 | 武汉叶开泰药业连锁有限公司 | 叶开泰 |
| 23 | 襄樊郝曙光实业有限公司 | 郝曙光 |
| 24 | 湖北工艺美术服务部有限公司 | |
| 25 | 武汉烟草(集团)有限公司 | |
| 26 | 湖北中烟工业有限责任公司 | |

资料来源：老字号名录．中华人民共和国商务部业务系统统一平台 中华老字号信息管理[EB/OL]．https：//zhlzh. mofcom. gov. cn/news/searchEntps.

湖北省在2014年和2016年先后共认定了两批52家“湖北老字号”企业，属于武汉市的“湖北老字号”有15家(见表3.2)；武汉市在2011年、2013年和2017年先后共认定了三批48家“武汉老字号”企业(见表3.3)。

表3.2 **武汉市的“湖北老字号”企业名录**

| 认定批次 | 认定时间 | 企业名称 | 品牌 |
|---|---|---|---|
| 第一批 | 2014年 | 武汉蔡林记商贸有限公司 | 蔡林记 |
| | | 武汉老通城食品股份有限公司 | 老通城 |

续表

| 认定批次 | 认定时间 | 企业名称 | 品牌 |
|---|---|---|---|
| | | 武汉市江汉区老万成商贸有限公司 | 老万成 |
| | | 武汉卓尔商贸有限公司 | 德华楼 |
| | | 武汉扬子江乳业食品有限公司 | 扬子江 |
| | | 武汉初开堂药业公司 | 初开堂 |
| | | 武汉冠生园食品公司 | 冠牌 |
| | | 国药集团中联药业有限公司 | 中联 |
| | | 武汉精益眼镜公司 | 武汉精益 |
| | | 武汉市国漆有限公司 | 黄鹤 |
| 第二批 | 2016 年 | 武汉市荣宝斋 | 荣宝斋 |
| | | 武汉刘有余药堂有限责任公司 | 刘有余 |
| | | 武汉市汪玉霞食品工业公司 | 汪玉霞、玉 |
| | | 武汉高洪太铜响乐器有限公司 | 高洪太 |
| | | 武汉盛锡福帽业有限责任公司 | 冠福牌 |

资料来源：根据湖北省商务厅、武汉市商务局相关资料整理。

表 3.3　**“武汉老字号”企业名录**

| 认定批次 | 认定时间 | 企业名称 |
|---|---|---|
| 第一批 | 2011 年 | 武汉老通城酒楼 |
| | | 武汉荣宝斋 |
| | | 武汉市江岸区新兴大酒楼 |
| | | 武汉小桃园餐饮发展有限公司 |
| | | 武汉市江汉区老万成商贸有限公司 |
| | | 武汉中百百货有限责任公司中心百货大楼 |
| | | 武汉蔡林记商贸有限公司 |
| | | 武汉中联药业集团股份有限公司 |
| | | 武汉初开堂药业公司 |
| | | 武汉市老会宾商务有限责任公司 |
| | | 武汉市顺香居饮业有限责任公司 |

续表

| 认定批次 | 认定时间 | 企业名称 |
|---|---|---|
| | | 武汉市德华楼酒店管理有限公司 |
| | | 武汉市天杨商贸有限公司香港美发美容厅 |
| | | 武汉精益眼镜公司 |
| | | 武汉市亨达利钟表眼镜有限公司 |
| | | 武汉盛锡福帽业有限责任公司 |
| | | 武汉清真东来顺饭店有限责任公司 |
| | | 武汉市汪玉霞食品工业公司 |
| | | 武汉冠生园食品公司 |
| | | 武汉武药制药有限公司 |
| | | 武汉市汉商集团股份有限公司 |
| | | 武汉青松摄影有限责任公司 |
| | | 武汉市汉阳区野味香酒楼 |
| | | 武汉亚太调味品有限公司 |
| | | 武汉老马入和化妆品有限公司 |
| | | 武汉市武昌扬子江乳业有限公司 |
| | | 武汉裕大华集团股份有限公司 |
| | | 武汉刘天保药业有限责任公司 |
| | | 武汉天龙大中华酒店有限责任公司 |
| | | 武汉洪发高洪太铜器有限公司 |
| | | 武汉红星莲花酒业有限公司 |
| | | 武汉盘龙杨楼子榨油有限公司 |
| | | 武汉市新洲张店鱼面有限公司 |
| | | 武汉市汪集汤食有限责任公司 |
| | | 武汉市大兴蜂业有限责任公司 |
| | | 武汉市新洲区旧街城楼寨茶厂 |
| | | 武汉天元锅炉有限责任公司 |
| | | 武汉市国漆有限公司 |

续表

| 认定批次 | 认定时间 | 企业名称 |
|---|---|---|
| 第二批 | 2013 年 | 武汉刘有余药堂有限责任公司 |
| | | 武汉市老大兴园酒店管理有限公司 |
| | | 武汉市苏恒泰商贸有限公司 |
| | | 武汉黄鹤楼茶叶有限公司 |
| | | 武汉波衣也琴行有限公司 |
| | | 武汉工艺大楼 |
| 第三批 | 2017 年 | 武汉品芳影像有限责任公司 |
| | | 武汉三镇民生餐饮服务有限公司 |
| | | 武汉棉花有限公司 |
| | | 武汉初开堂药业公司(陈太乙) |

资料来源：根据湖北省商务厅、武汉市商务局相关资料整理。

**案例资料：**

## 大步前行——马应龙

在武汉的老字号中，有一类是全国闻名的分号，其总号在北京或上海，分号则遍布大江南北，比如“谦祥益”“荣宝斋”“冠生园”等，“马应龙”也属此类，不过，武汉的“马应龙”堪称马应龙药业嫡传。

“马应龙”创始于公元 1582 年，初创时的详情已不可考，只知其创始人为马金堂，河北定州人。他长期研究药经，终于觅得眼疾珍方，自制成药，取名“定州眼药”。1919 年，马氏后人马岐山随身只带一钵、一秤、一筛及开办银两若干，只身来到华中重镇武汉，考察了一番后，选中武昌斗级营一处廉价铺面，也不作装饰，只在门楣上大书“北京马应龙定州眼药店分店”，就开张营业了。

综观“马应龙”的生产经营之道，讲究“智”“信”“仁”“严”。“马应龙”从定州走向全国，此为“智”。“马应龙”生产制作的每道工序、每个环节都讲究货真料正，绝无以劣充优、以次充优的情况，选料配方正宗，制作精细入微，此为“信”。“马应龙”眼药的配制着眼于普通民众的常见病、多发病，其产品具有适应症广泛的特点，可以治疗多种眼疾，解除了广大患者之苦，且不需动刀切割，确实是一种充满人道的医道，此为“仁”。“马应龙”质量管理极为严格，譬如制作过程中器皿的清洗、原料配制的先后次序、药物成色的等级判定、成药出品的检验程序等等都有严密的规定，不能爽之毫厘；对员工的行为有严格的规定，有所谓“四不准”，即不准抽烟，不准喝酒，不准留长发，不准穿皮鞋等；对营销的过程也有严格的目标管理，零售、批发、邮购分别有序，财务票据分类建档，日清月结，生产销售井然有序，此为“严”。

1949年以后，武汉马应龙眼药继续作为南方销售总部，并且发展成为生产中心。1952年，武汉成立马应龙制药厂。1956年马应龙制药厂公私合营，1966年改为武汉第三制药厂，1995年引入第一大股东中国宝安集团，1997年“马应龙”的净产值已达5300万元，拥有从美国、意大利、瑞士、德国、日本等技术先进国家引进的制药设备和检测仪器，2004年成为一家专业化医药类上市公司，2019年，在世界品牌实验室、世界经理人周刊联合评估的“中国最具价值品牌500强”排行榜中，“马应龙”名列第173名，品牌价值达到了373.55亿元。

“马应龙”在品牌建设上有一些宝贵的经验值得借鉴。其一，具有远见的企业战略，1995年“马应龙”就开始就强化企业品牌意识，并坚持进行品牌建设；其二，清晰的产品理念和精准的市场定位，马应龙药业传承八宝古方，始终坚持为顾客创造健康的经营宗旨，在保证产品质量的同时，不断改进生产技术，完善生产设施，为消费者提供高质量的放心产品，“马应龙”以肛肠及下消化道领域为核心定位，致力于为肛肠病患者提供整合解决方案。其三，科学完善的品牌经营系统，设置了专门的品牌管理部，品牌经营体系较完善，品牌经营进入模式化、系统化实施阶段。其四，重视企业文化建设，在传承历史文化的同时，公司也不断丰富着“马应龙”的文化内涵，致力于企业文化建设，形成了独特的核心文化体系。其五，品牌传播方式与时俱进，重视内容营销，创新应用新媒体，搭建完备的自媒体平台，不断创新营销模式，2020年为推广“臻国货，金品质”的品牌理念，“马应龙”联名中国黄金，进行跨界营销。

回首这四百多年的历史，“马应龙”一直未老，在新国货崛起的年代，它依然大步前行。

图 3.5　马应龙药业集体股份有限公司

资料来源：周德钧．古今“马应龙”[J]．武汉文史资料，2006(10)：41-47；郜美丽，窦红莉．回医药产品品牌的构建——以马应龙药业为例[J]．经营与管理，2016(12)：22-25；马应龙概况．马应龙药业集团[EB/OL]．http：//www.mayinglong.cn/html/mayinglonggaikuang.

## 第二节　营销 4.0 时代武汉老字号品牌的 SWOT 分析

营销 1.0 是工业化时代，以产品为中心的营销，生产目的是满足大众市场需求；营销 2.0 是以消费者为导向的时代，核心技术是信息科技，企业向消费者传递情感与形象；营销 3.0 是合作性、文化性和精神性的时代，以价值驱动为导向；营销 4.0 是客户自我实现的时代，企业将营销的中心转移到如何与消费者积极互动、尊重消费者作为“主体”的价值观，让消费者更多地参与到营销价值的创造中来。在营销 4.0 时代，由于数据和资源的无边界流动，建设品牌的作用会更大，因为以品牌作为认知核心可以逐渐扩大疆域，成功进入不同行业，这是传统时代所想象不到的[1]。

在经历了从形成期、转型期到振兴期的发展，武汉已形成了一批具有本地特色的老字号品牌，然而这些老字号企业大多用营销1.0时代的观念去进行品牌经营和管理，以产品生产为中心，目标在于满足区域消费者基本型需求，挖掘消费者期望型需求和兴奋型需求动力不足，对于用户数据不重视，鲜少去“触网”宣传自身品牌，进行品牌与用户数据链接和共享的企业更是寥寥无几，长此以往武汉的老字号品牌将逐渐失去活力，不能产生现代品牌应有的市场效应。基于SWOT分析方法，本书整理了武汉老字号品牌在经营发展中存在的特点和问题。

## 一、武汉老字号品牌的优势(Strengths)

### (一)品牌历史悠久，文化底蕴深厚

老字号企业普遍历史悠久、文化底蕴深厚，它的价值和魅力就在于它的“老”，年复一年的岁月积淀，已在其品牌上打下了深深的文化烙印，也在其消费者群体中牵系了浓厚的文化情结，这是很多现代新兴品牌无法比拟的先天优势。每一个武汉老字号的背后都有着一段传奇故事和独特的精神内涵，如“苏恒泰”三字喻意长久安康，既指产品结实耐用，又指能护佑顾客通达四方；“叶开泰”意为“叶家所开药店，有补国泰民安”；“长生堂”从头开始，有长命百岁之寓意；“显真楼”意在突出照相的实录写真之效；“周恒顺”意为“天顺不如人顺，人顺则要持之以恒”。在长期的发展中，其店规店训、字号牌匾、经营理念等都体现出了武汉老字号品牌固有的特征，并与对应的产品建立起了特殊的纽带，成为产品的代名词：提起热干面，老百姓想起的是“蔡林记”；提起“武汉汤包”，老百姓想起的是“四季美”；提起痔疮神药，老百姓想起的是“马应龙”。在营销4.0时代，个性化、体验化、理性化等消费者需求日益明显，在这样的背景下，产品功能上的同质化特征明显，企业比拼的往往就是品牌文化，而武汉老字号品牌恰恰具有这些先天优势。

根据武汉市工商局2018年的公开数据显示：武汉市老字号品牌平均寿命在110年以上，共27家老字号属于百年品牌，占总体数量的47%(见图3.6)。目前已知的创建于1558年的杨楼子湾榨坊是武汉市最老的老字号品牌(见图3.7)。

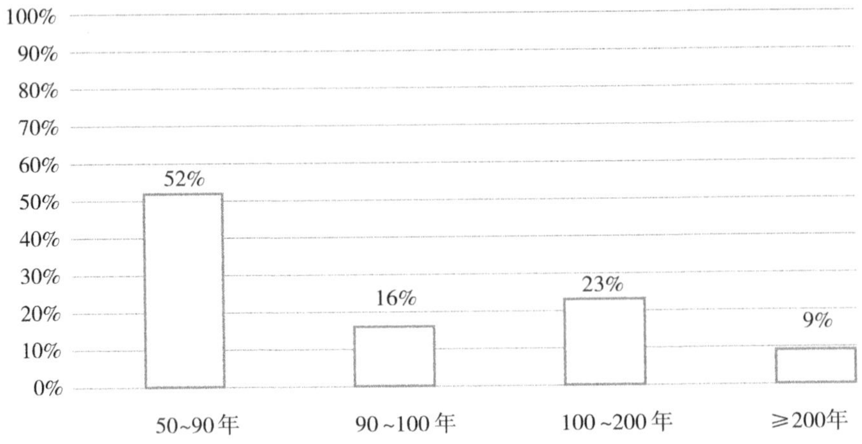


图 3.6 武汉市老字号品牌年龄分布

资料来源：武汉老字号品牌发展呈现六大特点．武汉市工商局[EB/OL].（2018-01-04）. http：//scjgj. wuhan. gov. cn/zwgk_65/jggg/tzgg/201801/t20180109_135039. shtml.

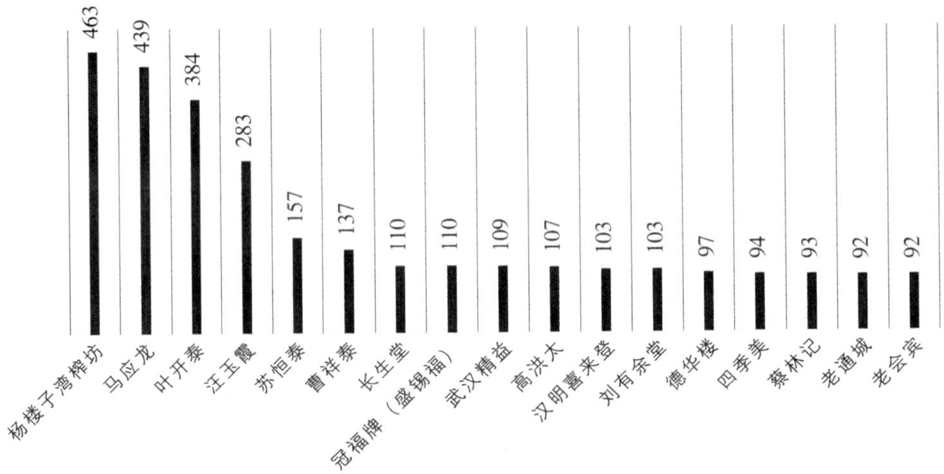


图 3.7 部分武汉老字号品牌年龄分布情况(单位：年)(数据截至 2021 年)

资料来源：根据作者调研和老字号相关研究等资料整理。

## (二) 产品货真价实，经营诚实守信

武汉老字号的经营者深谙商品质量是企业生命的道理，重视信义，多在店堂

内悬挂“子贡经商，取利不忘义；孟轲传教，欲富必先仁”的楹联作为座右铭。为保证商品质量，许多武汉老字号严抓产品工艺，从不使假掺杂；在价格上保证言不二价、薄利多销、不乱涨价；在计量上做到准确足量，秤平斗满见人心；在售后服务上实行“四包”：包修、包调、包退、包赔；在广告宣传上，做到不虚假宣传，不进行恶意竞争；在借贷、赊销上讲究“信实通商，一诺千金”，到期还款交货，从不拖欠。由于信誉卓著，这些店铺才能生意兴隆，在历史的岁月中沉淀，成为名副其实的老字号品牌。“叶开泰”作为中国四大中药店之一，根据“修合无人见，诚心有天知”的行业道德，不仅在采购中药材时讲究地道货色，而且在自制成药时做到选料精纯，配方精妙，加工精细，从而制成的药品大多疗效显著，深受广大患者的信赖，驰名中外，武汉人有句歇后语“叶开泰的药——吃死人都是好的”[128]。由此可见，它在消费者心中的质量之高。“苏恒泰”是“武汉制造”纸伞的代言者，其质优价廉、经久耐用的品质在两湖地区享有很高声誉，一把“苏恒泰”纸伞少则可用三五年，多则七八年，坊间传说“苏恒泰”纸伞撑开后，若投掷小石块，伞面能将石子弹回，更绝的是，人举着苏恒泰纸伞从二楼跳下可保毫发无损，种种传说足可以看出消费者对“苏恒泰”纸伞质量的信赖[129]。

### （三）制作工艺讲究，特色优势明显

透过武汉老字号品牌的发展历史，不难发现大多数老字号都起步于家庭作坊，工艺制作流程和方法属于最高“商业机密”，大多只在本族内传承，这就具有比较明显的排他性，按照现在企业管理的理念属于企业核心技术，是企业最重要的资产和竞争力来源。“蔡林记”热干面制作技艺诞生于20世纪20年代末期，创始人蔡明伟在前人热干面制作基础上不断改进制作工艺，最后呈现出“爽滑筋道，黄而油润，香而鲜美”的特点，2011年，蔡林记热干面制作技艺入选湖北省第三批非物质文化遗产名录。“马应龙”因“八宝眼药”起家，1911年南迁至武汉，制药技艺有其传统的特色和规范，从选材、炮制、配料到成药有一整套严格的规程，独成一家，其八宝眼粉以堂麝香、牛黄、珍珠、琥珀、硼砂、硇砂、炉甘石、冰片八味名贵中药材为君药，组方精妙，配伍严谨。虽历经数百载品质却始终如一，2011年，马应龙眼药制作技艺成功入选第三批国家级非物质文化遗产名录[130]。

### (四)区域分布集中，集群效应明显

早在明清时期，汉正街就是武汉繁荣贸易的集聚区，形成和聚集了大量知名老字号品牌。如“叶开泰”“苏恒泰”“高洪太”“谦祥益”“汪玉霞”“邹协和”等，可谓“八大行”齐聚，《汉口小志》也载“八大行”即盐、茶、药材等商号所属的“上八行”和手工艺作坊所属的“下八行”，《汉口竹枝词》说老汉口是“此地从来无土著，九分商贾一分民”，汉正街“街名一半店名呼”，1979 年，汉正街在全国率先恢复小商品市场，赢得了“天下第一街”的美誉[131]。汉正街在历史上的繁荣，正是得益于武汉老字号品牌的林立所带来的集群效应，这些宝贵的商业价值和经商法则对于新时期武汉老字号品牌的发展壮大都具有重要的借鉴意义。

当前，武汉市老字号品牌主要集中在中心城区的黄金地段。从区域分布情况来看(见图 3.8)，江汉区数量最多，拥有 19 家老字号企业；其次是江岸区和汉阳区，各有 8 家老字号企业；接着是硚口区和武昌区，各有 5 家企业；洪山区有 2 家老字号企业。数据显示，武汉市中心城区老字号企业数量达 47 家，占全市老字号总量的 82.46%。武汉老字号品牌的集中分布形式，有利于形成“老字号”产业集聚区，形成规模效应和品牌集聚效应。

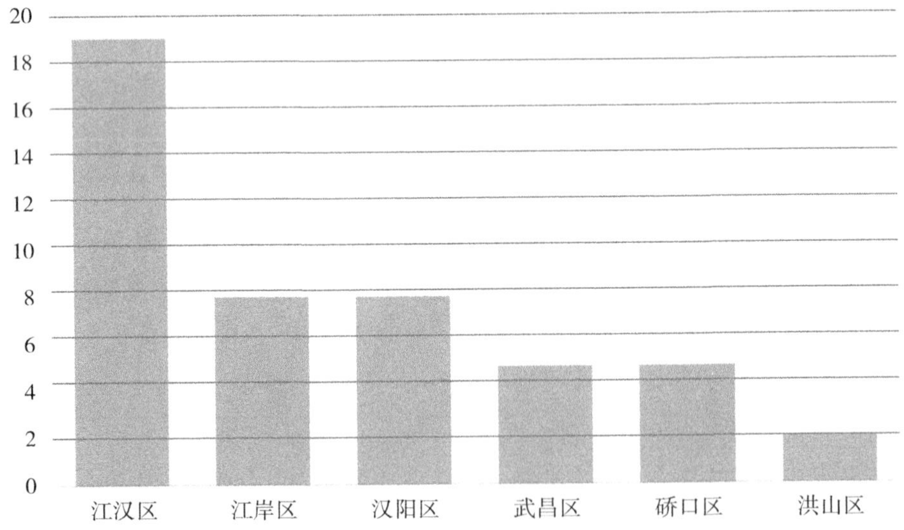


图 3.8　武汉市老字号品牌区域分布(单位：家)

资料来源：武汉老字号品牌发展呈现六大特点．武汉市工商局[EB/OL]．(2018-01-04)．http：//scjgj. wuhan. gov. cn/zwgk_65/jggg/tzgg/201801/t20180109_135039. shtml.

## 二、武汉老字号品牌的劣势(Weaknesses)

### (一)营销观念陈旧，品牌形象老化

不少老字号企业习惯用传统的产品观念理解市场，过高估计了自身“老”字品牌的市场价值和抗风险能力，有些老字号甚至倚老卖老，不与时代接轨，缺乏现代化的营销观念，在产品包装、价格制定、渠道选择、促销方式上缺乏营销策略，导致老字号品牌的追加投入不足、营销方式落后、流通渠道狭窄。

虽然武汉老字号品牌有着深厚的文化沉淀，品牌认知度和美誉度在特定消费群体中较高，但是不少老字号企业缺乏目标市场战略或是目标市场过于陈旧，与营销4.0时代不符合。在数字化时代，这很容易将自己的品牌淹没在众多竞争对手中，并且很难获取年轻消费群体的认可。回首这些老字号的创业历史，都是契合了当初的时代发展和市场需求，然后慢慢沉淀出具有特色的品牌文化和产品，但“酒香也怕巷子深”，不是老字号的年龄越大越有竞争力，而是要结合市场发展，洞察消费者需求，更新营销观念，实现品牌真正的价值。

### (二)产品附加值低，经营规模偏小

武汉市老字号品牌从行业分布来看(见图3.9)，主要集中在餐饮、食品和医药行业，位居首位的是餐饮业和食品加工业，分别占老字号总量的21%，共计24家老字号企业；其次是医药行业，占老字号总量的15%；钟表眼镜行业占老字号总量的7%，与它并列的是工艺美术、文化用品行业与其他行业；烟酒行业与居民服务行业分别占老字号总量的5%；乐器行业与零售百货行业分别占老字号总量的4%；服装鞋帽行业是所有行业中最少的，占老字号总量的3%。这些行业主要属于劳动密集型产业，科技含量不高，产品附加价值较低。

同时，由于武汉市老字号品牌多分布在餐饮和食品加工行业，依赖于地缘、人缘优势发展，多为中小企业，规模不大，资金实力不强，数据显示(见图3.10)：注册资本在300万元以下的武汉老字号企业有31家，占老字号总量的54%；而注册资本在1000万元以上的只有16家，占老字号总量的28.07%。

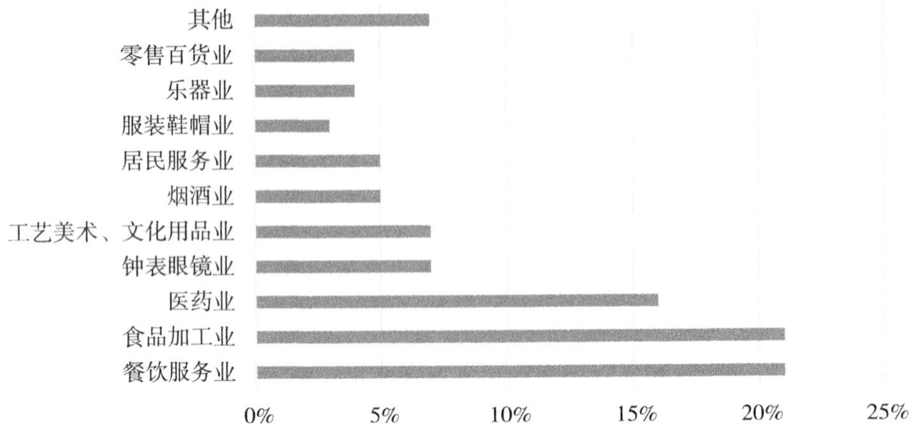


图 3.9　武汉市老字号品牌行业分布

资料来源：武汉老字号品牌发展呈现六大特点．武汉市工商局[EB/OL]．(2018-01-04)．http：//scjgj. wuhan. gov. cn/zwgk_65/jggg/tzgg/201801/t20180109_135039. shtml.

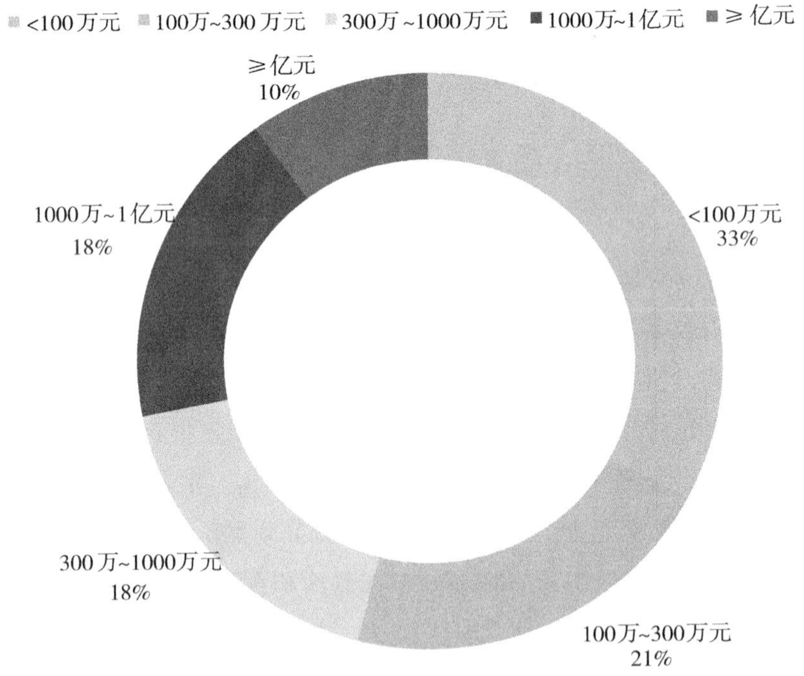


图 3.10　武汉市老字号注册资本

资料来源：武汉老字号品牌发展呈现六大特点．武汉市工商局[EB/OL]．(2018-01-04)．http：//scjgj. wuhan. gov. cn/zwgk_65/jggg/tzgg/201801/t20180109_135039. shtml.

### (三)产权关系复杂，企业转型困难

武汉市老字号企业在产权形式上大多经历了家族企业、公私合营、国有企业以及商业改制的过程，在几十年甚至是上百年的发展过程中，企业的商标、字号等出现不少产权分离现象，导致老字号品牌产权关系复杂，加之企业管理人员经营理念陈旧，缺乏现代化企业战略思想，出现较多短期经营行为，有些企业还有职工身份转换问题，这些都阻碍了老字号企业机制转型，严重掣肘了老字号品牌在营销4.0时代的新发展。

数据显示，武汉市老字号企业目前主要以民营为主(见图3.11)，共53家，其中又有23家是经国有企业改制而成。

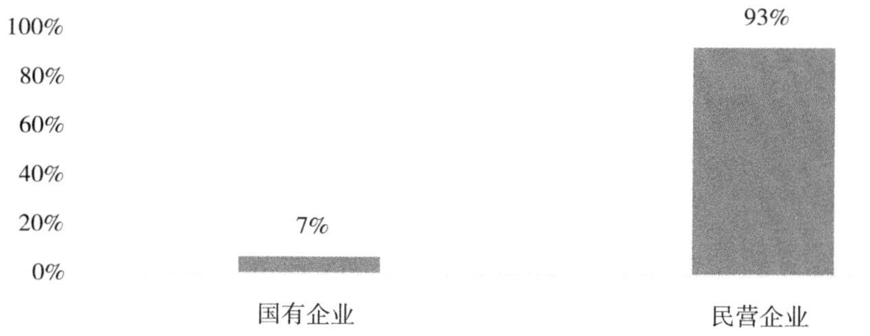


图3.11 武汉市老字号所有制性质

资料来源：武汉老字号品牌发展呈现六大特点．武汉市工商局[EB/OL]．(2018-01-04)．http：//scjgj.wuhan.gov.cn/zwgk_65/jggg/tzgg/201801/t20180109_135039.shtml.

### (四)品牌分化严重，市场占有率低

武汉老字号品牌因为所属行业的差异、经营特点的不同、营销策略的区别等方面原因，导致各个品牌之间发展极不均衡，品牌分化现象严重。在2021年中国品牌价值榜单中，老字号马应龙品牌价值增加12.05亿元，以926的品牌强度位列中华老字号组第四位，以85.51亿元的品牌价值位列中华老字号组第九位，成为当之无愧的武汉老字号品牌代表[132]。但是，也有占全市老字号总量69%的品牌年销售不足500万元(见图3.12)，主要集中在餐饮服务和食品加工行业，

经营规模普遍不大，有些企业至今仍然坚持单店经营方式，但销售状况大不如前，品牌影响力较低，在本地域市场中占有率较低，消费人群虽然稳定，但基数已然越来越小，很难走出地域，扩大品牌影响力，品牌价值更是难以衡量。

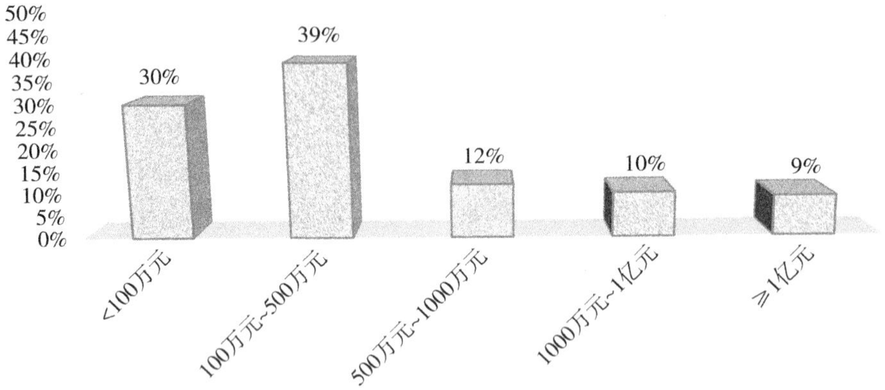


图 3.12 武汉市老字号品牌经营情况

资料来源：武汉老字号品牌发展呈现六大特点．武汉市工商局[EB/OL].（2018-01-04）. http：//scjgj. wuhan. gov. cn/zwgk_65/jggg/tzgg/201801/t20180109_135039. shtml.

## 三、武汉老字号品牌面对的机遇(Opportunities)

### (一)中国品牌时代来临，老字号保护与促进工作增强

随着经济全球化的发展和营销 4.0 时代的到来，越来越多的人意识到品牌对于一个国家和一个地区的重要意义，世界品牌实验室发布的 2020 年度(第十七届)《世界品牌 500 强》显示中国有 43 个品牌入选，在所有国家中位列第四，成为世界品牌大国的第二阵营成员，并且有继续上升的趋势，在 500 强中，品牌平均年龄为 96.76 岁，其中 100 岁及以上的“百年老牌”多达 213 个，茅台(Moutai)位列品牌年龄第三位[133]。“国家品牌”对一个企业或产品品牌的贡献率在世界品牌实验室发布的 2020 年（第十七届)《中国 500 最具价值品牌》排行榜中显示：当前中国品牌的总价值为 246920.58 亿元，平均每个品牌价值 493.84 亿元，入选的品牌最低价值比去年上升了 2 亿元。无论从品牌发展的经济基础、收入水平与基

尼系数、中国文化等维度分析，还是从体验经济与体验消费的角度看，中国的品牌时代已经到来，在消费升级的大背景下，国潮复兴与国货逆袭，将给中国企业注入新活力，带来新机遇[134]。

在已经到来的中国品牌时代，那些数以千计的“金子招牌”——中华老字号是当中最具价值的品牌，它们承载着中国传统文化的精髓，是中华民族工商业的佼佼者，是中国品牌经济的重要引擎，它们理应受到保护和发展。自2006年商务部启动振兴老字号工程以来，一些政策措施也相应出台去共同优化老字号品牌的经营环境，通过对1128家中华老字号企业2019年经营情况的调查显示，84%的企业处于盈利状态，1%的企业收支相对平衡，年营业收入达到5000万元以上，占比接近50%。同时，中华老字号企业总体利润率达到2.7%，半数企业利润率超过6%，一大批老字号市场竞争力不断增强，品牌影响力明显提升，整体呈现良好发展势头[135]。

2021年3月13日，《中华人民共和国国民经济和社会发展第十四个五年规划和2035年远景目标纲要》(以下称《纲要》)正式发布，《纲要》明确“点名”武汉：推动长江中游城市群协同发展，加快武汉、长株潭都市圈建设，打造全国重要增长极。在这样一份关乎国家未来发展的顶层设计中，武汉被直接点名，显示国家对武汉“十四五”发展寄予厚望。纵观7万余字的《纲要》，其中蕴藏大量“武汉机遇”。按照《纲要》确定的发展目标，武汉紧抓发展机遇，谋定而后动、谋定而快动、笃行以致远，加快打造“五个中心”、建设现代化大武汉[136]。4月27日，《武汉市国民经济和社会发展第十四个五年规划和2035年远景目标纲要》发布，此《纲要》为武汉“十四五”时期画出“施工图”，明确指出：要实施武汉品牌提升行动，树立行业质量品牌提升标杆企业，培育国际知名品牌10个以上、湖北名优50个以上、武汉名品100个以上[137]。

为促进老字号传承创新发展，充分发挥老字号在全面促进消费、弘扬中华优秀传统文化方面的积极作用，《商务部办公厅关于组织开展2021年“老字号嘉年华”活动的通知》(商办流通函〔2021〕132号)发布，商务部以“国潮国货 品质生活”为主题，全面启动、持续推进“老字号嘉年华”系列活动，组织各地开展60余场形式多样、内容丰富的活动，线上线下实现销售额超10亿元，并且与武汉市人民政府联合举办“天猫老字号新国货花车巡游”活动，淘宝直播、优酷、哔哩哔哩、微博等渠道观看总量达500万人次，话题阅读量达1.5亿人次，有效激活武汉老字号发展活力，展现了工匠精神与品牌魅力[138]。

在这样的大环境下，武汉老字号品牌也迎来了自身发展的新时机，拥有了更大的生存空间。当前，武汉拥有102个中国驰名商标，黄鹤楼、马应龙等一批知名品牌具备国际影响力；武汉健民等品牌成为全国知名品牌；16个品牌进入中国品牌500强，61家“老字号”叫响全国，其中“中华老字号”13个，“湖北老字号”15个，“蔡林记”“五芳斋”“扬子江”等一批武汉老字号企业重新焕发生机[139]。

## (二)武汉市经济发展稳中有升，消费环境不断优化

武汉老字号品牌的经济环境离不开武汉市经济发展水平和消费水平的支撑。《武汉统计年鉴2020》[140]数据显示：

①在人口方面，2019年末全市常住人口1121.20万人，比上年末增加13.1万人，其中城镇常住人口902.45万人，占总人口比重为80.49%。年末全市户籍人口906.40万人，全年户籍出生人口11.46万人，出生率12.8‰，死亡人口5.12万人，死亡率5.7‰，自然增长率7.1‰(见图3.13)。

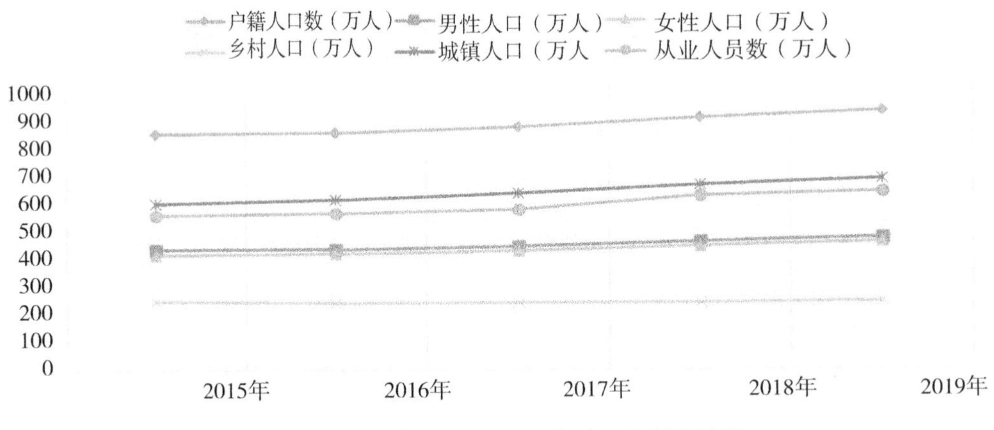


图3.13　武汉市2015—2019年人口与就业情况

资料来源：根据《武汉统计年鉴2020》数据绘制。

②在就业方面，2019年全年城镇新增就业24.25万人，年末城镇登记失业率2.02%，比上年末下降0.12个百分点。

③在市场消费方面，2019年全年社会消费品零售总额7449.64亿元，比上年

增长 8.9%。按商品形态细分，商品零售额 6724.02 亿元，增长 8.5%；餐饮收入 725.61 亿元，增长 12.0%。按销售类值分，限额以上单位 21 大类商品中，日用品类增长 16.9%，家用电器和音像器材类增长 10.5%，粮油食品类增长 10.2%，中西药品类增长 9.6%，通信器材类增长 92.0%(见图 3.14)。全年限额以上批发零售企业通过互联网实现零售额 756.34 亿元，增长 17.9%。

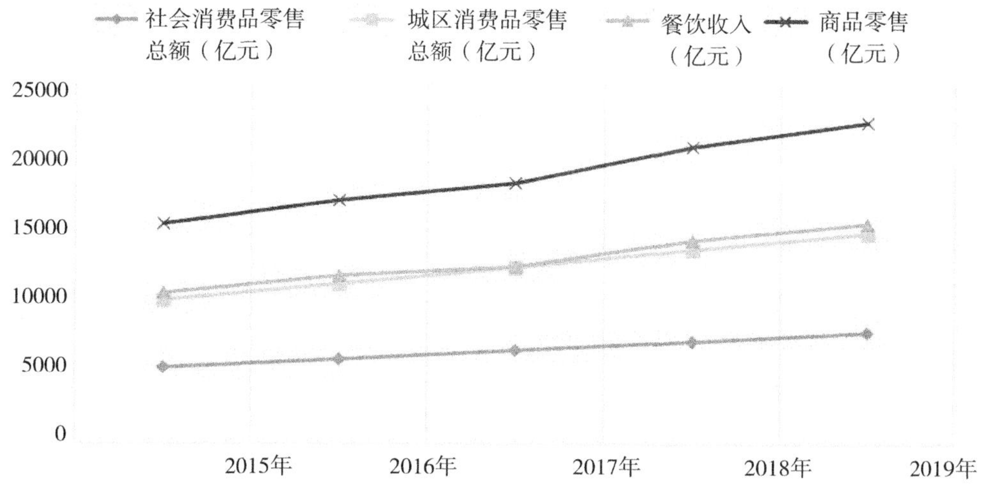


图 3.14　武汉市 2015—2019 年市场消费情况

资料来源：根据《武汉统计年鉴 2020》数据绘制。

④在财政方面：全年一般公共预算总收入 2912.11 亿元，比上年增长 0.4%，在地方一般公共预算收入中，税收收入 1320.34 亿元，增长 2.0%。

⑤在居民生活方面：2019 年城镇常住居民人均可支配收入为 51709 元，比上年增长 9.2%；农村常住居民人均可支配收入为 24776 元，比上年增长 9.4%；城镇非私营单位就业人员平均工资 92586 元，比上年增长 10.9%(见表 3.4)。

表 3.4　**武汉 2015—2019 年居民可支配收入**

| 指标名称 | 总量指标 | | | | |
|---|---|---|---|---|---|
| | 2015 年 | 2016 年 | 2017 年 | 2018 年 | 2019 年 |
| 城镇常住居民人均可支配收入(元) | 36436 | 39737 | 43405 | 47359 | 51709 |
| 农村常住居民人均可支配收入(元) | 17722.18 | 19152 | 20887 | 22652 | 24776 |

续表

| 指标名称 | 总量指标 | | | | |
|---|---|---|---|---|---|
| | 2015 年 | 2016 年 | 2017 年 | 2018 年 | 2019 年 |
| 城镇非私营单位就业人员平均工资（元） | 64407 | 70590 | 77726 | 85885 | 95286 |

资料来源：根据《武汉统计年鉴 2020》数据整理。

上述各项经济数据表明，近年来，武汉市经济发展各项指标基本保持稳重增长，就业人口相应增加，失业率较低，营商环境良好；另一方面，武汉市居民的可支配收入也在同步增加，武汉市人民的消费需求也在不断扩大。据《中国居民消费大数据分析报告》显示：在城市夜经济消费人群活跃度上，武汉位列全国第二；在城市线下商圈人流量上，武汉位列全国第七[141]。总体说来，这些增长的数据和利好的指标都为武汉老字号品牌的发展提供了重要的经济基础和市场保障。

### （三）消费者国货意识增强，新生代群体偏好本土品牌

2020 年，中国本土品牌迎来发展高光时刻，线上市场占有率达到 72%，在消费市场刮起“国潮旋风”，当下中国年轻一代对国货的接受度、喜爱度是过去几十年来最高水平，国货意识不断增强[142]。市场咨询机构青年志的研究表明中国的新一代消费主力为 18～30 岁的人群，他们成长于更富裕的家庭，更有财富安全感、热衷消费；受教育程度更高、留学经历不足为奇，对西方文明和品牌更加“去魅”；也是互联网原住民，更好奇、善变、多元，可以看出，不被国际品牌蛊惑、不惧消费的新生代消费群体，给了中国本土品牌发展的红利[143]。

阿里研究院数据显示，“90 后”人均国货消费已经超过 6000 元，国货正在成为新生代群体消费的首选，新国货消费现象背后，老字号的复兴也成为国货品牌发展中的亮点，商务部认定的 1128 个中华老字号中，有近 800 家已开启天猫旗舰店，销售过亿元的品牌近 60 家。武汉作为中国最具商业活力的城市之一，共有近 20 个“汉”字牌的老字号入驻天猫，疫情之后，人们对健康的需求大幅提升，叶开泰、健民等健康医药品牌增长均超过 10 倍，领跑全国老字

号品牌[144]。

如今的消费者，不再局限对生活物资基本满足的需求上，更多期待的是商品背后的品牌带来的文化底蕴、美学价值、生活理念等，这一轮消费迭代的“国潮旋风”正是武汉老字号品牌崛起的好时机，是激活自身品牌价值的重要节点，是提升新生代消费群体认知并购买老字号品牌的绝佳机会。

## 四、武汉老字号品牌面临的威胁(Threatens)

### (一)不同类型竞争对手带来的威胁

任何产品在市场上都会遭遇竞争对手，不同的老字号企业因所处的行业不同，其竞争者数量和竞争程度也不同。本书基于迈克尔·波特的五力模型来分析武汉老字号品牌面对的产业环境(见图3.15)。

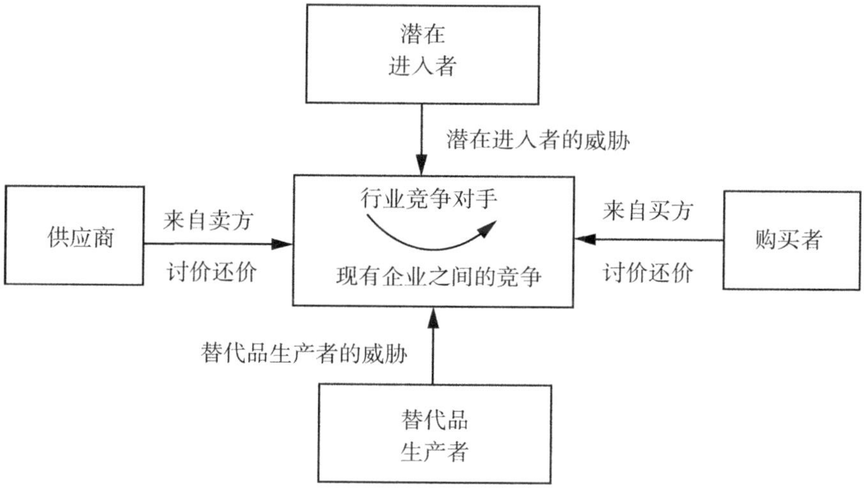


图3.15　波特五力模型

资料来源：根据波特五力模型整理。

1. 来自同行业竞争者的威胁

同行业内部各企业之间的竞争是波特五力模型中竞争力量最强的一方。在一个行业中，当出现了多个竞争厂商同时在规模、资源和能力上比较均衡时，竞争的程度就会加剧。武汉老字号品牌最集中的行业就是餐饮行业，但同样也是竞争最大的行业之一，2019年全市限额以上餐饮法人企业数就达到409个[140]，而老字号餐饮企业只有10来家，比例还不足总量的3%。

除了竞争者的数目会影响竞争的强度，对于一个行业来说，当产品的市场需求增长减弱时，竞争的强度通常也会加剧。因为当市场处于快速扩张期时，市场需求量巨大，企业的重点是考虑如何用资源去满足顾客需求，企业与企业的竞争相对温和，但是，当市场增长缓慢或出现下滑时，过剩产能的企业或急需发展的企业会用各种办法去抢夺竞争对手的市场份额，这时，行业竞争的激烈程度通常会比行业快速发展期来的猛烈，那么结果就是将竞争力弱的企业淘汰出局。不少武汉老字号企业，在行业中的影响力都不足，贡献额也较低，缺乏完善的产业链和产业集群支撑，竞争力处于弱势的那一方，一旦行业市场增长缓慢或是出现明显需求下降，这些老字号品牌势必会较早受到影响。

随着市场和行业的发展，有些企业从单店走向连锁甚至是集团公司，然后逐步成为在行业中具有较强竞争力的品牌，而其他品牌只能成为市场中相对弱势的一方。大部分武汉老字号企业辐射面较窄，难以走出本省的区域市场，享誉全国的知名品牌较少，品牌行业影响力不足，在全国同行中排名靠后[145]，并且很难在短期内实现超越。如“马应龙”作为2020年度唯一进入中国500强的武汉老字号品牌，在285家上市的医药制造行业中市盈率排名87位，主营收入排名89位，利润中74.44%都来源于治痔类产品(截至2020年12月31日数据)[146]。而广州白云山医药集团股份有限公司，旗下拥有“陈李济”“敬修堂”“王老吉”等12家中华老字号品牌，市盈率排名25位，主营收入排名第1位，利润中97.84%来源于其他类型产品(截至2020年12月31日数据)，可以说同样属于医药制药行业的老字号品牌，在竞争力上却有着明显的差距[147]。

另一方面，在营销4.0时代，信息获得的便利性，导致消费者在选购产品或服务时，都会先比较同类不同品牌之间的差异性，但转换成本却比营销1.0、2.0和3.0时代都要低，速度也更快，消费者能更精准地知道产品或服务的真正价值是多少，这样就会诱发行业中同类企业之间激烈的竞争态势，武汉老字号企业如果仅以“老”为特色去留住消费者的心，怕是会愈发困难。

2. 来自行业潜在进入者的威胁

潜在的新进入者是引起市场竞争的又一因素，新进入者一旦加入，就必然会要求对市场份额进行重新分配，引起原有市场、原有成本、原有产品价格以及原有利润的变化。一般来说，新进入者在行业的进入难度主要取决于两个方面；一是进入壁垒的高低[148]，武汉老字号品牌由于历史悠久，在产品差异上形成的进入壁垒，对于一些进入者来说难度较大，在销售渠道上形成壁垒也相对较高，但是在规模经济、专利技术和学习曲线方面形成的进入壁垒就要低很多，如果遇到具有资源和技术优势的潜在进入者，这样的竞争局面就会愈发加剧；二是行业内现有老字号企业的反应程度，当原有企业发现行业内有新进入者时，采取应对速度的快慢以及反击力度的大小，都是后进入者衡量是否进入行业市场的重要决策点，原有老字号企业采取抗击的方法和措施主要包括进攻性的降价策略、张扬性的广告宣传、策略性地促销手段和先行性地诉讼行为等方面，但是这些方法都需要老字号经营人员具有现代化的营销战略思想，而当前这并不是大多数武汉老字号企业的强项，有的时候反而处于被动局面。如“福庆和”“老万成”在国内，“五芳斋”在澳大利亚被抢注等商标纠纷频发，原有老字号企业商标维权异常艰难，而有的“老字号”被作为企业名称擅自使用，“搭便车”“傍名牌”的现象时有发生，造成企业品牌混淆与品牌淡化，丧失品牌知名度，如“冠生园”在南京、上海、武汉等地都有企业同时使用[149]，这些都无不影响了原有老字号企业在行业市场的竞争强度。

3. 来自替代品的威胁

行业内的竞争除了同业竞争者，还可能来自不同的行业，如果另一个行业中竞争企业能生产很好的替代品，那么，这个行业中所有的企业都将面临被替换的可能，竞争由此拉开并加剧。武汉老字号品牌都是历史沉淀下来的企业，但同时也遗留着历史的需求和技术，营销4.0时代的到来也必然带来了市场、技术和需求的不断变化，很有可能替代老字号产品的完全是一个新兴的行业产品，而这个产品迭代的速度可能超乎想象。

4. 来自供应商的威胁

供应商可以通过提高价格或降低所购产品或服务质量来威胁行业中的买方企业。当供应商在行业里处于强势地位时，其就会拥有绝对话语权，行业市场的竞争就会加剧。

一是集中程度较高时，即行业中的产品聚集在几家供应商手中时，供应商就会有较大的话语权，决定着下游企业的产品成本和质量；二是当供应商提供的产品差异度较大时，因为可替换性较低，替代产品的转换成本较高，下游企业也往往会处于劣势；三是企业对产品依赖性高时，如果供应商所提供的产品对买方企业来说是产品生产过程中的关键材料，则企业对供应商的依赖性就较强，那么供应商的议价能力也会随之提高，比如说一些老字号药企，某些原材料就是产品的核心成分，但由于政策限制、环境恶化、市场发展等原因，导致这些原材料的紧缺，当原材料价格上涨时，企业的生产成本也随着增加，竞争力就会减弱；四是当企业对供应商的产品需求量很大时，供应商往往不会做出让步[148]。

5. 来自购买者的威胁

与上游供应商不同，在自由市场中购买者更具先天谈判优势(除垄断行业以外)。购买者通常都期望买到价廉物美的商品，行业内的企业为了获取更多的消费者，可能就会以牺牲行业利润为代价，而购买者从中获利。在营销 4.0 时代，消费者的谈判优势会比以往更加明显，买卖双方的信息不对称已在不断消除。一是转换成本低，随着移动互联网以及新的传播技术出现，消费者能更加容易接触到所需产品和服务的信息，进而在不同品牌之间进行挑选，具有较大的灵活性，以此给企业施加压力；二是消费者更加容易找到与自己相同需求的人进行交流，出现社群性消费者，并通过线上线下团购平台资源，把零散的消费者聚集起来，形成大规模、集中采购，获得更多议价权，得到更低的商品折扣；三是消费结构呈现多样化发展趋势，正朝着时尚化、品牌化、个性化等方面发展，产品的质量和价格不再是唯一要素，产品的包装设计、购物环境、售后服务、品牌特色等方面也成为了选购的重要因素。而产品老化、品种单一、效率低下的老字号企业在这些方面竞争优势不明显，不能快速适应消费者需求的变化。

### (二)品牌营销战略升级带来的冲击

营销 4.0 时代的到来，使得中国当前的经济环境、市场发展、营销模式都发生了前所未有的变化，企业营销的导向已从竞争为主转向消费者需求，从产品销售转向解决方案提供，从单向促销转向消费者互动沟通，从短期交易转向长期关系深化[150]。当前营销观念和模式正在发生一场重大的思维变革，企业营销战略的制定需要以价值观、连接、大数据、社区、新一代分析技术为基础，帮助消费者实现自我价值，而不仅仅只是物质产品的购买和基本需求的满足。在营销4.0时代，一个有价值观主张的企业才能形成自己的品牌群落，连接企业与消费者，最终实现价值共创，现在的企业竞争优势不仅是产品，更是由变革的营销观念和完善的营销战略所带来的营销模式创新。

大部分武汉老字号企业营销观念相对落后，缺乏现代化营销战略和可实现的营销策略，营销目标并不长远，营销组织不完善，营销运作体系低效率。相比之下，不少后起之秀的新国货品牌在这方面却具有较大优势。新国货品牌大多以“创新驱动、品质为先”，拥有良好的产品质量以及服务体验，并融入更多健康、绿色、智能、文化等要素，具有先进的营销观念，应用新的营销模式，获取更多消费者关注和购买，品牌优势明显。

如2006年在武汉创立的“良品铺子”，开设之初以单渠道策略发展，至2015年，与华为、IBM、SAP等达成战略合作协议，投资8000万元共同开发O2O全渠道业务平台，由此开启了全渠道营销模式，达到全网链接；2017年良品铺子运用阿里的大数据，与阿里巴巴合作上线了智慧门店系统，构建多维度触达用户的路径；2019年良品铺子借助阿里巴巴的数字化工具，进行线上线下全方位融合的“智能店铺”升级项目，实现了真正意义上的跨渠道融合。通过大力构建和完善全渠道服务体系，良品铺子不断优化线上线下服务，利用休闲食品“冲动性、高频性、及时性”的消费特点，培养了消费者随时随地购买的消费习惯，满足了消费者碎片化、社交化和及时化的消费需求[151]。目前，良品铺子已形成覆盖肉类零食、坚果炒货、糖果糕点、果干果脯、素食山珍等多个品类、1400余种的产品组合，有效满足不同消费者群体在不同场景下的多元化休闲食品需求，也是国内休闲零食行业唯一拥有线上线下结构均衡、且高度融合的全渠道销售网络，其中，线下已开设了2700家门店，线上细分运营99个子渠道入口。2020年2月24日，良品铺子在A股主板正式挂牌上市，是A股历史上首家“云上市”的企业，截至当年底，良品铺子主营收入78.94亿元，49.89%的利润全部来源于线上平台。《2020世茂海峡·胡润中国500强民营企业》榜单中企业估值250亿元，位列460名，是武汉上榜的四家民营企业之一。

相较于新兴国货品牌来说，武汉老字号有着说不尽的品牌故事和历史，但是真正利用新媒体营销、社会化媒体营销、全渠道营销等模式进行营销战略制定的企业少之又少，因此有故事却没有创意的营销方式，终究难以在消费者群体中建立起连接，实现价值共创。

### （三）资金实力上面对的挑战

国外品牌在进入我国市场时，通常会采取先亏后盈、先予后取的市场渗透战略，与我国企业进行持久战。因其可通过外国银行低息贷款的渠道，获得充裕的资金，加之这些跨国公司应用现代企业管理制度进行公司运营，有控制成本、抵御风险的能力，因而他们可以制造出营销价格优势，以低价、低利润甚至亏损策略抢占我国企业的市场，待到市场占有率不断提升直至成为市场当中的寡头，进而获取高额垄断利润，这样的冲击对于资金量并不充裕的武汉老字号企业来说威胁极大。

### （四）外部技术环境变化带来的压力

营销4.0时代，互联网技术快速发展并逐步融入了消费市场，正改变着消费者的生活、学习和工作思维方式，不少新国货品牌都在利用大数据、云计算、物联网等新技术实现营销战略升级，并不断满足消费者变化的需求，但大部分武汉老字号企业还是局限在传统内部管理系统，并没有很好利用互联网平台来进行全渠道营销，缺乏完整、系统的互联网品牌推广战略，难以应对激烈的“线上+线下”市场竞争，武汉老字号品牌所具备的传统文化及区位优势正逐步被互联网等技术削弱，并且老字号企业传统的生产及传承方式正在受到互联网多样性的威胁，传统前店后厂、手工车间为主的生产经营模式产品生产成本较高、技术含量较低、生产规模较小，难以满足瞬息万变的市场需求，一旦盲目上新技术、新产品出现了质量问题，互联网的快速传播速度会顷刻间毁掉老字号品牌几十年甚至上百年建立起来的口碑，而很多传统武汉老字号企业在应对此类问题时的危机公关能力也较为薄弱。

# 第四章　武汉老字号品牌消费者购买行为实证研究

## 第一节　相关概念确定

学术界关于消费者购买行为的研究可谓汗牛充栋，最有名的当属霍华德与谢思提出的消费者购买行为模型(见图4.1)以及恩格尔等学者提出的消费者购买决策模型(见图4.2)。前者强调消费者会根据对某一品牌产品的认知程度，形成偏好态度，继而影响购买意愿，最终产生购买行为；后者强调消费者在进行判断选择时，会基于从现实或过去的信息中，形成不同程度的品牌偏好方案，继而影响购买行为。

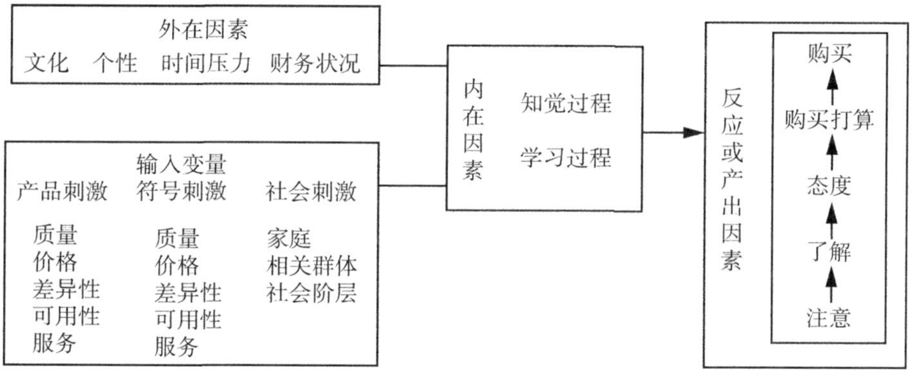


图4.1　霍华德-谢思模式

资料来源：冯丽云，等．消费者行为学[M]．北京：经济管理出版社，2004.

而基于消费者理性决策的购买行为可以分为需求识别、信息收集、选择评

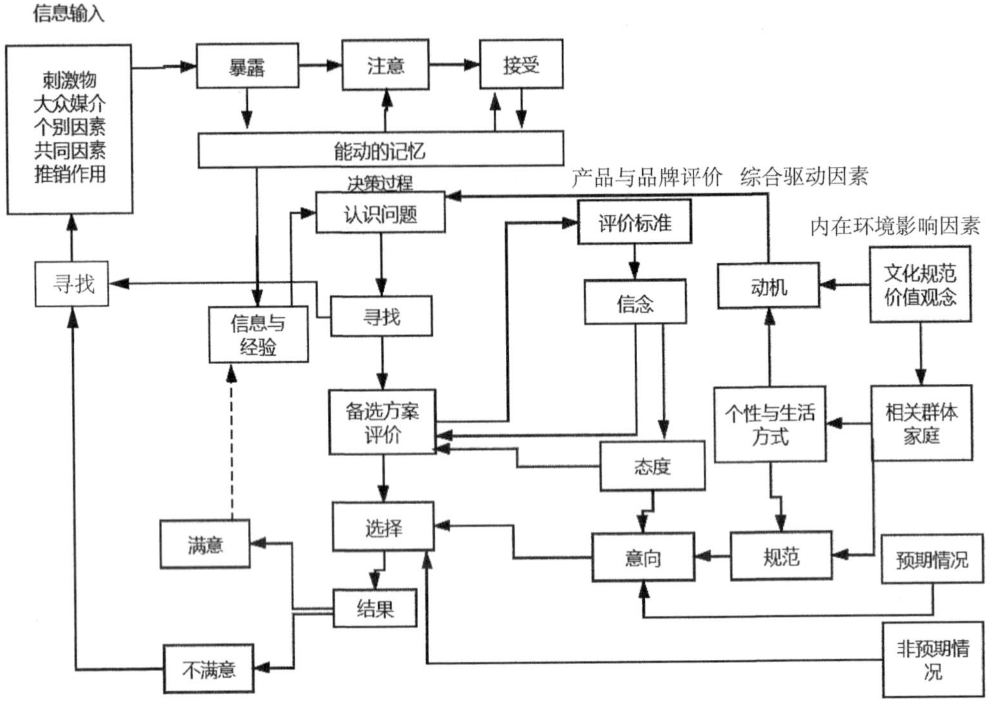


图 4.2　EKB 模式

资料来源：Engle，J. F.，Kollat，D. T，Blackwell，R. D. Consumer behavior（$4^{th}$ ed.）Hinsda-le，IL：Dryen Press，1984.

估、购买决策、购后评价五个阶段，国内外的学者较一致认为购买意愿处于消费者购买行为五阶段中的购买决策阶段。Armstrong 和 Morwitz 研究证明用购买意愿预测消费者未来的购买行为是有效的，Bruce 进一步提出购买行为与购买意愿直接相关，购买意愿是衡量消费者是否会产生进一步购买行为的指标，购买意愿与购买行为的关系也被大多数学者所肯定，普遍认为购买意愿能够用来预测消费者的购买行为[152]。

当前关于消费者对老字号购买意愿的研究主要以实证研究为主，并从企业和消费者两个维度展开。基于企业视角的研究，关注点主要集中在老字号品牌声誉、品牌个性、品牌营销、品牌经营、品牌创新等方面；基于消费者视角的研究，关注点则集中在消费者的怀旧情感、顾客感知价值、品牌真实性、品牌信任等方面。通过对部分学者消费者行为影响因素的分析，发现消费者个性特征、品牌特性、消费者怀旧、品牌知名度、品牌形象、感知质量、营销策略、品牌信任、品牌承诺、参照群体、文化认同、品牌创新、品牌激活等变量是经常被选取研究的变量(见表4.1)。

表4.1　　**部分学者消费者购买行为影响因素研究**

| 研究者 | 消费者购买行为影响因素 | 研究方法 |
| --- | --- | --- |
| 冯建英、穆维松、傅泽田 (2006)[152] | 消费者个性特征(性别、年龄、职业、收入、教育水平等)、产品内部线索(产品价值、质量特性等)、产品外部线索(价格、品牌、保证)、消费环境因素、社会经济因素 | 定性 |
| 庄贵军、周南、周连喜(2006)[8] | 国货意识、品牌特性认知(质量、价格、特点、服务以及形象等)、消费者本土品牌偏好 | 定量<br>回归分析 |
| 张莹(2011)[180] | 研究1：产品类型、怀旧情感反应、怀旧心理想象、怀旧倾向、产品态度<br>研究2：相关群体的人际影响、媒介信息依赖、环境不安全性、消费者怀旧记忆、人口统计变量 | 定量 |
| 李耀(2012)[227] | 品牌关系质量(品牌信任、承诺、真有应有之情、社会表达、自我概念联结、相互依赖) | 定量 |
| 楚晓勤(2012)[228] | 营销策略(感知质量、文化营销、怀旧广告、服务质量)、认知信任、情感信任 | 定量<br>回归分析 |
| 张义、孙明贵(2012)[182] | 怀旧倾向、怀旧强度、品牌信任、品牌依恋、品牌承诺 | 定性 |
| 张艳(2012)[188] | 怀旧倾向(人际怀旧、家庭怀旧、个人怀旧)、参照群体(信息性影响、功利性影响、价值表达性影响)、消费者自信 | 定量<br>回归分析 |
| 孙明贵、邓绪文、孙雨晴(2013、2017)[186] | 老字号品牌认知(外在形象、功能质量、历史期限、文化内涵)、怀旧倾向 | 定量<br>回归分析 |

续表

| 研究者 | 消费者购买行为影响因素 | 研究方法 |
| --- | --- | --- |
| 徐伟、汤筱晓、王新新(2015)[229] | 老字号真实性(原真实、建构真实、自我真实)、感知价值、品牌认同 | 定量 |
| 王瑞(2015)[230] | 契合度、文化认同 | 定量 |
| 郭彦、孙明贵(2016)[231] | 文化价值观(保守价值观、开放价值观、传承价值观、自我创新价值观)、怀旧审美 | 定量 |
| 杜学美、丁璟妤、谢志鸿、雷丽芳(2016)[232] | 功能价值(评价的效价、评价的质量、评价的数量)、心理表征(卷入度、信任倾向、感知风险)、接收者专业能力(作为调节变量) | 定量<br>结构方程模型 |
| 吴梦晨(2016)[202] | 怀旧、创新、感知价值、品牌认同 | 定量<br>结构方程模型 |
| 林升梁、郑璐莹(2016)[189] | 怀旧倾向、品牌感知、品牌联想、品牌忠诚 | 定量 |
| 梅雪芹(2018)[194] | 品牌声誉、参照群体、品牌知识、怀旧倾向、老字号品牌创新性、文化认同 | 定量 |
| 王秀宏、杨立娟、马向阳(2017)[190] | 品牌真实性(原真实、建构真实、自我真实)、怀旧倾向、品牌承诺 | 定量<br>结构方程模型 |
| 张俊、王勇(2018)[233] | 老字号认知(产品认知、文化认知)、品牌刻板印象(价值刻板印象、影响力刻板印象) | 定量<br>方差分析 |
| 王海波、马金伟(2018)[203] | 个性感知、个性认同 | 定量 |
| 刘德文、姚山季(2018)[234] | 品牌激活(创新型、怀旧型)、品牌认同、调节聚焦(促进聚焦、防御聚焦) | 定量<br>实验法 |
| 马玲燕(2018)[169] | 民族文化、品牌形象进化 | 定量<br>回归分析 |
| 高凌、张梦霞(2018)[235] | 文化认同、消费者知识、感知稀缺 | 定量<br>实验法 |
| 王新新、徐伟、单臻(2019)[236] | 老字号真实性、自我概念一致性、口碑效应(正面口碑、负面口碑) | 定量<br>回归分析 |

续表

| 研究者 | 消费者购买行为影响因素 | 研究方法 |
| --- | --- | --- |
| 吕庆华、林炳坤、梅雪芹(2019)[195] | 企业层面-品牌声誉、环境层面-媒介、参照群体、消费者层面-怀旧倾向、消费者感知老字号品牌创新、文化认同 | 定量<br>结构方程模型 |

资料来源：根据文献资料整理而来。

因此，在已有研究的基础上，本书针对武汉老字号品牌购买行为的研究以购买意愿为切入点，通过对其影响因素的挖掘，来分析武汉老字号品牌购买行为的特征。具体在进行因素选择时考虑了如下原因：一是武汉老字号品牌在历史上具有自身的知名度，消费者对其有特殊的记忆与怀旧情感，这是区别于新品牌的重要因素；二是武汉老字号品牌素来具有良好的品牌形象，在产品质量、品牌声誉、品牌个性、顾客关系等方面都有较好口碑，消费者信赖度高；三是武汉老字号品牌虽具有本土特色，但是在产品创新、服务创新、营销创新、经营模式创新等方面与国内外著名老字号品牌还是有一定差距；四是随着外部经营环境的变化，尤其是突发事件的影响，会给消费市场带来多大程度的波动，需要进一步探讨和调查。据此，整理选择老字号品牌形象、消费者怀旧、老字号品牌创新、突发事件等四个方面作为老字号品牌购买意愿的影响因素来进行深入研究。

## 一、老字号品牌形象

### (一)品牌形象的定义及构成

品牌形象是消费者对品牌的总体感知和看法，影响和决定消费者的购买行为。20 世纪 50 年代，David Ogilvy 从品牌定位的角度提出品牌形象概念，Levy 及其同事(1955)将品牌形象定义为消费者对于品牌的情绪、态度和看法，认为(1959)人们购买的商品除了功能外，还具有个人和社会意义。Firat 和 Venkatesh(1995)、Cova(1996)、Kim(1990)、Meenaghan(1995)、Litvin 和 Kar(2003)以及 Jamal 和 Goode(2001)等学者在讨论“品牌形象”时，强调的同样是品牌作为一种象征或符号所代表或传达的与消费者自我形象概念相关的意义。Reynolds 和

Gutman(1984)采用综合性观点，认为品牌形象是由组成手段——目的链的有关产品的属性、使用结果及其所代表的价值观三个方面的消费者知识构成[153]。

当前最有影响的品牌形象构成观点主要有 Park 模型、Keller 模型、Biel 模型和 Aaker 模型等。Park 及其同事(1986)率先提出将品牌概念和形象区分为“功能性”“体验性”和“象征性”三种维度，认为品牌形象应该是一种品牌管理实践方法。Keller(1993)提出了著名的品牌资产模型，在该模型中，品牌形象由品牌联想的种类、偏爱、强度和独特性四个维度构成，他认为(2003)品牌形象是消费者对于品牌的感知，反映出消费者记忆中关于该品牌相关的一切联想。Keller 模型阐明了品牌顾客权益的发生过程，品牌联想是其中发挥核心作用的关键部分。Biel(1993)认为品牌形象是消费者头脑中某个品牌相联系的属性集合和相关联想，是消费者对品牌的主观反应，他将品牌形象描述为公司形象、使用者形象、产品或服务本身形象三个组成要素，其中，前两个是软属性，是情感属性；后一个是硬属性，是有形的或是对功能的特殊感知。Biel 模型简单、直接且较为系统，全面包括了品牌形象的构成要素。Aaker 模型所涵盖的品牌形象维度最为广泛，他的品牌资产模型(1991)和品牌身份模型(1996)都涉及对品牌形象维度的区分。在品牌资产模型中，品牌形象被定义为围绕某一品牌组织起来的一系列联想，分为产品品质、无形特征、消费者利益、相对价格、用途、使用者、社会名流与普通人、生活方式与个性、产品类别、竞争对手以及国家或地区 11 个类型，这些不同的品牌联想类型分别构成了品牌形象的不同维度。在品牌身份模型中，则将品牌身份和品牌形象看作同一事物的两个方面：品牌形象反映消费者对品牌的当前感受，而品牌身份则反映战略制定者希望消费者产生的与品牌相关的感受，在 Aaker 模型中，出发点是解释品牌权益的构成，品牌形象只是作为品牌权益的一个部分在模型中体现[153-155]。

国内学者黄胜兵、卢泰宏(2000)较早开始对品牌形象进行研究，他们基本认同国外学者 Biel 的观点，并结合市场研究方法认为品牌形象主要产生于顾客的购买经验或直接使用的过程[156]。蒋廉雄、卢泰宏(2006)在品牌管理方面，从功能性与非功能性的角度证实了服务品牌形象的结构维度，证实了 Biel 和 Keller 等人的相关观点，进一步厘清了服务品牌形象与感知质量、价值、满意和忠诚的复杂路径关系，为后续学者的研究奠定了基础[157]。罗子明(2001)指出品牌形象是品牌构成要素在人们心理的综合反应，比如品牌价值、商品属性、品牌标记等给人们留下的印象，以及人们对品牌的主观评价，他认为品牌形象具有多维组合性、复杂多样性、相对稳定性、可塑性、易碎性等特质，包括品牌认知、产品属性认知、品牌联想、品牌价值和品牌忠诚五个方面[158]。范秀成、陈洁(2002)认为品牌形象是消费者对品牌的总体感知和看法，是品牌资产的关键驱动要素，塑造特色鲜明的品牌形象是成功创建品牌的关键[159]。许晓勇、吕建红 、陈毅文(2003)指出品牌形象是通过品牌识别形成品牌资产的中介变量，消费者知晓、喜爱甚至尊重即为品牌形象[160]。焦璇、吕建红、陈毅文(2004)应用定量分析方法研究了品牌形象系统的因素结构，表明品牌形象是一个由若干因素构成的有序、有组织的系统，有些因素属于功能成分，有些则属于意义成分[161]。关辉、董大海(2007)认为品牌形象是消费者对品牌的总体感知，并影响消费者行为倾向，是消费者对品牌的态度，包括品牌表现、品牌个性和公司形象三个维度[162]。

### (二)老字号品牌形象与购买行为之间的关系

范秀成、陈洁(2002)认为品牌形象是消费者对品牌的总体感知和看法，它影响和决定着消费者对品牌购买和消费行为[159]。赵占波(2005)研究发现品牌形象是品牌资产中的重要维度，其对消费者溢价支付意愿显著影响[163]。关辉、董大海(2007)在品牌形象对消费者行为倾向的影响研究表明，品牌表现、品牌个性对消费者行为倾向有直接影响，并且品牌表现影响作用更大[164]。刘凤军、王鏐莹(2009)基于 Aaker(1996)的品牌形象识别四维度，衡量了品牌形象对于品牌购买意愿的影响作用，研究表明品牌形象的“人性化维度”“企业维度”和“符号维度”对顾客的品牌态度产生显著正向影响，且“人性化维度”影响最大[165]。杨伟文、刘新(2010)将品牌形象纳入品牌认知维度中，研究发现品牌形象是消费者当前购买行为的决定因素，但是对未来购买行为没有直接影响[166]。康庄、石静(2011)研究表明消费者品牌形象认知越良性，基于消费者企业品牌资产价值越高，消费者会根据品牌形象认知状况确定自己偏好，进而影响消费者行为[167]。孙丽辉、王艳芳、蓝海平、毕楠等学者(2015)研究认为产品所在区域的形象显著影响消费者对产品的质量感知、产品评价和购买意愿，并构建了区域品牌形象对消费者认知、态度和购买意向的影响模型[103]。

杨桂菊、侯丽敏、柏桦、李斌(2015)认为良好的品牌形象意味着产品价格和品质具有优势，能够让消费者感到物有所值，并且在购买一个良好品牌形象的老字号产品时，更容易让消费者产生品牌依赖，他们的实证研究结果表明过于强调“怀旧与传统”的老字号品牌，在新一代消费群体中，其品牌形象在某种程度上已成为持续发展的包袱[168]。马玲燕(2018)基于消费者视角，研究发现民族文化和品牌形象是影响老字号品牌消费者购买意愿的重要因素，并且品牌形象中的服务要素影响最大[169]。王霞(2020)指出品牌形象文化对消费者行为的影响主要表现在三个方面：一是品牌文化代表企业文化符号和产品知名度，满足了产品给消费者在实际使用过程中带来的精神层面需求，影响消费者购买动机；二是消费者的品牌偏好代表着消费对于品牌文化的认可程度，是品牌的资产核心，是品牌形象文化深入消费者心理的重要表现之一；三是品牌文化的广告营销是消费者行为的外部影响因素，决定消费者是否产生购买行为[170]。

总体来看，国外关于品牌形象内涵主要从产品感知、产品象征意义、品牌个性和心理认知等视角展开，我国学者多是对国外研究的学习和借鉴，而专门针对老字号品牌形象来进行深入研究的文献较少，本研究认为老字号品牌形象是老字号品牌资产中的重要存在部分，具有较高的品牌价值，无论是从老字号产品、老字号品牌文化还是老字号口碑等方面来看，老字号品牌形象都会对消费者的购买意愿产生影响，最终作用于购买行为。

## 二、消费者怀旧

### (一)消费者怀旧内涵及分类

怀旧的英文是nostalgia，原意是“返回家园”，Hofer(1688)首次讨论“怀旧”，把其当作一种生理和心理症状。而老品牌的怀旧属性是学术界广泛认同的研究领域。Davis(1979)将“怀旧”视为一种正常的人类反应和一种社会学研究现象，认为“怀旧”是过去的渴望或对昨日的向往，并将怀旧分为个人怀旧和共有怀旧。前者是对个人青年全盛时期的怀旧，后者是对战争、革命、外敌入侵、经济混乱或环境大灾难等引起的时代变迁的追忆。这两种怀旧通常在营销中被结合使用，并都能通过老品牌来唤起记忆。Holbrook 和 Schindler(1991)则将“怀旧”应用到营销学进行研究，对“消费者怀旧”的定义受到大多数学者认同。他们认为“消费者怀旧”是一种对事物的喜爱(一般的喜欢、积极的态度或美好的情感)，而这些事物更常见于年轻的时候。Baker 和 Kennedy(1994)将怀旧作为文化的表现，把怀旧区别为真实怀旧和模仿怀旧(对别人真正经历过时光的怀恋)。Thompson、Pollio 和 Locander (1994)等指出，经典品牌不仅包含了技术的精神价值和持续价值，而且也让消费者回归到一个世界看起来更加安全、更易理解、商业化程度较低的时代，尤其在发生危机或社会经济动荡时期，老品牌唤起的怀旧情结能给人以舒适感和亲切感，成为不安全社会里的庇护所。Havlena 和 Holak(1996)通过实证研究提出了基于两个维度的四种怀旧类型，包括个人怀旧、文化怀旧、人际怀旧和臆想怀旧[171-172]。

我国学者高辉与卢泰宏(2006)较早对消费者怀旧进行研究，他们认为消费者怀旧具有层次性，是理想化的情感记忆，可由多种刺激物唤起，同时引发复杂情感，消费者怀旧已成为一种行之有效的营销策略，是品牌复兴的一个重要因素，在市场细分中扮演了重要作用[171]，在后续研究中，他们还指出老品牌具有强烈的怀旧价值，可以使消费者联想以前的时代和自我，可以让消费者联系如今的品牌社群。中国老字号大多历史悠久、手工技艺独特，具有丰富的品牌传统，但如何利用“怀旧”帮助老字号去抓住消费者的“心”“情”和“神”还需要深入研究[172]。

### (二)消费者怀旧与购买行为之间的关系

Holak 等(1992)认为，怀旧情绪往往发生在人生不同的阶段，但最容易发生在中年和退休之后，并且怀旧情绪在过渡阶段表现得尤为强烈。Goulding(2002)定性研究显示，深度怀旧体验的产生与消费者年龄认知相关，而不是同实际年龄相关。Brown(2003)指出，对成长在品牌堆中、已经非常清楚营销者意图的不同年代的人采用怀旧情绪是一种有效的营销方法。Schindler 和 Holbrook(1993)研究表明，怀旧确实通过影响消费者的口味来影响消费偏好，存在消费者偏好的高峰期(青春期末、成年期初)，而且表现出高度的可靠性和很大范围的一般性。Brown、Kozinet 和 Sherry(2003)运用甲壳虫车和星球大战电影为例分析了一些老品牌存在消费者怀旧情感，强调唤起消费者与老品牌的怀旧联结，以此复活品牌意义。Karen( 2007) 提出消费者品牌态度是消费者对品牌的全面评价，包括正面评价和负面评价，消费者对老字号的品牌态度侧重于消费者基于老品牌怀旧消费体验、消费者价值判断和怀旧情感特征而形成的关于老品牌的正面和负面的评价[171-173]。

高辉、卢泰宏(2006)认为怀旧作为一种心理变量或者作为生活方式的一个影响因素，应该成为细分消费者的分析因素，可用来解释某一时期和追踪消费者偏好，同时，某个产品类别各种消费者的偏好高峰期一旦确定，就能查明每个目标市场的偏好模式并预测相关产品的未来需求[171]。何佳讯(2007)通过对老字号的定性研究表明消费者对中国的老品牌怀有很强的"应有之情"[174]，他和研究团队在对长期品牌管理的研究中，应用定性和定量结合的方法，分析了上海、成都和武汉三个城市的数据，研究表明年长世代的消费者更关注老品牌传统的保留，怀旧情结是老品牌的区别于新兴品牌的独特品牌资产，它能够引发消费者与个人生活或整个时代有关的回忆和情感，从而建立与品牌之间的独有关系[175]。

孙明贵及其研究团队对老字号品牌中的怀旧与购买行为关系进行了较为长期的研究。早期，孙明贵与张莹(2010)基于个案分析，探讨以怀旧来传承老字号品牌资产问题，随后他们系统整理了国内外关于怀旧消费研究的相关理论成果，指出怀旧消费研究最早是快乐消费研究的一部分，在当代中国依然具有显在的针对性和应有性，怀旧消费的形成机制包括消费者自身因素(习惯、心理和精神需求、怀旧消费的符号价值等方面)和外部环境触发(社会变革、媒介催化等方面)[176-178]张莹(2011)构建了中国情境下怀旧消费行为及其主要影响因素的概念框架，研究发现正向怀旧情感反应、刺激物相关的心理想象及消费者怀旧倾向是构成消费者怀旧心理传导机制的重要因素，影响消费者的怀旧产品购买意愿。与非怀旧产品相比，怀旧产品能使消费者产生更多怀旧情感反应和心理想象。并且消费者怀旧倾向的个体特性差异将影响消费者的怀旧情感反应、心理想象，导致消费者态度和行为意愿的不同[179-180]。孙明贵、张义(2011)(2012)还研究了怀旧情感问题，系统整理了怀旧情感测量量表及影响因素，分析了怀旧情感对品牌忠诚的影响机理，指出消费者越怀旧越容易对品牌产生信任和依恋，继而形成品牌忠诚，并提出了怀旧消费决策模型[181-184]。其后孙明贵、孙雨晴、邓绪文等(2013，2014，2015)学者设计了老字号品牌认知四维度测量量表(包括老字号品牌的外在形象、功能质量、历史期限和文化内涵四个方面)、怀旧强度测量量表和购买意愿测量量表，实证研究表明购买意愿和怀旧倾向之间存在明显的正相关关系，老字号品牌的主要优势在于品牌怀旧资产，在适当的营销刺激条件下，老品牌的购买意愿会得到释放[185-187]。

其他学者的研究分布在怀旧与品牌偏好的关系研究、怀旧对营销的影响研究、怀旧与品牌真实性的关系研究、怀旧中介作用研究等方面。张艳(2013)对老龄消费者的品牌偏好进行分析，发现大多数的老龄消费者偏好中华老字号品牌，并且不轻易做出改变，而怀旧倾向对老龄消费者的品牌偏好影响体现在多个方面。怀旧倾向能激起老龄消费者对中华老字号品牌的文化认同，能与老龄消费者的美好回忆相吻合，能增加老龄消费者对中华老字号品牌的质量信赖[188]。林升梁、郑璐莹(2016)认为怀旧倾向对营销的影响不是简单线性关系，呈现出多变量之间复杂的交互影响，研究发现怀旧倾向对消费者认知态度、情感态度和行为态度均产生影响，怀旧倾向是品牌联想和消费者态度三个层面之间的“中介”和“红娘”[189]。王秀宏、杨立娟、马向阳(2017)研究发现怀旧倾向在真实性对品牌承诺和消费者购买意愿的影响中有正向调节作用，说明人们的怀旧情感越强，对真实性的感知就会越强，真实性对品牌承诺和购买意愿的作用就越强[190]。杨宜苗、邓京京、郭佳伟(2021)研究了消费者怀旧倾向的调节作用，研究表明怀旧倾向在产品属性和老字号品牌延伸评价的关系中有正向调节作用，高怀旧倾向者对老字号品牌具有更强烈的怀旧情感，对延伸产品做出更积极评价[191]。

本研究认为消费者怀旧是对回到过去的一种心理向往，而武汉老字号品牌由于历史悠久，是消费者在成长过程中对过去生活的重要回忆之一，相较于新品牌，更能引起消费者心中的怀旧情感，在相应的营销环境中，消费者怀旧的强度会刺激消费者对武汉老字号品牌的购买行为，释放更大的购买意愿。

## 三、老字号品牌创新

### (一)老字号品牌创新的内涵

Joseph Alois Schumpeter(1934)最早提出创新，认为创新是把一种从未有过的关于生产要素和生产条件的“新组合”引入生产体系，从而内在驱动经济系统发展，他的创新理论对后续创新研究产生了深远影响。现在普遍接受的创新要素包括技术创新、市场创新、组织创新和文化创新等方面[192]。后来，在消费者行为领域，学者们将创新与主体感知相结合，分别立足企业和消费者视角，研究其对相关企业产品、组织和品牌创新的感知。Keller(1999)认为品牌创新实质上是通过改变消费者头脑中的品牌知识拓展品牌意识以及改善品牌形象[193]。Quellet(2006)认为品牌创新是消费者对一个品牌倾向于参与并支持新想法、新颖性、实验性和创造性过程的感知。Aaker(2010)指出品牌创新与消费者的感知有关。Eisingerich和Rubera(2010)、Pappu和Quester(2016)认为品牌创新性是消费者感知到的品牌能为满足他们的需求而提供新的和有用的解决方法的程度。Boisvert和Ashill(2011)、Boisvert(2012)认为品牌创新是延伸的无形产品、行动和反应被消费者感知到新颖的程度。Barone和Jewell(2013)(2014)认为品牌创新性是消费者感知品牌创新的程度，其为品牌通过向市场提供有价值的新产品从消费者那里赚得的声誉的程度[194]。Shams 、Alpert、Brown(2015)在企业产品创新声誉定义基础上，将消费者感知品牌创新界定为“消费者对一个品牌的产品创新、创造力的程度，以及未来在一个既定市场的持续创新活动的潜力的感知”，该定义较为全面的涉及品牌的产品创新、品牌整体创新能力以及品牌在未来的潜力等方面[195]。

中国“创新管理之父”许庆瑞(2003)提出全面创新管理概念(TIM)，将创新以演化的视角和企业发展阶段相匹配。王兆峰(2005)研究认为中华老字号品牌创新包括体制、文化、管理、技术、服务、市场和法制创新等方面[28]。贺爱忠、彭星闾(2005)认为老字号创新力实质是在尊重客观规律前提下，适时根据主客观条件环境，进行观念、制度、技术、管理、产品、服务、市场、战略等方面创新，并不断重组调整企业内部资源，形成更强的环境适应与盈利能力[196]。邱志强(2006)从营销战略的视角进行解读，认为老字号品牌创新包括营销战略思维创新、产品创新和技术创新[24]。张莹、孙明贵(2010)以老字号品牌复兴的创新和怀旧理论为切入点，认为对于中华老字号企业而言，观念创新、营销创新、管理创新、技术创新以及市场创新等都是可以选择的创新方式，目的是为企业发展注入新元素[197]。秦州(2014)认为老字号创新是实践营销界和理论界持续关注的内容，并基于品牌个性维度进行了老字号创新研究探讨[198]。杨博(2014)认为创新是中华老字号品牌适应现代市场经济发展的必然选择，所有的创新要以老字号品牌文化为依据，包括技术工艺、产品、销售方式、传播方式、资源配置等方面创新[199]。张继焦、柴玲、黄莉、尉建文(2016)认为老字号创新必须从品牌、技术、营销和管理等方面进行，其中品牌创新是首要任务，技术创新是重要保障，营销创新是重要途径，管理创新是内在动力[200]。梅雪芹(2017)认为消费者感知老字号品牌创新性是消费者对老字号品牌产品、技艺或服务创新、创造力的程度，以及未来是否持续进行创新活动并具备创新潜力的感知[201]。吕庆华等(2019)认为消费者感知老字号品牌创新是指消费者对老字号品牌在产品、服务、技艺、营销方式等方面的实际创新行为、创造力程度及未来持续创新能力和潜力的感知[195]。徐伟、杨玉成、李永发(2020)认为老字号创新是指为满足消费者变化的市场需求或满足社会需求，从而改变或创造新的事物、方法、环境、路径的企业为主，主要有产品创新、技术创新、市场创新和商业模式创新[30]。

## (二)老字号品牌创新与购买行为之间的关系

Ouellet(2006)，Henard 和 Dacin(2010)，Shams、Alpert 和 Brown((2015)认为品牌创新会直接正向影响消费者对品牌的态度，会使消费者对品牌产生兴奋情感。Boisvert 和 Ashill(2011)，Boisvert(2012)认为品牌创新对品牌延伸的态度有直接和间接的双重影响，最终影响消费的行为意愿[194]。

尉建文、黄莉(2016)认为“老字号”企业必须关注消费者的需求，通过品牌的不断创新，维持自身品牌对消费者原有的影响力，才能使基业长青[29]。吴梦晨(2016)实证研究发现在当前市场环境下，单纯依赖“老字号”的怀旧属性，并不能取得较好的市场反应，创新才是“老字号”必需的选择[202]。王海波、马金伟(2018)指出对于老字号品牌来说，品牌创新性在消费者购买意愿方面具有积极作用，消费者感知老字号品牌创新性，可对老字号品牌创新性同消费者购买意愿间的关系产生调节作用[203]。吕庆华、林炳坤、梅雪芹(2019)实证研究发现消费者感知老字号品牌创新显著且正向影响其购买意愿，他们认为老字号经过历史的检验，是消费者可以放心使用的产品，虽然发展出现困局，但当这些老字号品牌进行创新，推出新产品和服务时，消费者购买老字号产品的可能性快速提升[195]。杨桂菊、徐秀秀、曲旸(2020)认为老字号品牌通过实施文化产品品类和营销创新，可以吸引年轻消费者的关注，突破产品缺乏特色和品牌认知价值低的困境[204]。

综合来看，老字号品牌创新的研究基于两种角度，一个是企业进行创新的维度，另一个是消费者感知的创新维度。在进行老字号品牌创新对消费者购买行为影响的研究时学者比较一致，普遍认为前者对后者具有显著的正向作用，基于此，本研究认为老字号品牌创新应以老字号品牌文化为重要依托，从产品创新、技术创新、营销创新等方面展开，并且消费者的购买意愿会随着老字号品牌创新力度的不断增加而提升，从而影响消费者购买行为。

## 四、突发事件

### (一)突发事件的内涵

进入21世纪以来，突发公共事件在全球各国时有爆发，此类事件中包含了自然灾害、事故灾难、公共卫生事件等(见图4.3)，其所特有的紧迫性与不确定性严重威胁了世界各国的社会稳定、经济发展和人们的消费习惯及行为[205]。

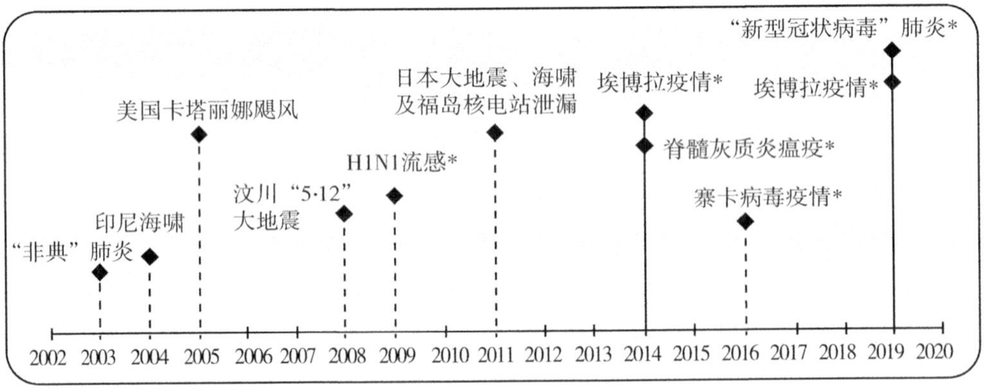


图4.3　全球突发公共事件大事记

资料来源：杨子晖，陈雨恬，张平淼．重大突发公共事件下的宏观经济冲击、金融风险传导与治理应对[J]．管理世界，2020，36(5).

因此，学术界当前对突发事件的研究也日益重视，但在这些研究中，突发事件的内涵有交叉却不清晰，并没有形成共识。秦启文等(2004)认为突发事件是指在某种比如因素支配下出人意料发生，给社会造成严重危害、损失或影响且需要立即处理的负面事件[206]。郭研实(2005)指出突发事件是一切突然发生的危害人们生命财产安全、直接给社会造成严重后果和影响的事件[207]。李明强、岳晓(2006)指出突发事件是一个模糊且重要的概念，其内涵与危机事件、紧急事件以及风险事件要区分开，突发事件更强调事件的突发性和偶然性[208]。朱力(2007)指出突发事件是人们尚未认识到的某种必然因素支配下瞬间产生的、给人们和社会造成严重危害、损失且需要立即处理的破坏性事件，并且他将突发事件的概念与紧急事件、危机事件、灾难、风险进行了对比分析[209]。李飞、马宝龙、林健(2010)总结前人对突发事件的描述思路，认为突发事件的维度包括影响力、突发程度、持续时间、效应性质预期和事件类别等五项[210]。

虽然在学术界对于突发事件，学者们的概念界定并不统一，但是在《国家突发公共事件总体应急预案》中，将公共突发事件定义为突然发生，造成或者可能造成重大人员伤亡、财产损失、生态环境破坏和严重社会危害，危及公共安全的紧急事件。所以本书所研究的“突发事件”以此为基础，并认为突发事件具有突发性、偶然性以及社会危害性等特征。

### (二)突发事件与购买行为之间的关系

杨翠红、陈锡康(2003)研究发现“非典”对消费的影响既有其消极的一面也有积极之处。旅游业、餐饮业受到突然冲击，但刚性消费较强的商品如食品、生活必需品等消费没有减少，医疗保健、消毒用品等支出趋于上升，并强调如果能在较短时间控制疫情，将会使其对消费的总体影响降到最低[211]。李飞、马宝龙、林健(2010)研究指出不同突发事件对零售企业顾客购买行为的影响主要体现在消费金额变动和消费时机调整两个方面，且影响的时效和人群也有差异性[210]。何小洲、李治横(2011)研究认为在突发事件情境下，个人安全动机影响着消费者行为，包括趋向某种消费和回避某种消费两个方面[212]。戚海峰(2015)指出在突发事件情境下，中国消费者往往会以集体无意识的形式，以当前防御调节导向为主导调节导向，从而引起冲动购买行为[213]。沈正赋(2020)指出在人类社会的现代化进程中，随着科技和经济的不断发展，全球化和信息化风潮日益加剧，各种社会风险时时会与人们不期而遇，而显性的社会风险往往就表征为突发公共事件[214]。杨子晖、陈雨恬、张平淼(2020)研究表明，在突发公共事件冲击下，受供给端与需求端双重作用，消费行业易出现显著下行压力，并且会影响居民就业与收入，抑制消费需求增长，隐现消费增长乏力等问题[205]。李柳颖、武佳藤(2020)研究指出受到突发公共事件影响，居民消费意愿有所下降，“报复性消费行为”仅存在于极小部分人群中，实证结果还显示，具有赡养老人压力、居住地在农村、学历水平较低、家庭消费占总收入比例较高的居民家庭，更容易产生预防性储蓄动机与理性消费倾向[215]。金晓彤、宋伟、赵太阳、姚凤(2020)认为突发事件对居民消费行为的影响是通过多元的路径产生，会通过提升居民的风险感知、恐惧感和无聊感，促进居民的从众性、冲动性和稀缺性消费倾向[216]。孙承文、李海廷(2021)研究发现，在突发事件中，个体收入水平和商品价格因素对消费者抢购意愿没有显著影响，说明在危机情境下购买力和价格不是产品销售的瓶颈，消费者出于对生命健康的安全考虑会驱使自己对相关商品产生冲动性购买行为[217]。

纵观我国突发事件下居民消费行为的相关研究文献，缺乏系统的理论建构和实证研究。2003 年的 SARS 事件后，相关文献主要集中在对消费与经济的影响、对居民心理健康的影响等方面，大多为宽泛的理论探讨；2008 年的汶川地震后，学术界较之以前对突发事件的研究更为深入和细化，基于数据的实证研究增强；而基于当前的突发公共卫生事件环境下，学者开始了多维度的探究，也开始着力研究突发事件的维度以及对消费者行为的影响。随着营销 4.0 时代的到来，会出现更多不可预知的外部因素，这些因素是否会影响消费者对老字号品牌的购买行为值得去探讨和研究，而突发事件属于这些外部因素中的一个较为突出的方面，因此，本书基于学者们的研究，认为突发事件对消费者行为会产生影响，且这种影响是多层次和多维度的。

## 第二节　模型构建及研究假设

### 一、模型的构建

基于前文相关概念的确定，本书以霍华德-谢思模式为研究的理论基础，结合武汉老字号品牌的特点，构建武汉老字号品牌消费者购买行为框架模型

(见图4.4)。

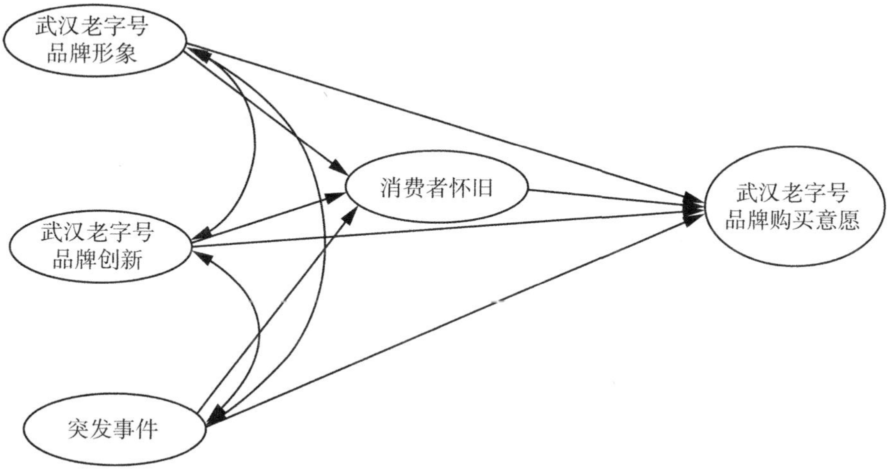


图4.4 武汉老字号品牌消费者购买行为框架模型

资料来源：作者整理。

具体来说，老字号品牌形象和老字号品牌创新作为霍华德-谢思模式中的刺激(投入)因素，消费者怀旧作为内部因素，突发事件作为外在因素，最终将武汉老字号品牌购买意愿作为产出因素。按照霍华德-谢思模式中因素之间连续作用的过程，当消费者受到刺激后，开始进行探索，引起注意，产生知觉倾向，进而激发动机，通过选择标准以及对武汉老字号品牌的理解形成一定的购买态度，从而坚定购买意图，促成购买行为。

## 二、研究假设

综合文献研究的相关成果和构建的框架模型，本研究提出如下对应研究假设。

### (一)老字号品牌形象与购买意愿之间的关系

根据消费者行为理论的相关研究表明，消费者的态度偏好是在品牌特性、消费者个性、环境因素和情境因素的共同作用下形成，而品牌特性是消费者对于品牌在质量、价格、特点、服务及形象等方面的认知，它形成于企业有意无意的品牌形象塑造活动和消费者之间的口碑传播[8]。因此，针对老字号品牌消费行为的研究，可以从老字号品牌形象上找到相关联的要素。罗子明、范秀成、陈洁、刘凤军、王鏐莹、许衍凤、赵晓康、马玲燕等学者针对中国的老字号品牌形象问题进行了深入研究，从不同方面构建了老字号品牌形象测量维度，指出老字号品牌形象是消费者对老字号品牌的认知，会影响消费者对老字号品牌的态度，进而影响购买老字号品牌的购买行为。

鉴于此，本研究提出如下假设：

H1：武汉老字号品牌形象对武汉老字号品牌购买意愿存在显著正向作用。

### （二）消费者怀旧与购买意愿之间的关系

从 Holak、Goulding、Brown、Schindler、Holbrook、Brown，Kozinet、Sherry 和 Karen 等国外学者的研究中发现，消费者怀旧与消费者购买行为之间有着深刻的关系，基于怀旧情感的存在，消费者会对老品牌表现出更高的认可度，形成较为全面的评价。在卢泰宏、高峰、何佳讯、李耀、孙明贵、张莹、张义、孙雨晴、邓绪文、张艳、林升梁、郑璐莹、王秀宏、杨立娟、马向阳、杨宜苗、邓京京、郭佳伟等众多国内的学者研究中表明，消费者怀旧可以作为分析消费者老字号品牌偏好的要素之一，它能构建起消费者对老字号品牌的信任、依恋和品牌认同，并且强烈的怀旧情感能形成对老字号品牌的积极评价，从而建立消费者与老字号品牌之间的强联系，一旦刺激要素形成，老字号品牌的购买意愿就会得到释放，老字号品牌购买行为就会产生。

而武汉老字号品牌经历了形成、转型和振兴的发展过程，品牌历史悠久，文化底蕴深厚，许多商号在数百年的经营过程中一直秉承着货真价实、诚实守信的方针，产品制作工艺考究，富有地方特色，因此有不少消费者对武汉老字号品牌都怀有深深的情感，这种情感是一种典型的理想化情感记忆，是关于个人生活时代的烙印。因而不可避免的，在已经形成怀旧情感的消费者心中，武汉老字号品牌多是质量有保证、价格公道、能代表武汉的风土人情和文化特色；另一方面，积极的怀旧倾向使得消费者在进行产品购买时，会对老字号品牌产生较强的购买意愿，促进购买行为的产生。

鉴于此，本研究提出如下假设：

H2：消费者怀旧对武汉老字号品牌购买意愿存在显著正向作用。

### （三）老字号品牌创新与购买意愿之间的关系

在消费者行为学研究中，Keller、Quellet、Aaker、Eisingerich、Rubera、Pappu、Quester、Shams 、Alpert、Brown 等国外学者将品牌创新与消费者感知相结合，以消费者感知创新视角，指出品牌创新对消费者行为的影响作用。另一方面，Boisvert 、Ashill、Boisvert 、Shams、Alpert、Brown 、Pappu、Quester 等学者在进行品牌形象测量时，就纳入了品牌创新的元素，认为品牌创新会影响消费者对品牌的认知和态度。

王兆峰、贺爱忠、彭星闾、邱志强、张莹、孙明贵、秦州、杨博、张继焦、柴玲、黄莉、尉建文、梅雪芹、吕庆华、徐伟、杨玉成、李永发等一大批国内学者都致力于老字号品牌创新研究，他们从企业创新和消费者感知创新的维度去挖掘老字号品牌创新对消费市场的作用，部分学者还构建了专门的老字号创新测量量表，虽然稳定性、推广性和有效性需要进一步验证，但是打开了从定性对策研究向定量数据分析的新方向，他们研究发现老字号品牌创新会影响消费者对老字号品牌的认知程度和态度偏好，在消费者购买意愿中会产生积极作用。

鉴于此，本研究提出如下假设：

H3：武汉老字号品牌创新对武汉老字号品牌购买意愿存在显著正向作用。

### （四）突发事件与购买意愿之间的关系

突发事件维度在大部分的老字号品牌购买行为研究中并未涉及，只有在特殊时期发生了具有紧迫性、不确定性和危害性的事件时，才会出现在学者们的研究中。早期学者们的观点集中在突发事件对宏观经济影响和居民身体心理健康方面，后来逐步延伸到居民消费行为的变化研究，包括“冲动性购买行为”“报复性购买行为”和“理性消费行为”，但就当前来说这方面的研究还不够深入。

2019 年，爆发了突发公共卫生事件，对武汉人民的经济和生活都带来了深刻的影响，人们的消费观念、消费习惯和消费行为都发生了变化，也正因为如此，在找到学术界杨翠红、陈锡康、李飞、马宝龙、林健、何小洲、李治横、戚海峰、沈正赋、李柳颍、武佳藤、金晓彤、宋伟、赵太阳、姚凤、孙承文、李海廷等学者们对突发事件研究的相关文献后，本研究想借此探讨突发事件对武汉老字号品牌购买意愿的影响。

鉴于此，本研究提出如下假设：

H4：突发事件对武汉老字号品牌购买意愿存在显著影响。

### (五)老字号品牌形象、老字号品牌创新与突发事件之间的关系

老字号品牌形象是消费者对于老字号品牌的情绪、态度和看法，主要产生于消费者的购买经验或直接使用过程中；而老字号品牌创新是消费者感知老字号品牌的创新程度，是在未来市场中的潜在竞争力，在具体内容上涵盖了产品创新、服务创新、技术创新、营销创新等方面。因此，老字号品牌创新的程度和消费者对老字号品牌的印象评价之间存在某些维度的联系，一是不同方面的老字号品牌创新，会刺激消费者对老字号品牌的情感和态度，产生不同的老字号品牌形象评价，即对消费者来说有意义的创新会产生正面的形象评价反馈；二是消费者对老字号品牌的总体印象会影响老字号品牌创新的动力，即越是具备积极评价的老字号品牌，越是想黏住现有消费群体，因而具有创新的动力会更强烈。

鉴于此，本研究提出如下假设：

H5：武汉老字号品牌形象与武汉老字号品牌创新存在显著相关关系。

营销4.0时代，外部环境异常复杂，出现了多种不确定性因素影响消费者对品牌形象的认知、评价和态度，品牌创新的时间也被大大缩短。在外部环境影响因素中，突发事件是一个比较特殊的维度，它产生在某种情况下，是一种带有突发性、偶然性和社会危害性的事件，一旦出现突发事件，会对现有市场中的老字号品牌经营带来不同程度的影响。突发事件的持续时间、伤害强度、影响范围都会对消费者的心理、行为产生刺激，从而影响消费者对老字号品牌的产品和服务等方面的评价，一旦突发事件持续时间变长，伤害程度变大，影响范围扩大后，势必会影响老字号品牌的创新动力。因此，结合学者们对突发事件的研究，本研究想探讨其与武汉老字号品牌形象、老字号品牌创新的关系，提出如下假设：

H6：武汉老字号品牌形象与突发事件存在显著相关关系。

H7：武汉老字号品牌创新与突发事件存在显著相关关系。

### (六)消费者怀旧的调节作用

消费者怀旧是研究老字号品牌购买行为的常用因素，国内外学者们在对其进行研究时发现，消费者怀旧具有明显的中介调节作用，消费者对老字号品牌一旦

建立起积极的品牌评价，就比较容易生成正向的怀旧情感，因而也就能刺激消费者产生更强烈的购买意愿。再者，老字号品牌在创新中越是积极主动，就越能让消费者将现在和过去情感进行链接，越能回忆起过去使用产品时的美好场景，进而就越能刺激消费者在此时有增加购买的需求。而突发事件作为不可预知的因素，会在短期内对消费者的情感产生冲击，这种负面的情感是否能激发消费者对过往生活的回忆值得去深入研究和探讨。

鉴于此，本研究综合国内外学者们的相关研究成果，结合武汉老字号品牌的发展特点，提出如下假设：

H8：消费者怀旧在武汉老字号品牌形象与武汉老字号品牌购买意愿之间起调节作用。

H9：消费者怀旧在武汉老字号品牌创新与武汉老字号品牌购买意愿之间起调节作用。

H10：消费者怀旧在突发事件与武汉老字号品牌购买意愿之间起调节作用。

因此，最终由框架模型形成理论假设模型如图 4.5 所示。

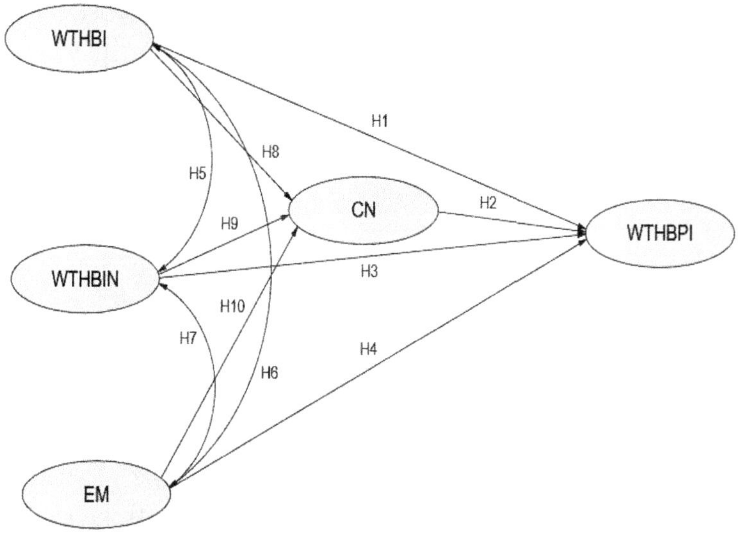


图 4.5　武汉老字号品牌消费者购买行为理论假设模型

注：WTHBI——武汉老字号品牌形象，WTHBIN——武汉老字号品牌创新，CN——消费者怀旧，EM——突发事件，WTHBPI——武汉老字号品牌购买意愿。

资料来源：作者整理。

# 第三节 研究设计

## 一、问卷设计的原则与流程

### (一)问卷设计的基本原则

调查问卷设计是否科学、合理，将直接影响问卷的回收率、真实性、实用性和有效性，最终影响整个调查研究的质量。李林梅(2000)研究指出一份好的调查问卷至少应遵循九项原则，包括目的性原则、可接受性原则、顺序性原则、一般性原则、逻辑性原则、明确性原则、非诱导性原则、简明性原则和匹配性原则[218]。钟柏昌、黄峰(2012)则提出问卷设计应遵循“十诫”：清晰性、单一性、中立性、简单性、可靠性、间接性、排他性、敏感性、完整性和规范性[219]。贺珍(2018)认为在大数据背景下，调查问卷的设计要讲究有效性原则、简明性原则、人性化原则、科学性原则和创新性原则[220]。本研究在进行调查问卷设计时，遵从学者们提出的设计原则，从目的性、科学性、逻辑性、中立性、方便性等维度综合考虑。

### (二)问卷设计的基本流程

本研究关于武汉老字号品牌消费者购买行为的研究，按照问卷设计的基本流程展开。

第一步，进行探索性研究。“武汉老字号品牌消费者购买行为”主题所牵涉的范围较广，笔者对相关概念在研究之初并不十分熟悉，为了使研究问题更准确、更清晰和更可测，首先通过文献查阅方法，大量阅读“消费者购买行为”和“老字号品牌”方面的相关文献，整理出调查问卷设计的基本思路；接着，应用访谈法，小范围询问目标受测对武汉老字号品牌的印象和态度，并结合网络平台数据的评价情况，收集和整理大众对武汉老字号品牌的认知水平、态度偏好和购买行为情况；再者，通过实地走访武汉部分老字号企业，勘察老字号的客流量水平、大众口碑、经营环境、服务水平等，整理出武汉老字号品牌的经营特点和消费者态度等相关信息。

第二步，设计调查问卷初稿。本研究的研究目的在于发掘武汉本土文化和创新武汉老字号品牌，所以首先就是要确定本次研究的调查问题：

(1)当前留存并营业的武汉老字号品牌发展情况如何？

(2)消费者对武汉老字号品牌当下的态度如何？(包括质量评价、服务评价、文化留存评价等方面)

(3)消费者对武汉老字号品牌的怀旧情感如何？

(4)武汉老字号品牌是否在进行创新？有哪些代表？消费者感知到的创新性体现在哪些方面和哪些品牌？

(5)突发事件是否会对消费者购买武汉老字号品牌带来影响？如果有影响，会是何种程度的影响？

接下来就是设计各变量量表。将研究问题明确成研究内容，变成可操作性定义。充分考虑量表对问题的特点、属性、发展程度、敏感程度以及对调查数据需要的计量层次等方面，科学选择和制定量表。

第三步，问卷预调研和修改。问卷预调研就是来检验问卷的质量是否符合调查研究的要求、是否能使受测愿意并准确应答、是否能收集到真实的数据信息，完成研究的目的。最后，针对通过预调研的问卷进行对应修改，完善问卷，包括问卷的整体逻辑结构、问题的编排顺序和表述方式、问卷格式等逐一检查修改，保证问卷达到研究要求。

## 二、问卷基本结构

本研究针对“武汉老字号品牌消费者购买行为”主题进行的调查问卷在总体上主要包括五大部分组成。

第一部分：问卷标题。本研究中问卷标题围绕研究主题拟定。

第二部分：问卷说明词。主要用来向被调查者介绍本次调查的目的、意义、主题、选择方法等方面。

第三部分：问卷正文。首先是受测基本情况调查，主要用来进行样本筛选、老字号品牌基本情况认知调查；接下来是问卷核心部分，主要包括老字号品牌形象量表、消费者怀旧量表、老字号品牌创新量表、突发事件量表和购买意愿量表等五个部分组成；最后，是受测老字号购买情况调查。

第四部分：被调查者背景信息。主要为人口统计学变量，辅助调查研究和进行数据核实。

第五部分：问卷结尾。主要用来提示受测问卷结束并致谢。

## 三、量表构建

根据前文提出的研究假设和理论模型，本研究所涉及的变量包括五个，其中消费者怀旧、老字号品牌形象、老字号品牌创新和突发事件等四个因素为自变量，购买意愿为因变量。针对这 5 个变量进行量表设计，来源主要有两个方面：一是直接引用现有文献中通过检验的成熟量表；二是将文献研究中的量表和实地访谈、调研的资料进行结合，重新设计新的量表。在研究的过程中，量表层次的选择非常重要，为了使区间更加明显，也为了使后期数据统计分析更有效，本研究选取了 7 级量表，同意程度最高的赋值为 7，同意程度最低的赋值为 1，中间依此根据同意程度分别赋值 6，5，4，3，2 几个等级。

### (一)武汉老字号品牌形象量表

在品牌形象的测量上，国内外还没有形成普适的测量模型。国外认可度较高的有 Park 等的三维度模型(1986)、Keller(1993)的品牌资产模型、Biel(1993)的品牌形象模型和 Aaker 的品牌身份模型(品牌识别系统)(1996)，但他们大多属于概念性模型，没有从实证上对构成因素变量的关系进行验证。

国内学者卢泰宏等(2000)较早对品牌形象进行研究，主要还是基于国外的研究模型，展开了对品牌形象测量维度的概念探讨[156]。后来，蒋廉雄、卢泰宏(2006)采用焦点小组座谈的方法设计了品牌形象量表，最后得到 9 个测量项目，研究结果表明品牌形象为顾客创造了感知价值[157]。

罗子明(2001)指出品牌形象的测量可以通过定性测量和定量测量两种方法进行，经过定量化的品牌形象测量，能为品牌定位提供科学基础，他给出了定量化品牌形象测量的五个构面及其细分具体的测量项目(见表 4.2)。不过这些指标并未在他的研究中进行验证，只是概念意义[158]。

表 4.2　**品牌形象测量构面及项目**

| 构面名称 | 测量项目 |
|---|---|
| 品牌认知 | 未提示知名度、提示知名度、认知渠道或媒体、广告认知度、广告美誉度等 |
| 产品属性认知 | 品质认知、档次认知、功能认知、特色认知 |
| 品牌联想 | 词语联想、档次联想、美誉度联想、理想使用者、理想形象、品种联想、功能联想、消费缺憾 |
| 品牌价值 | 价格评价、价格需求曲线、价值评价 |
| 品牌忠诚 | 使用率、购买意向、满意度、忠诚比率、推荐比率、购买环境 |

资料来源：罗子明．品牌形象的构成及其测量[J]．北京工商大学学报(社会科学版)，2001(4)：19-22.

范秀成、陈洁(2002)参照 Aaker 的品牌识别系统，提出品牌形成综合测评模型，该模型将品牌形象分为产品、企业、人性化和符号等四个维度(见图 4.6)。他认为产品是品牌的实物载体，通过品牌让消费者产生诸多联想，从而构成品牌形象的重要内容，而企业是商品的提供者，所形成的品牌形象较为抽象。同时，品牌人性化的研究也说明拟人化的品牌，会具有更加丰富和有趣的品牌形象。符号作为最后一个测量维度，其是品牌整体形象的高度浓缩和象征[159]。

刘凤军、王鏐莹(2009)所研究的品牌形象维度与范秀成、陈洁(2002)相同，但他们进行了实证研究，其中产品维度，设计 4 个测试项目，包括销售点情况、报道质量、产品性价比、使用感受等；企业维度，设计 8 个测试项目，包括对企业了解程度、企业产品更新和种类、企业社会责任、企业管理水平、企业国际化程度等；人性化维度，设计 7 个测试项目，包括品牌替代性、品牌感受、品牌印象、品牌推荐等；符号维度，设计 4 个测试项目，包括包装、品牌标识、广告语、广告偏好等方面。数据显示这些量表均达到良好信度和效度[165]。

赵占波(2005)利用因子分析的方法得到包含品牌形象在内的 7 个品牌资产维度，其中品牌形象设计 6 个测试项目，包含宣传、印象、本土化、正面性等方面，效度尚可[163]。

关辉、董大海(2007)在进行中国本土品牌形象研究时，将品牌形象分为三个维度：①品牌表现，设计 11 个测试项目，主要包括产品功能性方面；②公司形

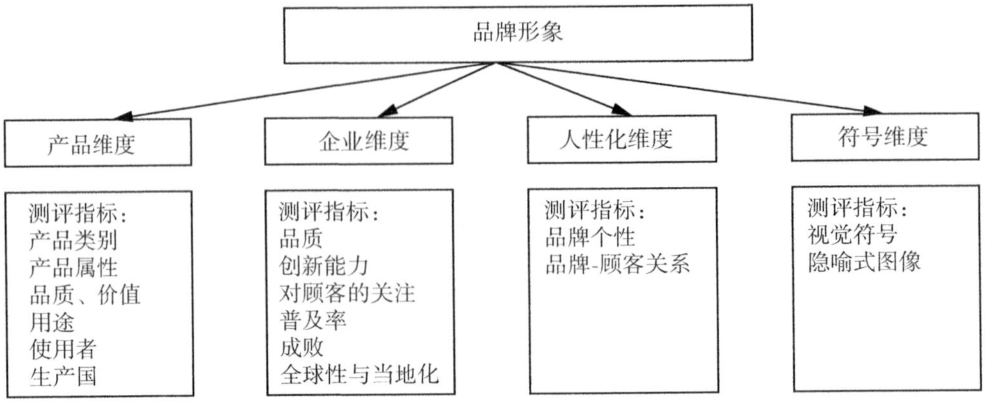


图 4.6 品牌形象综合测评模型

资料来源：范秀成，陈洁．品牌形象综合测评模型及其应用[J]．南开大学学报，2002(3)：65-71.

象，设计 6 个测试项目，主要包括产品更新和广告宣传方面；③品牌个性，设计 9 个测试项目，主要包括抽象性情感评价上[162]。

许衍凤、赵晓康(2015)基于国内外品牌形象测量量表的研究，开发了具有中华文化背景的中华老字号品牌形象测量量表，包括四个维度：①声望性形象，设计 4 个测试项目，包括品牌的口碑、品牌竞争力、品牌社会地位和品牌历史等；②传承性形象，设计 3 个测试项目，包括文化、技术和精神传承；③情感性形象，设计 3 个测试项目，包括对品牌的信赖感、文化依恋感以及怀旧情感等；④功能性形象，设计 3 个测试项目，包括产品独特性、产品优良品质和技术独特等。验证结果显示，该量表具有较好的信度和效度[221]。

马玲燕(2018)在研究老字号时，认为老字号品牌形象进化包括消费者对产品质量形象进化的认知、企业招牌形象演变的认知、企业服务形象变化的认知以及服务环境变化的认知。她将老字号品牌形象进化构成设定为四个方面：品牌质量形象进化、企业招牌形象进化、企业服务形象进化、环境形象进化[169]。

老字号品牌形象的测量目前在国内并没有统一的量表，就是相关实证研究也偏向于品牌形象中的一个维度，本研究在进行量表设计时，主要借鉴许衍凤、赵晓康(2015)开发的中华老字号品牌形象量表，并综合其他学者研究成果，结合武汉老字号品牌特点，设计6个测试项目在内的武汉老字号品牌形象初始测量量表(见表4.3)。

表4.3 **武汉老字号品牌形象初始测量量表**

| 变量命名 | 变量标签 | 测量项目 | 来源 |
|---|---|---|---|
| WTHBI (Wuhan Time-honored Brand Image) | 武汉老字号品牌形象 | 该武汉老字号品牌能给我带来更好的购买体验 | Aaker(1996)；罗子明(2001)；范秀成、陈洁(2002)；赵占波(2005)；关辉、董大海(2007)；刘凤军、王鏐莹(2009)；许衍凤、赵晓康(2015) |
| | | 该武汉老字号品牌的质量有保障 | |
| | | 该武汉老字号品牌在业界具有较高的评价 | |
| | | 该武汉老字号品牌在竞争中具有较高的品牌地位 | |
| | | 该武汉老字号品牌具有良好的品牌名声 | |
| | | 该武汉老字号品牌的包装比较吸引我 | |

资料来源：作者整理。

## (二)消费者怀旧量表

消费者怀旧倾向量表中的经典量表由Holbrook和Schindler(1991)提出，他们在前人心理学测量的基础上，把怀旧测量延伸到消费者研究领域，开发出怀旧量表，该量表由20个项目组成。后来，Holbrook等(1993)应用探索性因子和验证性因子研究方法，提炼出8个问项，构建了消费者怀旧倾向量表，并且针对汽车产品做研究，分析了消费者的怀旧情感，归纳出十种能够激起汽车消费怀旧情结的元素。Holbrook等(1993)开发的量表在后来消费者偏好的实证研究中得到验证，成为测量怀旧倾向的主要工具，但后续研究者也提出他们的量表在跨文化背景应用时要谨慎[171]。

中国学者何佳讯及其团队(2006，2008，2010)的研究表明，针对中国消费群体应用 Holbrook(1993)开发的消费者怀旧倾向量表，测量效果并不理想，甚至出现怀旧倾向与老品牌态度评价负相关的结果，他们认为中国消费者所处的经济、社会与文化环境与西方存在根本性差异，Holbrook(1993)的怀旧倾向量表不能真正测出中国消费者的“怀旧倾向”，他们基于中国本土社会心理研究，建立了品牌关系质量本土化模型(CBRQ 模型)，该模型包括信任、相互依赖、承诺自我概念联结、面子和真有与应有之情六个构面，它揭示了与中国消费者建立品牌强度的基本途径，指出当老品牌面临新品牌的竞争时，应用怀旧联结是有效的策略。后来，他们在此基础上，开发了中国消费者怀旧倾向量表(CHI-NOS)，该量表在测试中表现了良好的信度与效度指标，共涉及三个因子共 14 个项目。其中，因子 1 为人际怀旧，主要测量消费者对当下人际关系的态度评价；因子 2 为家庭怀旧，主要测量消费者对过去家庭生活的怀旧态度；因子 3 为个人怀旧，主要测量消费者对过去生活行为、习惯等的怀旧态度，他们指出中国消费者的怀旧倾向可以用来解释其对国产老品牌的态度[222-224]。中国消费者怀旧倾向量表也成为了后续学者研究的基础。王秀宏、杨立娟、马向阳等(2017)在研究怀旧倾向对老字号真实性与购买意愿之间的关系时，就选取了中国消费者怀旧倾向量表，研究发现怀旧倾向的调节作用显著[190]。

汪涛、周玲、彭传新(2011)研究发现金融危机以后，部分国产老品牌在市场中引起了“怀旧消费”，他们结合社会环境对怀旧消费行为的心理机制原因进行了开拓性解释，设计的怀旧倾向量表共 6 个测试项目，主要是个人对过往生活的怀旧情感测量，量表验证后的信度与效度都达到可接受水平，为进一步探究企业怀旧策略的调节作用，建立了样式怀旧策略、工艺怀旧策略和故事怀旧策略等三种不同怀旧营销策略下怀旧倾向对怀旧产品购买欲望的回归方程，结果表明，故事怀旧策略对消费者怀旧产品的购买欲望影响效果最为显著[225]。

孙明贵及其研究团队针对老字号品牌的怀旧研究比较深入。张莹(2011)是从怀旧记忆的角度进行的量表设计，包括环境、氛围、过往情感等方面产生的怀旧，共 10 个测量项目[180]。孙明贵(2014)设计了老字号品牌怀旧倾向量表，包括美好回忆、童年记忆、特殊历史时期、过去情感等方面，总共 6 个测量项目，并且在应用时发现消费者怀旧倾向明显，但部分老字号的怀旧元素正逐步被淡化，显示出老字号品牌怀旧资产的不完全性和残缺性[185]。孙明贵、孙雨晴

(2015)研究认为消费者的怀旧情感不能直接作用于购买决策，需要通过怀旧品牌认知来实现，这种转换的过程是老字号品牌与怀旧情感的匹配过程，他们从个体、社会角度和唤起媒介角度对消费者怀旧情感进行测量，共10个测量项目[187]。俞林(2017)设计了样式工艺怀旧倾向和故事叙述怀旧倾向两个维度，共7个测量项目的消费者怀旧倾向量表，验证结果表明该量表具有较好的量表信度和效度[226]。

林升梁、郑璐莹(2016)设计的老字号品牌怀旧倾向量表，强调了人们对过去事物、人或是时代的某种情感，共计5个测量项目，验证后的信度和效度也都达到了可以接受的水平[189]。

纵观上述学者对消费者怀旧倾向量表的构建情况来看，学者们大多基于消费者怀旧的内涵、消费者怀旧与购买行为之间的关系进行了不同维度的测量项目设计，并且在情感记忆层次的研究相对丰富。本研究借鉴学者们的研究结果，结合武汉老字号品牌的特点，设计了5个测量项目在内的消费者怀旧初始测量量表(见表4.4)。

表4.4 **消费者怀旧初始测量量表**

| 变量命名 | 变量标签 | 测量项目 | 来源 |
|---|---|---|---|
| CN (Consumer Nostalgia) | 消费者怀旧 | 该武汉老字号品牌的味道我觉得迄今为止没有变过 | Holbrook等(1993)；何佳讯(2006)(2010)、何佳讯，秦翕嫣(2008)；汪涛、周玲、彭传新(2011)；张莹(2011)；孙明贵(2014)、孙明贵、孙雨晴(2015)；俞林(2017)；林升梁、郑璐莹(2016)；王秀宏、杨立娟、马向阳等(2017) |
| | | 该武汉老字号品牌的风格让我觉得很有年代感 | |
| | | 该武汉老字号品牌能唤起我对以前某些时期生活的回忆 | |
| | | 该武汉老字号品牌让我具有怀旧的情感 | |
| | | 我非常了解该武汉老字号品牌的时代背景和故事 | |

资料来源：作者整理。

### (三)武汉老字号品牌创新量表

当前国内外学者关于消费者感知品牌创新性的维度划分主要是单维度结构，尚未有量表得到一致认可。Eisingerich 、Rubera(2010)是第一个从消费者角度进行品牌创新性测量的，量表内容主要围绕品牌是否提供新的产品满足消费者需求的角度。Boisvert 和 Ashill(2011)、Boisvert(2012)测量品牌形象的量表内容由四组相对的词语组成，分别是可预见的/创新性的，普通的/独特的，普遍的/原始的，旧的/引领潮流的。Shams、Alpert 和 Brown(2015)测量品牌形象的量表内容主要围绕定义所涉及的消费者对品牌的产品创新，创造力的程度感知，以及对品牌未来在一个既定市场的持续创新活动的潜力的感知进行设计。Pappu 和 Quester(2016)设计品牌形象量表时基于 Song and Xie(2000)关于产品创新的研究，将其适用于品牌背景，所选项目均与消费者相关。Hubert、Florack、Gattringer 等(2017)测量品牌想象的量表内容主要包括消费者对品牌是否是技术领导者、雇用聪明的人、用新产品满足他们的需求、注册许多专利等的看法[201]。

赵占波(2005)在品牌资产维度的研究中，构建了品牌创新维度，设计 3 个测试项目，包括革新速度、潮流引领和个性凸显[163]。

吴梦晨(2016)结合 Keller(1999)品牌创新研究与老字号创新元素特征，从品牌形象、产品样式、生产工艺、营销传播等方面设计了老字号创新量表，共计 5 个测试项目，除去第三个测量题目(生产工艺创新)不合适，其他四项均通过检验[202]。

梅雪芹(2018)以 Shams 等(2015)、Hubert 等(2017)学者研究基础，结合自身访谈结果，设计了“消费者感知老字号品牌创新性测量量表”，包括创新产品、创新服务、创新工艺与流程、创新包装、创新品牌、创新营销、创新经营方式、创意广告、雇佣优秀员工、行业领导品牌等方面，共计 13 个测试项目，验证后表明该量表的信效度较好[194]。

整理学者们的研究发现，当前对于老字号品牌创新的测量并没有形成统一的、完整的、系统的量表体系，学者们大多以单一维度去进行，并且多数依托于品牌创新量表并结合老字号特征设计。本研究以现有学者们的研究为基础，结合老字号创新维度和武汉老字号品牌特点，设计5个测试项目在内的武汉老字号创新初始测量量表(见表4.5)。

表4.5　　武汉老字号品牌创新初始测量量表

| 变量命名 | 变量标签 | 测量项目 | 来源 |
| --- | --- | --- | --- |
| WTHBIN (Wuhan Time-honored Brand Innovation) | 武汉老字号品牌创新 | 该武汉老字号品牌经常推出新的产品 | Keller(1999)；赵占波(2005)；Shams等(2015)；吴梦晨(2016) Hubert等(2017)；梅雪芹(2018) |
| | | 该武汉老字号品牌推出的广告富有创意 | |
| | | 该武汉老字号品牌的营销方式符合当下时代发展需求 | |
| | | 该武汉老字号品牌的营销渠道符合当下时代发展需求 | |
| | | 该武汉老字号品牌定位符合当下时代发展需求 | |

资料来源：作者整理。

### (四)突发事件量表

从现有的文献中并不能直接找到围绕突发事件进行的量表设计，学者们主要探讨的就是突发事件对消费者行为类型及行为程度的影响，包括产生冲动性、从众性、稀缺性或理性消费行为，消费频率和金额增加、不变或是减少。因此，本研究在进行突发事件量表构建时，主要考虑突发事件发生前、发生时和发生后对消费者行为产生的影响，自编设计了5个测试项目，形成突发事件初始测量量表(见表4.6)。

### (五)武汉老字号品牌购买意愿量表

Fishbein(1975)认为意愿是一种主观概率，用这种概率来描述个人从事特定行为。Grewal，Monroe和Dodds(1991)指出购买意愿是消费者可能购买某种产品或品牌的可能性，他们的研究为后面学者奠定了基础。

表 4.6　　突发事件初始测量量表

| 变量命名 | 变量标签 | 测量项目 | 来源 |
|---|---|---|---|
| EM (Emergency) | 突发事件 | 疫情导致我的消费欲望降低 | 自编 |
| | | 疫情的发生影响了我在该武汉老字号品牌上的消费 | |
| | | 疫情发生后我对购买该武汉老字号品牌产生了犹豫 | |
| | | 我对该武汉老字号品牌的购买需求在疫情结束后才会增加 | |
| | | 疫情发生后该武汉老字号品牌推出了优惠活动 | |

资料来源：作者整理。

购买意愿是消费者对购买某种产品的可能性的主观判断，对购买意愿的测量通常包含向朋友推荐、考虑购买、实际购买等可能性的相关问题，针对老字号品牌购买意愿的测量学者们有较多的研究，且在表述时较为一致(见表 4.7)。

表 4.7　　部分学者老字号品牌购买意愿测量项目

| 学者(年份) | 老字号品牌购买意愿测量项目 |
|---|---|
| 张莹(2011)[180] | 考虑购买、愿意购买、希望购买、留意购买 |
| 楚晓勤(2012)[228] | 考虑购买，购买可能性大、购买意愿强烈 |
| 孙明贵(2014)[185] | 品牌吸引力、考虑购买、留意购买、可能购买 |
| 吴梦晨(2016)[202] | 产品吸引力、关注度、购买意愿、同类对比意愿 |
| 王秀宏、杨立娟、马向阳(2017)[190] | 愿意购买、愿意了解、愿意推荐 |
| 梅雪芹(2018)[194] | 品牌吸引力、考虑购买、购买意愿强、购买可能性高 |

资料来源：作者整理。

本研究整理多位学者关于老字号品牌购买意愿的测量情况，结合武汉老字号品牌特点，设计3个测试项目在内的武汉老字号品牌购买意愿初始测量量表(见表4.8)。

表4.8　**武汉老字号品牌购买意愿初始测量量表**

| 变量命名 | 变量标签 | 测量项目 | 来源 |
| --- | --- | --- | --- |
| WTHBPI (Wuhan Time-Honored Brand Purchase Intention) | 武汉老字号品牌购买意愿 | 该武汉老字号品牌对我具有较高的吸引力 | Grewal, Monroe, Dodds (1991)；张莹(2011)；楚晓勤(2012)；孙明贵(2014)；吴梦晨(2016)；王秀宏、杨立娟、马向阳(2017)；梅雪芹(2018) |
| | | 在同类商品选择时，我会优先考虑购买该武汉老字号品牌 | |
| | | 我购买该武汉老字号品牌的意愿很强 | |

资料来源：作者整理。

## 四、问卷预调研和修改

在正式进行实证研究时，需要进行问卷预测试工作，其目的是检查每个问题中的概念对受测人员来说是否清楚明确，并且检测量表设计是否完整清晰，质量如何。通过预测试工作，可能需要对问卷中的测量题目进行对应的修改(修正和删除。)本研究在进行正式大样本调研前，进行了预调研工作，为期一个月，合计共发放调研问卷50份，有效回收49份，问卷有效率为98%。从理论的观点来看，一个良好的量表应该具有足够的信度和效度。

### (一)量表信度检验

信度是指在测量中可以避免随机误差，从而提供前后一致数据的程度。随机误差越小，调查就越可靠，因此，能够摆脱随机误差影响的测量是准确的。量表的信度反映的是量表所测结果的一致程度。一般可以通过使用同一量表进行不同测量，分析各测量结果之间联系的方法来评价信度，如果联系密切，各测量结果具有一致性，则认为量表是可信的。评价量表信度的方法主要有测试-再测试信度、等价形式信度和内在一致性信度。目前在实际操作中，学者们大多采用 Cronbach's Alpha 系数来进行量表信度情况判定。Cronbach's Alpha 系数简称 α 系数，是量表所有可能的项目划分方法所得到的折半信度系数的平均值，α 系数的值在 0 和 1 之间，如果 α 系数小于 0.60，则一般认为内部一致性信度不足。

表 4.9　　信度的判别标准

| 信　度 | 含　义 |
|---|---|
| α 系数≤0.30 | 不可信 |
| 0.30<α 系数≤0.40 | 勉强可信 |
| 0.40<α 系数≤0.50 | 稍微可信 |
| 0.50<α 系数≤0.70 | 可信(最常见的信度范围) |
| 0.70<α 系数≤0.90 | 很可信(次常见的信度范围) |
| α 系数>0.90 | 十分可信 |

资料来源：田志龙等. 市场研究理论与方法[M]. 武汉：华中科技大学出版社，2009.

另一方面，Churchill(1979)指出在进行因子分析前需要净化和消除“垃圾测量项目”，否则容易出现多维度现象，难以界定每个因子的含义。学术上一般采用 Corrected Item-Total Correlation，即 CITC 值进行净化测向，其表示在同一变量维度下，每个测量题目与其他所有测量题目之间的相关系数，普遍认为 CITC 值小于 0.50 时就应该删除该测试项目，最低不小于 0.30。

因此，本研究在进行问卷预测试时，综合 Cronbach's Alpha 和 CITC 值进行判断，如果 Cronbach's Alpha 系数低于 0.70，CITC 值小于 0.50，就需要考虑对量表进行修改和完善，在工具上则选用 SPSS 23.0 软件进行信度检验。

1. 武汉老字号品牌形象初始量表信度检验

由表 4.10 可知，武汉老字号品牌形象初始量表的 α 系数为 0.950，且表中 6 个测试项目的 CITC 值最大值为 0.916，最小值为 0.795，按照判断标准，老字号品牌形象初始量表通过信度检测，各测试项目都可以保留。

表 4.10　　武汉老字号品牌形象初始量表信度检验表

| Construct | Item | Corrected Item-Total Correlation | Cronbach's Alpha if Item Deleted | Cronbach's Alpha | Cronbach's Alpha Based on Standardized Items |
|---|---|---|---|---|---|
| WTHBI | WTHBI1 | .852 | .941 | .950 | .956 |
| | WTHBI2 | .805 | .946 | | |
| | WTHBI3 | .916 | .933 | | |
| | WTHBI4 | .914 | .935 | | |
| | WTHBI5 | .870 | .940 | | |
| | WTHBI6 | .795 | .951 | | |

资料来源：作者整理。

2. 消费者怀旧初始量表信度检验

由表 4.11 可知，消费者怀旧初始量表的 $\alpha$ 系数为 0.942，且表中 5 个测试项目的 CITC 值最大值为 0.889，最小值为 0.769，按照判断标准，消费者怀旧初始量表通过信度检测，各测试项目都可以保留。

表 4.11　　消费者怀旧初始量表信度检验表

| Construct | Item | Corrected Item-Total Correlation | Cronbach's Alpha if Item Deleted | Cronbach's Alpha | Cronbach's Alpha Based on Standardized Items |
|---|---|---|---|---|---|
| CN | CN1 | .769 | .941 | .942 | .945 |
| | CN2 | .865 | .926 | | |
| | CN3 | .889 | .920 | | |
| | CN4 | .891 | .919 | | |
| | CN5 | .839 | .932 | | |

资料来源：作者整理。

3. 武汉老字号品牌创新初始量表信度检验

由表4.12可知，老字号品牌创新初始量表的 $\alpha$ 系数为0.969，且表中5个测试项目的CITC值最大值为0.963，最小值为0.826，按照判断标准，老字号品牌创新初始量表通过信度检测，各测试项目都可以保留。

表4.12　武汉老字号品牌创新初始量表信度检验表

| Construct | Item | Corrected Item-Total Correlation | Cronbach's Alpha if Item Deleted | Cronbach's Alpha | Cronbach's Alpha Based on Standardized Items |
|---|---|---|---|---|---|
| WTHBIN | WTHBIN 1 | .910 | .961 | .969 | .972 |
| | WTHBIN 2 | .826 | .978 | | |
| | WTHBIN 3 | .953 | .955 | | |
| | WTHBIN 4 | .963 | .953 | | |
| | WTHBIN 5 | .932 | .958 | | |

资料来源：作者整理。

4. 突发事件初始量表信度检验

表4.13　突发事件初始量表信度检验表

| Construct | Item | Corrected Item-Total Correlation | Cronbach's Alpha if Item Deleted | Cronbach's Alpha | Cronbach's Alpha Based on Standardized Items |
|---|---|---|---|---|---|
| EM | EM 1 | .809 | .923 | .933 | .940 |
| | EM 2 | .769 | .931 | | |
| | EM 3 | .867 | .913 | | |
| | EM 4 | .889 | .906 | | |
| | EM 5 | .848 | .916 | | |

资料来源：作者整理。

由表4.13可知，突发事件初始量表的α系数为0.933，且表中5个测试项目的CITC值最大值为0.889，最小值为0.769，按照判断标准，突发事件初始量表通过信度检测，各测试项目都可以保留。

5. 武汉老字号品牌购买意愿初始量表信度检验

由表4.14可知，武汉老字号品牌购买意愿初始量表的α系数为0.934，且表中3个测试项目的CITC值最大值为0.924，最小值为0.810，按照判断标准，武汉老字号品牌购买意愿初始量表通过信度检测，各测试项目都可以保留。

表4.14 武汉老字号品牌购买意愿初始量表信度检验表

| Construct | Item | Corrected Item-Total Correlation | Cronbach's Alpha if Item Deleted | Cronbach's Alpha | Cronbach's Alpha Based on Standardized Items |
|---|---|---|---|---|---|
| WTHBPI | WTHBPI 1 | .924 | .854 | .934 | .933 |
| | WTHBPI 2 | .810 | .945 | | |
| | WTHBPI 3 | .861 | .905 | | |

资料来源：作者整理。

## (二)量表效度检验

效度是指量表测量的结果能够真正反映研究人员所要了解对象特征的程度。如果没有任何系统误差和随机误差，则测量结果具有最高的效度。理论上，研究人员可以从不同方面来检测效度，包括表面效度、内容效度、相关准则效度和架构效度。

表面效度是效度的最低级形式，它是指好像测量了应该测量的内容的程度。它是研究人员在问题设计时做出的判断决定。而内容效度是量表内容的代表性或样本充分性，反映的是量表是否能够覆盖研究的主题。这两种效度的判定都带有一定的主观性。本研究进行的问卷预测，一定程度上就是为了检验这两种效度情况，为了保证问卷有较好的表面效度和内容效度，首先通过阅读大量文献，界定变量概念，尽可能列出变量所涉及的问题，并且在预测时不停询问受测对象对题目的理解程度，不断完善量表问题表述和测定方式。

架构效度或称为建构效度，反映的是量表实际测量了哪些特征，即研究项目中的观察模式与理论模式的一致性，评估架构效度主要有收敛效度和区别效度两种方法。收敛效度用来测量同一架构的不同测量工具之间的相关程度；区别效度用来揭示被认为不同的架构之间的低度相关或不相关。本研究在进行架构效度检验时，采用学者们常用的主成分分析法。

在主成分分析中，对变量间相关性检验用得较多的方法是 KMO(Kaiser-Meyer-Olkin)检验法，KMO 统计量的计算公式为：

$$\mathrm{KMO}=\frac{\sum\sum_{i\neq j} r_{ij}^2}{\sum\sum_{i\neq j} r_{ij}^2+\sum\sum_{i\neq j} p_{ij}^2} \tag{4-1}$$

其中，$r_{ij}^2$ 是变量 $i$ 和变量 $j$ 之间的简单相关系数，$p_{ij}^2$ 是变量 $i$ 和变量 $j$ 之间的偏相关系 数。

KMO 值越接近于 1，说明所有变量之间的简单相关系数平方和远大于偏相关系数的平方和，则可以进行主成分分析。另外，累计方差贡献率达到 70%~80%及以上即可，最多不低于 60%，以此来保证量表的有效性(见表 4.15)。

表 4.15　**KMO 值判定标准**

| KMO 取值 | 含义 |
|---|---|
| KMO<0.60 | 不适合 |
| 0.60≤KMO<0.70 | 不太适合 |
| 0.70≤KMO<0.80 | 一般 |
| 0.80≤KMO<0.90 | 适合 |
| KMO≥0.90 | 非常适合 |

资料来源：朱红兵．应用统计与 SPSS 应用[M]．北京：电子工业出版社，2011.

1. 武汉老字号品牌形象初始量表效度检验

由表 4.16 可知，武汉老字号品牌形象量表的 KMO 值为 0.882，达到适合分析的标准，Bartlett 球体检验的显著水平为 0.000，可以进行对应分析。

表 4. 16 **WTHBI KMO and Bartlett's Test**

| | | |
|---|---|---|
| Kaiser-Meyer-Olkin Measure of Sampling Adequacy. | | . 882 |
| Bartlett's Test of Sphericity | Approx. Chi-Square | 341. 654 |
| | df | 15 |
| | Sig. | . 000 |

资料来源：作者整理。

由武汉老字号品牌形象量表公因子方差分析表（见表 4. 17）可知，可提取一个公因子，累计贡献为 81. 955%，达到适合效度标准，量表有效。量表成分矩阵如表 4. 18 所示。

表 4. 17 **WTHBI Total Variance Explained**

| Component | Initial Eigenvalues | | | Extraction Sums of Squared Loadings | | |
|---|---|---|---|---|---|---|
| | Total | % of Variance | Cumulative% | Total | % of Variance | Cumulative% |
| 1 | 4. 917 | 81. 955 | 81. 955 | 4. 917 | 81. 955 | 81. 955 |
| Extraction Method：Principal Component Analysis. | | | | | | |

资料来源：作者整理。

表 4. 18 **WTHBI Component Matrixa**

| | Component |
|---|---|
| | 1 |
| WTHBI 1 | . 887 |
| WTHBI 2 | . 870 |
| WTHBI 3 | . 949 |
| WTHBI 4 | . 952 |
| WTHBI 5 | . 922 |
| WTHBI 6 | . 846 |

Extraction Method：Principal Component Analysis.

a. 1 components extracted.

资料来源：作者整理。

2. 消费者怀旧初始量表效度检验

由表4.19可知，消费者怀旧量表的KMO值为0.875，达到适合分析的标准，Bartlett球体检验的显著水平为0.000，可以进行对应分析。

表4.19　　**CN KMO and Bartlett's Test**

| | | |
|---|---|---|
| Kaiser-Meyer-Olkin Measure of Sampling Adequacy. | | .875 |
| Bartlett's Test of Sphericity | Approx. Chi-Square | 226.940 |
| | df | 10 |
| | Sig. | .000 |

资料来源：作者整理。

由消费者怀旧量表公因子方差分析表(见表4.20)可知，可提取一个公因子，累计贡献为82.064%，达到适合效度标准，量表有效表。量表成分矩阵如表4.21所示。

表4.20　　**CN Total Variance Explained**

| Component | Initial Eigenvalues | | | Extraction Sums of Squared Loadings | | |
|---|---|---|---|---|---|---|
| | Total | % of Variance | Cumulative% | Total | % of Variance | Cumulative% |
| 1 | 4.103 | 82.064 | 82.064 | 4.103 | 82.064 | 82.064 |

Extraction Method: Principal Component Analysis.
资料来源：作者整理。

表4.21　　**CN Component Matrixa**

| | Component |
|---|---|
| | 1 |
| CN 1 | .852 |
| CN 2 | .917 |
| CN 3 | .933 |
| CN 4 | .930 |
| CN 5 | .895 |

Extraction Method: Principal Component Analysis.

a. 1 components extracted.

资料来源：作者整理。

3. 武汉老字号品牌创新初始量表效度检验

由表 4.22 可知，武汉老字号品牌创新量表的 KMO 值为 0.900，达到适合分析的标准，Bartlett 球体检验的显著水平为 0.000，可以进行对应分析。

表 4.22 **WTHBIN KMO and Bartlett's Test**

| | | |
|---|---|---|
| Kaiser-Meyer-Olkin Measure of Sampling Adequacy. | | .900 |
| Bartlett's Test of Sphericity | Approx. Chi-Square | 372.101 |
| | df | 10 |
| | Sig. | .000 |

资料来源：作者整理。

由武汉老字号品牌创新量表公因子方差分析表(见表 4.23)可知，可提取一个公因子，累计贡献为 90.034%，达到适合效度标准，量表有效。量表成分矩阵如表 4.24 所示。

表 4.23 **WTHBIN Total Variance Explained**

| Component | Initial Eigenvalues | | | Extraction Sums of Squared Loadings | | |
|---|---|---|---|---|---|---|
| | Total | % of Variance | Cumulative% | Total | % of Variance | Cumulative% |
| 1 | 4.502 | 90.034 | 90.034 | 4.502 | 90.034 | 90.034 |

Extraction Method：Principal Component Analysis.

资料来源：作者整理。

表 4.24 **WTHBIN Component Matrixa**

| | Component |
|---|---|
| | 1 |
| WTHBIN 1 | .944 |
| WTHBIN 2 | .883 |
| WTHBIN 3 | .974 |
| WTHBIN 4 | .980 |
| WTHBIN 5 | .960 |

Extraction Method：Principal Component Analysis.

a. 1 components extracted.

资料来源：作者整理。

4. 突发事件初始量表检验

由表 4.25 可知，突发事件量表的 KMO 值为 0.800，达到适合分析的标准，Bartlett 球体检验的显著水平为 0.000，可以进行对应分析。

表 4.25　　**EM KMO and Bartlett's Test**

| Kaiser-Meyer-Olkin Measure of Sampling Adequacy. | | .800 |
| --- | --- | --- |
| Bartlett's Test of Sphericity | Approx. Chi-Square | 242.385 |
| | df | 10 |
| | Sig. | .000 |

资料来源：作者整理。

由突发事件量表公因子方差分析表(见表 4.26)可知，可提取一个公因子，累计贡献为 80.813%，达到适合效度标准，量表有效。量表成分矩阵如表 4.27 所示。

表 4.26　　**EM Total Variance Explained**

| Component | Initial Eigenvalues | | | Extraction Sums of Squared Loadings | | |
| --- | --- | --- | --- | --- | --- | --- |
| | Total | % of Variance | Cumulative% | Total | % of Variance | Cumulative% |
| 1 | 4.041 | 80.813 | 80.813 | 4.041 | 80.813 | 80.813 |

Extraction Method: Principal Component Analysis.
资料来源：作者整理。

表 4.27　　**EM Component Matrixa**

| | Component<br>1 |
| --- | --- |
| EM 1 | .888 |
| EM 2 | .839 |
| EM 3 | .930 |
| EM 4 | .936 |
| EM 5 | .899 |

Extraction Method: Principal Component Analysis.

a. 1 components extracted.

资料来源：作者整理。

5. 武汉老字号品牌购买意愿初始量表检验

由表 4.28 可知，武汉老字号品牌购买意愿量表的 KMO 值为 0.705，基本达到适合分析的标准，Bartlett 球体检验的显著水平为 0.000，可以进行对应分析。

表 4.28 **WTHBPI KMO and Bartlett's Test**

| | | |
|---|---|---|
| Kaiser-Meyer-Olkin Measure of Sampling Adequacy. | | .705 |
| Bartlett's Test of Sphericity | Approx. Chi-Square | 128.792 |
| | df | 3 |
| | Sig. | .000 |

资料来源：作者整理。

由武汉老字号品牌购买意愿量表公因子方差分析表(见表 4.29)可知，可提取一个公因子，累计贡献为 88.288%，达到适合效度标准，量表有效。量表成分矩阵如表 4.30 所示。

表 4.29 **WTHBPI Total Variance Explained**

| Component | Initial Eigenvalues | | | Extraction Sums of Squared Loadings | | |
|---|---|---|---|---|---|---|
| | Total | % of Variance | Cumulative% | Total | % of Variance | Cumulative% |
| 1 | 2.649 | 88.288 | 88.288 | 2.649 | 88.288 | 88.288 |

Extraction Method: Principal Component Analysis.

资料来源：作者整理。

表 4.30 **WTHBPI Component Matrixa**

| | Component |
|---|---|
| | 1 |
| WTHBPI 1 | .968 |
| WTHBPI 2 | .911 |
| WTHBPI 3 | .938 |

Extraction Method: Principal Component Analysis.

a. 1 components extracted.

资料来源：作者整理。

综合各量表信度和效度检验结果可知，问卷预调研工作完成了对量表所有条款的测度，然后对问卷中各题项进行了措辞、格式修改留待后期正式调研采用。

### 五、样本设计

本研究以武汉老字号品牌消费者为调查对象，考虑到老字号品牌本身的武汉特色，在实际研究地域选择时主要聚焦武汉地区，包括中心城区和新城区，同时补充其他地区进行调研。目标地域选取的原因在于：一是武汉市老字号品牌主要集中在中心城区的黄金地段；二是武汉老字号品牌经营规模普遍偏小，主要集中在餐饮、食品和医药行业，多依赖地缘、人缘优势发展。因此，聚焦目标地域对武汉老字号品牌消费者行为的研究具有一定的代表性与合理性，在实际调查时也便于访谈和调查的顺利进行，保证样本数据的精确程度。同时，考虑到时间成本、物资成本和人力成本等综合因素，本研究采用随机抽样的方法进行，主要是对目标区域进行随机调查。

在样本量的确定上，参照学者们的研究惯例。Roscoe（1975）认为抽样所选择的样本数量以 30 和 500 之间较为适合，另外，在进行多变量分析时，样本数量为研究所用变量的 10 倍或以上为最佳。本研究在进行武汉老字号品牌消费者购买行为分析时，构建了 5 个量表，共计 24 个测试项目，因此本研究在进行正式调研时，样本量的数目应该大于 240 份较为合适。

## 第四节　数据分析与模型验证

### 一、数据收集和样本情况

#### （一）数据收集过程

在完成了上述的问卷设计工作后，本研究正式调研主要以随机发放问卷（包括线上和线下）、访谈等形式进行问卷调查，整个调查周期耗时 6 个月时间，共收集问卷 388 份，经过对问卷作答情况的审查，剔除无效问卷 29 份，最后确定的有效问卷数量为 359 份，有效率为 92.53%。

## (二)样本基本构成分析

在本次调查中(见表 4.31)，受测人群主要集中在中青年群体。其中，“00 后”群体所占比例最高，达到总样本量的 55.4%，“90 后”群体占比 15.9%，“80 后”群体占比 12.0%，“70 后”占比 7.5%，60 后群体占比 9.2%。之所以选择中青年为主要调查对象，一是研究课题想深入探究的是营销 4.0 时代，消费市场的主要群体对老字号品牌的态度情况；二是在实地调查时，老龄群体相较于年轻群体在问卷完成度和配合度上相对较弱，老龄群体更适合进行访谈研究。

表 4.31　**样本人口统计特征情况**

| 基本信息 | 选项 | 计数 | 百分比(%) |
|---|---|---|---|
| 年龄 | “60 后”及以上人群 | 33 | 9.2% |
| | “70 后” | 27 | 7.5% |
| | “80 后” | 43 | 12.0% |
| | “90 后” | 57 | 15.9% |
| | “00 后”及以后人群 | 199 | 55.4% |
| 性别 | 男性 | 132 | 36.8% |
| | 女性 | 227 | 63.2% |
| 月收入 | 2000 元及其以下 | 196 | 54.6% |
| | 2001~5000 元 | 85 | 23.7% |
| | 5001~10000 元 | 53 | 14.8% |
| | 10000 元以上 | 25 | 7.0% |
| 学历 | 初中生及以下 | 3 | 0.8% |
| | 高中生 | 62 | 17.3% |
| | 大学生 | 290 | 80.8% |
| | 研究生及以上 | 4 | 1.1% |
| 居住地 | 江岸区 | 21 | 5.8% |
| | 汉阳区 | 16 | 4.5% |
| | 武昌区 | 42 | 11.7% |

续表

| 基本信息 | 选项 | 计数 | 百分比(%) |
|---|---|---|---|
| 居住地 | 江汉区 | 15 | 4.2% |
| | 青山区 | 4 | 1.1% |
| | 硚口区 | 5 | 1.4% |
| | 洪山区 | 178 | 49.6% |
| | 蔡甸区 | 3 | 0.8% |
| | 江夏区 | 26 | 7.2% |
| | 黄陂区 | 7 | 1.9% |
| | 新洲区 | 6 | 1.7% |
| | 东西湖区 | 9 | 2.5% |
| | 汉南区 | 3 | 0.8% |
| | 其他 | 24 | 6.7% |

资料来源：作者整理。

在性别属性上，女性群体占比63.2%，男性群体占比36.8%，说明调查时女性群体配合度较高。

在月收入属性上，2000元及其以下的群体占比54.6%，这个与年龄群体的分布相匹配；2001～5000元的群体占比23.7%，5001～10000元的群体占比14.8%，10000元以上的群体占比7.0%，说明高收入群体在此次调查中占比较小。

在学历属性上，大学生群体占比80.8%，高中生群体占比17.3%，研究生群体占比1.1%，初中生及以下群体占比0.8%，说明在调查时配合度较高的群体也主要集中在大学生群体中，低学历人群占比很少。

在居住地属性上，洪山区占比最高达到49.6%，这跟大学生群体居住区域相匹配；其他各区域都有不同情况占比，也尽可能地做到在武汉市中心城区和新城区找寻样本的目的；其他类别占比6.7%，主要分布在湖北省内的宜昌、孝感、襄樊等地。

## 二、变量数据的描述性统计分析

### (一)武汉老字号品牌购买情况

1. 武汉老字号品牌整体购买情况

在本次调查中，选取了12家老字号品牌进行调研，主要包括武汉的餐饮老字号、食品老字号、医药老字号，以及部分有代表性的、在武汉销售的湖北老字号(如赵李桥茶)。调查数据显示(见表4.32，图4.7)，蔡林记是所有12家武汉老字号品牌中的高频购买品牌，占总样本量的54%。分行业情况来看，在餐饮品牌中，蔡林记最具竞争优势，其次是五芳斋，购买情况占比为15.9%，排第三位的是老通城，占比2.5%，余下的老大兴园、老万成、谈炎记、老谦记等品牌购买情况相近；在糕点品牌中，曹祥泰和汪玉霞也呈现出不同占比，前者比后者高1.7%；在医药品牌中，叶开泰占比2.5%，比马应龙高1.7%。

表4.32　**最常购买的老字号品牌情况**

| | Frequency | Percent | Valid Percent | Cumulative Percent |
|---|---|---|---|---|
| 蔡林记 | 194 | 54.0 | 54.0 | 54.0 |
| 五芳斋 | 57 | 15.9 | 15.9 | 69.9 |
| 叶开泰 | 9 | 2.5 | 2.5 | 72.4 |
| 曹祥泰 | 15 | 4.2 | 4.2 | 76.6 |
| 老谦记 | 4 | 1.1 | 1.1 | 77.7 |
| 谈炎记 | 4 | 1.1 | 1.1 | 78.8 |
| 老万成 | 5 | 1.4 | 1.4 | 80.2 |
| 老通城 | 9 | 2.5 | 2.5 | 82.7 |
| 赵李桥茶 | 6 | 1.7 | 1.7 | 84.4 |
| 老大兴园 | 6 | 1.7 | 1.7 | 86.1 |
| 汪玉霞 | 9 | 2.5 | 2.5 | 88.6 |
| 马应龙 | 3 | .8 | .8 | 89.4 |
| 其他 | 38 | 10.6 | 10.6 | 100.0 |
| Total | 359 | 100.0 | 100.0 | |

资料来源：作者整理。

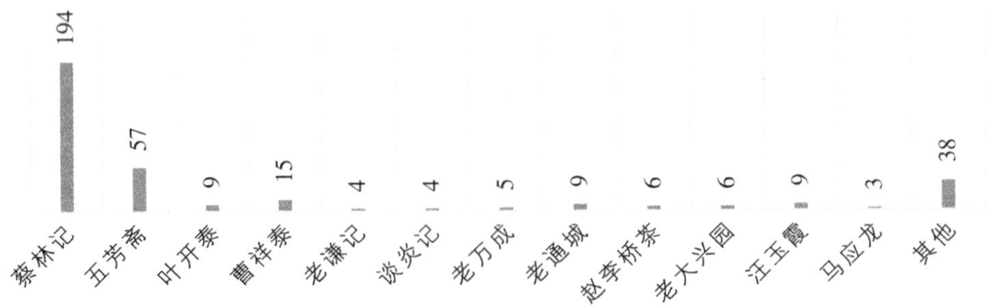


图 4.7　老字号品牌购买情况条形图(单位：家)

资料来源：作者整理。

2. 不同年龄人群武汉老字号品牌购买情况

在各年龄段中(见表 4.33)，选择最多的就是蔡林记品牌，其中，在“60 后”人群中，有 33.3%的人选择购买蔡林记；在“70 后”人群中，有 51.9%的人选择购买蔡林记；在“80 后”人群中，有 53.5%的人选择购买蔡林记；在“90 后”人群中，有 59.6%的人选择购买蔡林记；在“00 后”人群中，有 56.3%的人选择购买蔡林记。

表 4.33　　不同年龄人群购买老字号品牌情况

| | 年龄 | | | | | | | | | |
|---|---|---|---|---|---|---|---|---|---|---|
| | “60 后”及以上人群 | | “70 后” | | “80 后” | | “90 后” | | “00 后”及以后人群 | |
| | Count | Column N% | Count | Column N% | Count | Column N% | Count | Column N% | Count | Column N% |
| 蔡林记 | 11 | 33.3% | 14 | 51.9% | 23 | 53.5% | 34 | 59.6% | 112 | 56.3% |
| 五芳斋 | 8 | 24.2% | 7 | 25.9% | 7 | 16.3% | 7 | 12.3% | 28 | 14.1% |
| 叶开泰 | 3 | 9.1% | 1 | 3.7% | 0 | 0.0% | 2 | 3.5% | 3 | 1.5% |
| 曹祥泰 | 4 | 12.1% | 1 | 3.7% | 3 | 7.0% | 2 | 3.5% | 5 | 2.5% |
| 老谦记 | 1 | 3.0% | 0 | 0.0% | 0 | 0.0% | 2 | 3.5% | 1 | 0.5% |
| 谈炎记 | 0 | 0.0% | 1 | 3.7% | 1 | 2.3% | 2 | 3.5% | 0 | 0.0% |
| 老万成 | 0 | 0.0% | 0 | 0.0% | 1 | 2.3% | 1 | 1.8% | 3 | 1.5% |

续表

| | 年龄 | | | | | | | | | |
|---|---|---|---|---|---|---|---|---|---|---|
| | "60后"及以上人群 | | "70后" | | "80后" | | "90后" | | "00后"及以后人群 | |
| | Count | Column N% | Count | Column N% | Count | Column N% | Count | Column N% | Count | Column N% |
| 老通城 | 0 | 0.0% | 0 | 0.0% | 3 | 7.0% | 1 | 1.8% | 5 | 2.5% |
| 赵李桥茶 | 0 | 0.0% | 2 | 7.4% | 0 | 0.0% | 2 | 3.5% | 2 | 1.0% |
| 老大兴园 | 0 | 0.0% | 0 | 0.0% | 1 | 2.3% | 0 | 0.0% | 5 | 2.5% |
| 汪玉霞 | 1 | 3.0% | 0 | 0.0% | 2 | 4.7% | 1 | 1.8% | 5 | 2.5% |
| 马应龙 | 2 | 6.1% | 0 | 0.0% | 0 | 0.0% | 1 | 1.8% | 0 | 0.0% |
| 其他 | 3 | 9.1% | 1 | 3.7% | 2 | 4.7% | 2 | 3.5% | 30 | 15.1% |

资料来源：作者整理。

(1)蔡林记不同年龄人群占比情况

"00后"人群比较偏爱蔡林记品牌，占总人群的58%，"90后"人群购买占比17%，"80后"人群购买占比12%，"70后"人群购买占比7%，"60后"及以上人群购买占比6%(见图4.8)。说明蔡林记品牌在青年人群中的识别度较高，购买偏好明显。

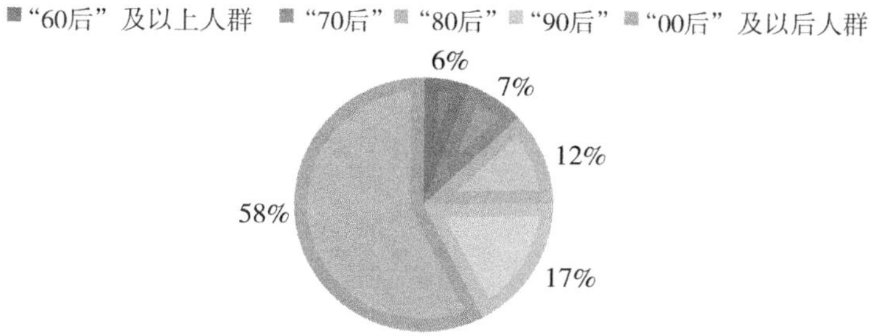


图4.8 不同年龄人群购买蔡林记情况

资料来源：作者整理。

(2)五芳斋不同年龄人群占比情况

"00后"人群在五芳斋品牌的购买情况最高，占比49%，"90后"人群购买占比12%，"80后"人群购买占比12%，"70后"人群购买占比13%，"60后"及以上人群购买占比 14%(见图 4.9)。与蔡林记相同的是，在年轻人群中五芳斋也具有较高的知名度，不同的是，其他年龄段人群对五芳斋的购买情况相近，尤其是中老人群体在该群体的购买偏好比较明显。

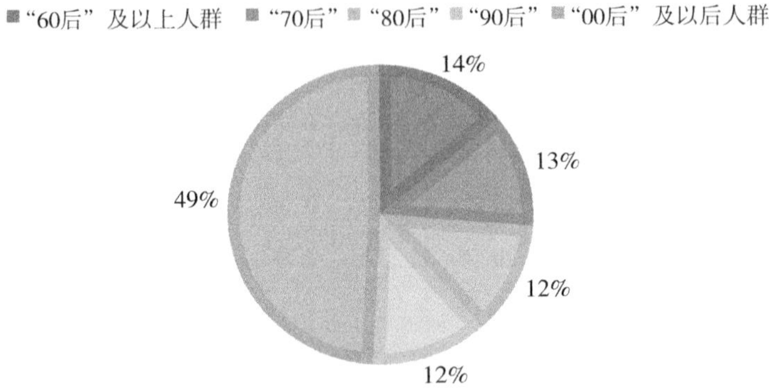


图 4.9　不同年龄人群购买五芳斋情况

资料来源：作者整理。

(3)曹祥泰不同年龄人群占比情况

"00 后"人群在曹祥泰品牌的购买情况最高，占比 33%，"90 后"人群购买占比 13%，"80 后"人群购买占比 20%，"70 后"人群购买占比 7%，"60 后"及以上人群购买占比 27%(见图 4.10)。说明曹祥泰在当下年轻群体和老龄群体中都具有一定的影响力。

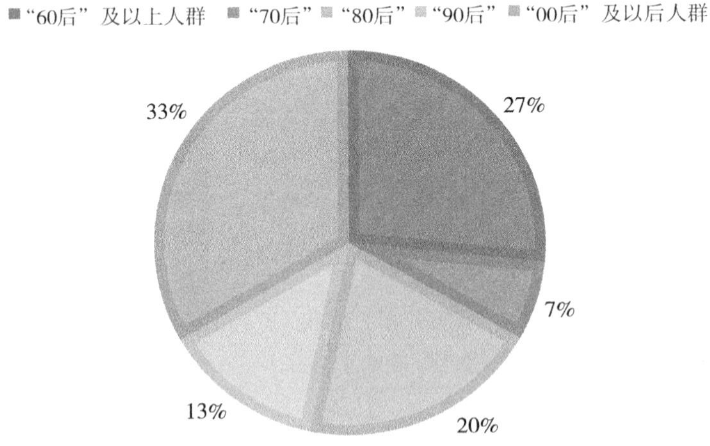


图 4.10　不同年龄人群购买曹祥泰情况

资料来源：作者整理。

(4)汪玉霞不同年龄人群占比情况

“00后”人群在汪玉霞品牌的购买情况最高，占比56%，“90后”人群购买占比11%，“80后”人群购买占比22%，“60后”及以上人群购买占比11%(见图4.11)。与曹祥泰品牌不同的是，汪玉霞购买人群中，年轻人占据多数，说明该品牌对青年群体更有吸引力。

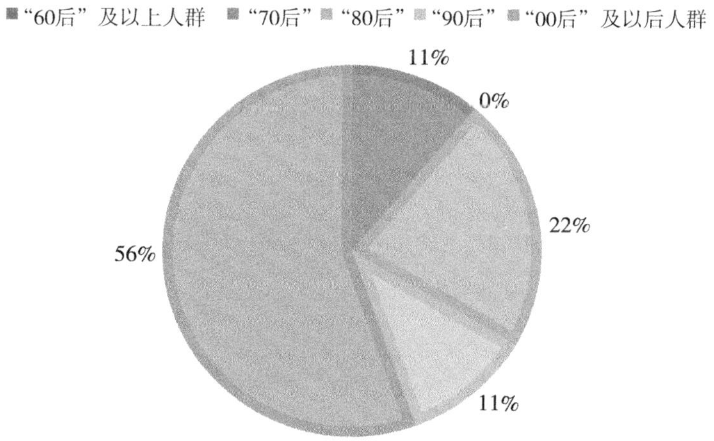


图4.11　不同年龄人群购买汪玉霞情况

资料来源：作者整理。

(5)叶开泰不同年龄人群占比情况

“60后”人群在叶开泰品牌的购买情况最高，占比34%，其次是“00后”人群占比33%，“90后”人群占比22%，“70后”占比11%(见图4.12)，说明不同于餐饮行业，医药行业因其特殊性，老龄消费群体在多数；但另一方面，数据也表明在新生代消费群体中对叶开泰品牌的认知度也较高。

(6)马应龙不同年龄人群占比情况

马应龙品牌的购买主要集中在“60后”人群和“90后”人群中，其中，“60后”人群占比最高(见图4.13)。与叶开泰相同的是，马应龙也是在老龄人群中知名度较高，不同的是其他年龄层次的影响力上没有叶开泰明显。

3. 不同性别人群武汉老字号品牌购买情况

在蔡林记和五芳斋品牌的购买上，男女差异明显(见表4.34、图4.14)。男

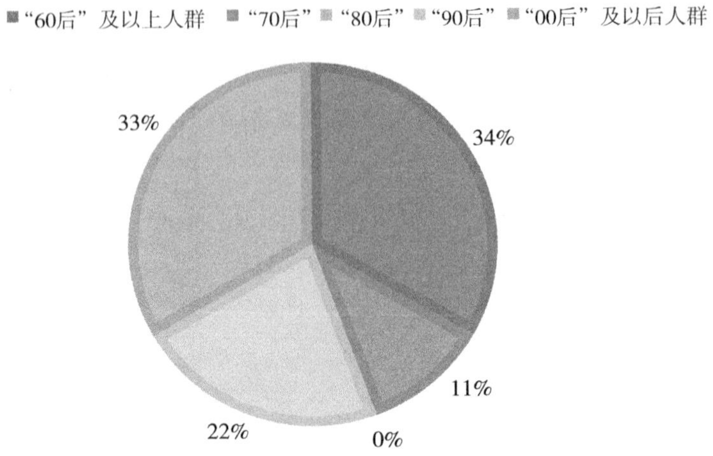


图 4.12　不同年龄人群购买叶开泰情况

资料来源：作者整理。

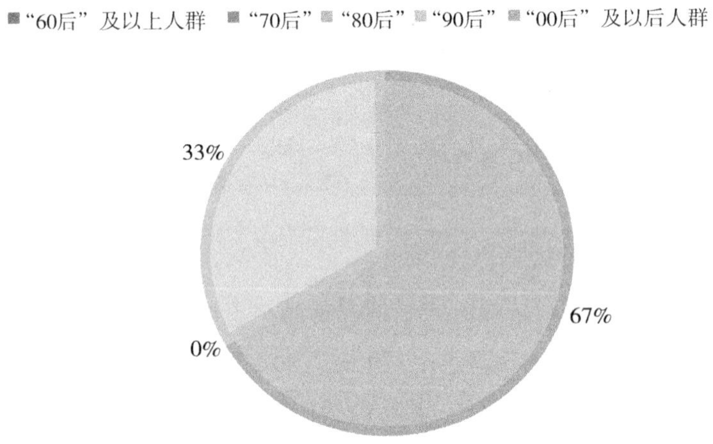


图 4.13　不同年龄人群购买马应龙情况

资料来源：作者整理。

性群体中 65.2%的人主要集中在蔡林记品牌的购买上，其他品牌零星分布；而女性群体中，47.6%的人购买蔡林记品牌，21.6%的人购买五芳斋品牌，余下品牌零星分布。说明男性群体主要偏爱蔡林记品牌，而女性群体偏爱蔡林记和五芳斋两种品牌。

表 4.34 老字号品牌 * 性别 **Crosstabulation**

| | | 性别 | | Total |
|---|---|---|---|---|
| | | 男性 | 女性 | |
| 蔡林记 | Count | 86 | 108 | 194 |
| | % within 性别 | 65.2% | 47.6% | 54.0% |
| | % of Total | 24.0% | 30.1% | 54.0% |
| 五芳斋 | Count | 8 | 49 | 57 |
| | % within 性别 | 6.1% | 21.6% | 15.9% |
| | % of Total | 2.2% | 13.6% | 15.9% |
| 叶开泰 | Count | 4 | 5 | 9 |
| | % within 性别 | 3.0% | 2.2% | 2.5% |
| | % of Total | 1.1% | 1.4% | 2.5% |
| 曹祥泰 | Count | 7 | 8 | 15 |
| | % within 性别 | 5.3% | 3.5% | 4.2% |
| | % of Total | 1.9% | 2.2% | 4.2% |
| 老谦记 | Count | 1 | 3 | 4 |
| | % within 性别 | 0.8% | 1.3% | 1.1% |
| | % of Total | 0.3% | 0.8% | 1.1% |
| 谈炎记 | Count | 2 | 2 | 4 |
| | % within 性别 | 1.5% | 0.9% | 1.1% |
| | % of Total | 0.6% | 0.6% | 1.1% |
| 老万成 | Count | 0 | 5 | 5 |
| | % within 性别 | 0.0% | 2.2% | 1.4% |
| | % of Total | 0.0% | 1.4% | 1.4% |
| 老通城 | Count | 2 | 7 | 9 |
| | % within 性别 | 1.5% | 3.1% | 2.5% |
| | % of Total | 0.6% | 1.9% | 2.5% |
| 赵李桥茶 | Count | 3 | 3 | 6 |
| | % within 性别 | 2.3% | 1.3% | 1.7% |
| | % of Total | 0.8% | 0.8% | 1.7% |
| 老大兴园 | Count | 4 | 2 | 6 |
| | % within 性别 | 3.0% | 0.9% | 1.7% |
| | % of Total | 1.1% | 0.6% | 1.7% |

续表

| | | 性别 | | Total |
|---|---|---|---|---|
| | | 男性 | 女性 | |
| 汪玉霞 | Count | 1 | 8 | 9 |
| | % within 性别 | 0.8% | 3.5% | 2.5% |
| | % of Total | 0.3% | 2.2% | 2.5% |
| 马应龙 | Count | 1 | 2 | 3 |
| | % within 性别 | 0.8% | 0.9% | 0.8% |
| | % of Total | 0.3% | 0.6% | 0.8% |
| 其他 | Count | 13 | 25 | 38 |
| | % within 性别 | 9.8% | 11.0% | 10.6% |
| | % of Total | 3.6% | 7.0% | 10.6% |
| Total | Count | 132 | 227 | 359 |
| | % within 性别 | 100.0% | 100.0% | 100.0% |
| | % of Total | 36.8% | 63.2% | 100.0% |

资料来源：作者整理。

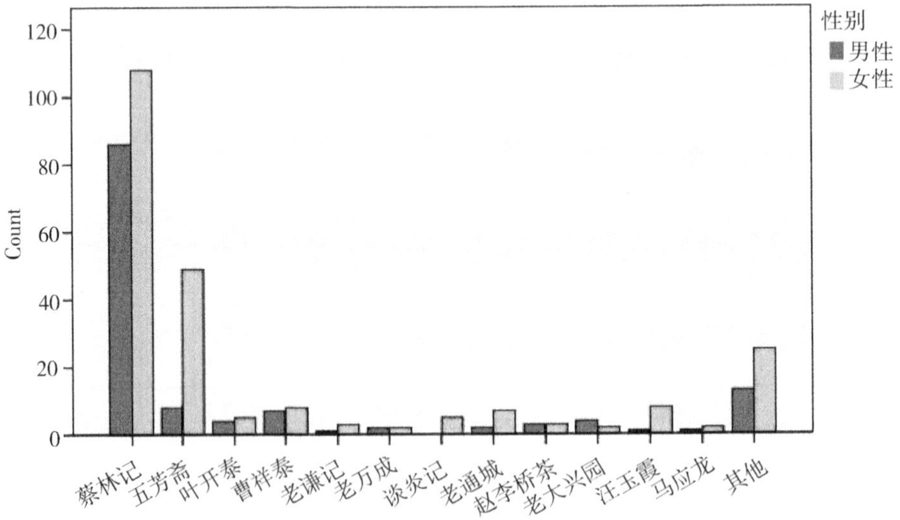


图 4.14　不同性别人群购买老字号品牌情况

资料来源：作者整理。

4. 不同收入人群武汉老字号品牌购买情况

收入在2000元及其以下的人群中，60.2%的人最常购买的武汉老字号品牌是蔡林记，14.3%的人选择购买12种品牌以外品牌，11.7%的人选择购买五芳斋；收入在2001~5000元的人群种，44.7%的人最常购买的武汉老字号品牌是蔡林记，27.1%人选择购买五芳斋；收入在5001~10000元人群中，45.3%的人最常购买的武汉老字号品牌是蔡林记，17.0%的人选择五芳斋，9.4%的选择曹祥泰；收入在10000元以上的人群中，56%的人最常购买的武汉老字号品牌是蔡林记，五芳斋和老通城分别有8%的人群购买(见表4.35)。

表4.35 **不同收入人群购买老字号品牌情况**

| | 月收入 | | | | | | | |
|---|---|---|---|---|---|---|---|---|
| | 2000元及其以下 | | 2001~5000元 | | 5001~10000元 | | 10000元以上 | |
| | Count | Column N% | Count | Column N% | Count | Column N% | Count | Column N% |
| 蔡林记 | 118 | 60.2% | 38 | 44.7% | 24 | 45.3% | 14 | 56.0% |
| 五芳斋 | 23 | 11.7% | 23 | 27.1% | 9 | 17.0% | 2 | 8.0% |
| 叶开泰 | 5 | 2.6% | 3 | 3.5% | 0 | 0.0% | 1 | 4.0% |
| 曹祥泰 | 5 | 2.6% | 4 | 4.7% | 5 | 9.4% | 1 | 4.0% |
| 老谦记 | 2 | 1.0% | 1 | 1.2% | 1 | 1.9% | 0 | 0.0% |
| 谈炎记 | 1 | 0.5% | 2 | 2.4% | 1 | 1.9% | 0 | 0.0% |
| 老万成 | 3 | 1.5% | 0 | 0.0% | 1 | 1.9% | 1 | 4.0% |
| 老通城 | 3 | 1.5% | 2 | 2.4% | 2 | 3.8% | 2 | 8.0% |
| 赵李桥茶 | 1 | 0.5% | 3 | 3.5% | 2 | 3.8% | 0 | 0.0% |
| 老大兴园 | 3 | 1.5% | 1 | 1.2% | 1 | 1.9% | 1 | 4.0% |
| 汪玉霞 | 4 | 2.0% | 2 | 2.4% | 3 | 5.7% | 0 | 0.0% |
| 马应龙 | 0 | 0.0% | 2 | 2.4% | 1 | 1.9% | 0 | 0.0% |
| 其他 | 28 | 14.3% | 4 | 4.7% | 3 | 5.7% | 3 | 12.0% |

资料来源：作者整理。

在餐饮行业，蔡林记和五芳斋的购买频度最高，因此将两种品牌进行图形对比发现(见图4.15)，蔡林记在低收入群体中购买偏好明显，五芳斋在2000元以下和2001～5000元收入群体中具有同等程度的购买偏好。而其他餐饮品牌的对比也显示(见图4.16)，低收入群体在老谦记、老万成、老通城、老大兴园等品牌上购买偏好明显，2001～5000元收入群体更偏爱谈炎记品牌，2001～5000元、5001～10000元、10000元以上群体在老谦记、老万成、老通城、老大兴园品牌上的偏好相同，10000元以上收入群体中没有人购买谈炎记。

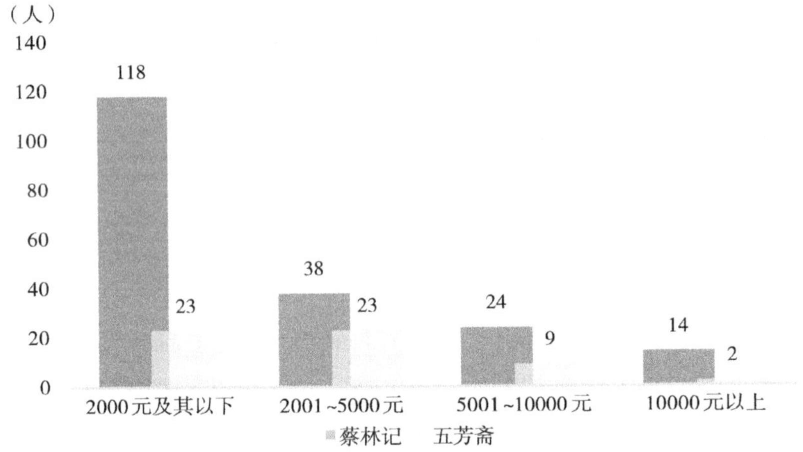


图4.15　不同收入群体蔡林记和五芳斋购买情况

资料来源：作者整理。

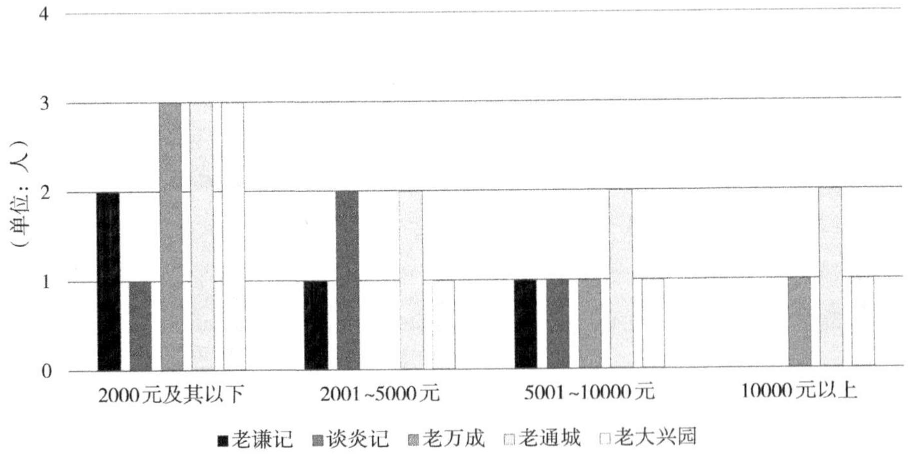


图4.16　不同收入群体其他餐饮品牌购买情况

资料来源：作者整理。

在汪玉霞品牌的购买群体中，2000 元及其以下收入人群占多数，10000 元以上收入人群中没有人购买汪玉霞品牌；在曹祥泰品牌的购买群体中，2000 元及其以下人群和 5001～10000 元人群占比相同，不同收入的群体都有购买曹祥泰。说明在不同收入的人群中两种糕点品牌购买情况有差异，曹祥泰品牌的偏好更明显（见图 4.17）。

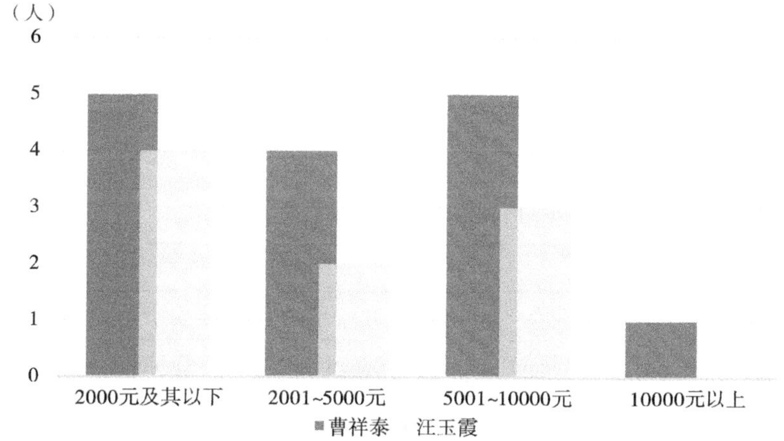


图 4.17　不同收入群体两种糕点品牌购买情况

资料来源：作者整理。

叶开泰的购买人群主要集中在 2000 元及其以下收入群体、2001～5000 元收入群体、10000 元以上收入群体；马应龙主要集中在 2001～5000 元收入群体和 5001～10000 元收入群体，说明中等收入群体更偏好马应龙品牌（见图 4.18）。

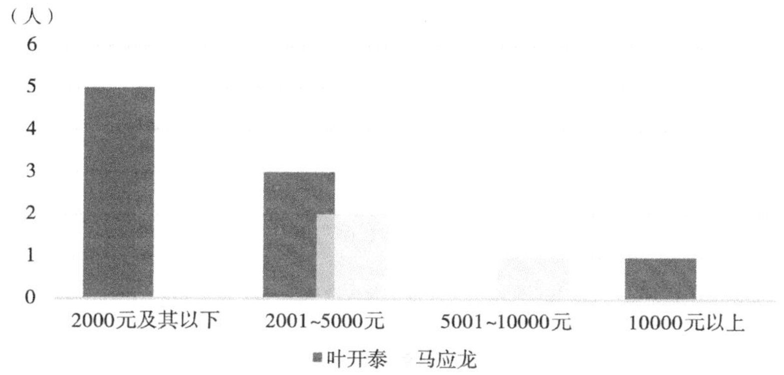


图 4.18　不同收入群体两种医药品牌购买情况

资料来源：作者整理。

5. 不同学历背景人群武汉老字号品牌购买情况

通过对不同学历背景人群进行武汉老字号品牌购买情况的数据分析可知(见表4.36)：初中生及以下群体最常购买的武汉老字号品牌是五芳斋和马应龙，分别占比66.7%和33.3%(见图4.19)；高中生群体最常购买的武汉老字号品牌是蔡林记、五芳斋和曹祥泰，分别占比45.2%、21.0%和9.7%(见图4.20)；大学生群体最常购买的武汉老字号品牌是蔡林记、五芳斋和其他，分别占比56.9%、14.5%和11.4%(见图4.21)；研究生及以上群体最常购买的武汉老字号品牌是汪玉霞、蔡林记和曹祥泰，分别占比50.0%、25.0%和25.0%(见图4.22)。

表4.36　　　　**不同学历背景人群购买老字号品牌情况**

| | 学历 | | | | | | | |
|---|---|---|---|---|---|---|---|---|
| | 初中生及以下 | | 高中生 | | 大学生 | | 研究生及以上 | |
| | Count | Column N% | Count | Column N% | Count | Column N% | Count | Column N% |
| 蔡林记 | 0 | 0.0% | 28 | 45.2% | 165 | 56.9% | 1 | 25.0% |
| 五芳斋 | 2 | 66.7% | 13 | 21.0% | 42 | 14.5% | 0 | 0.0% |
| 叶开泰 | 0 | 0.0% | 4 | 6.5% | 5 | 1.7% | 0 | 0.0% |
| 曹祥泰 | 0 | 0.0% | 6 | 9.7% | 8 | 2.8% | 1 | 25.0% |
| 老谦记 | 0 | 0.0% | 1 | 1.6% | 3 | 1.0% | 0 | 0.0% |
| 谈炎记 | 0 | 0.0% | 1 | 1.6% | 3 | 1.0% | 0 | 0.0% |
| 老万成 | 0 | 0.0% | 0 | 0.0% | 5 | 1.7% | 0 | 0.0% |
| 老通城 | 0 | 0.0% | 1 | 1.6% | 8 | 2.8% | 0 | 0.0% |
| 赵李桥茶 | 0 | 0.0% | 2 | 3.2% | 4 | 1.4% | 0 | 0.0% |
| 老大兴园 | 0 | 0.0% | 0 | 0.0% | 6 | 2.1% | 0 | 0.0% |
| 汪玉霞 | 0 | 0.0% | 1 | 1.6% | 6 | 2.1% | 2 | 50.0% |
| 马应龙 | 1 | 33.3% | 0 | 0.0% | 2 | 0.7% | 0 | 0.0% |
| 其他 | 0 | 0.0% | 5 | 8.1% | 33 | 11.4% | 0 | 0.0% |

资料来源：作者整理。

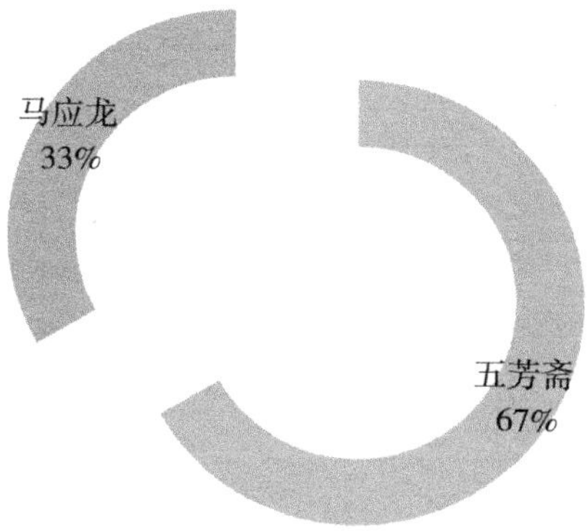


图 4.19 初中生及以下群体购买老字号品牌情况

资料来源：作者整理。

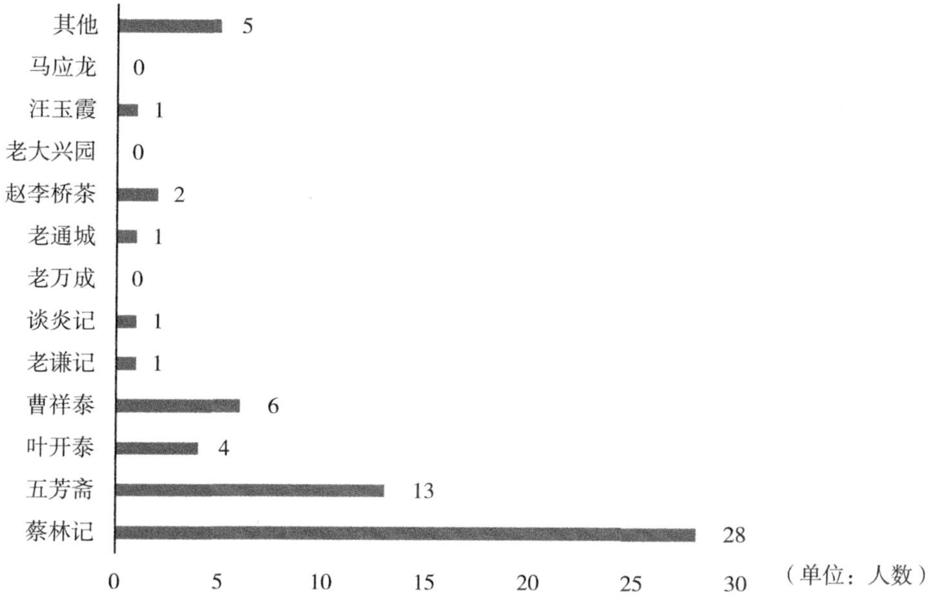


图 4.20 高中生群体购买老字号品牌情况

资料来源：作者整理。

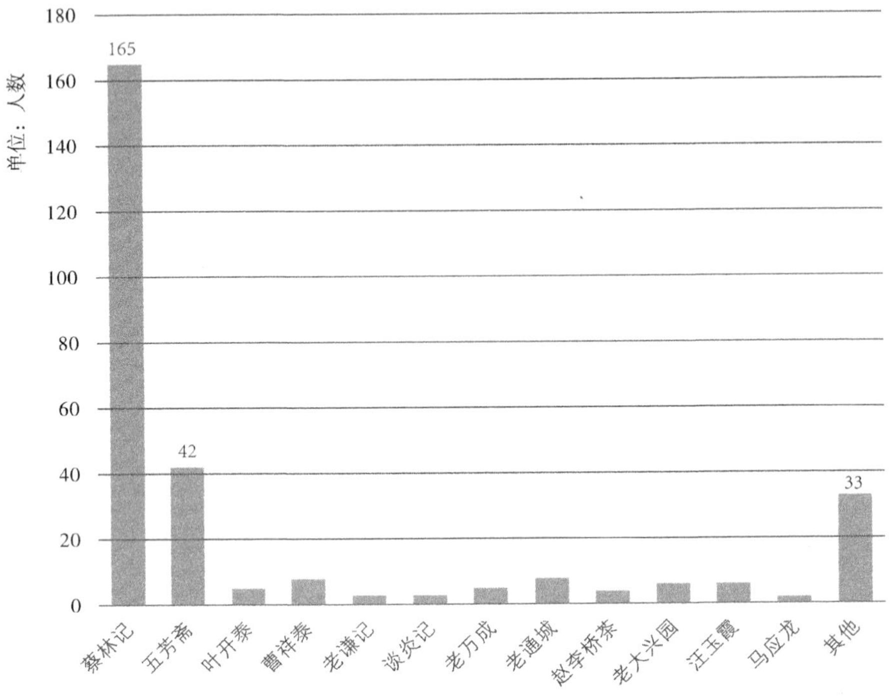


图 4.21 大学生群体购买老字号品牌情况

资料来源：作者整理。

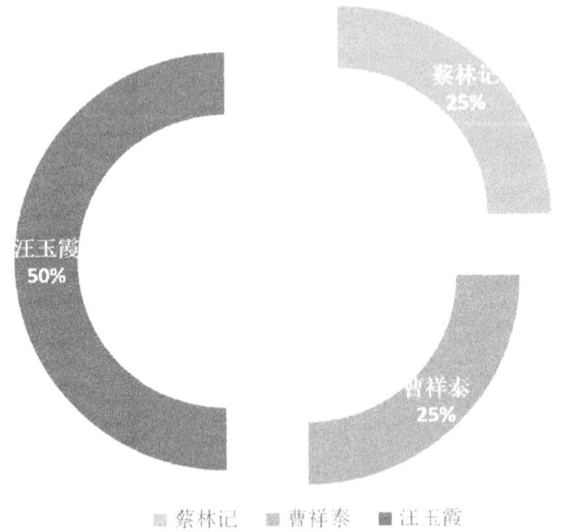


图 4.22 研究生及以上群体购买老字号品牌情况

资料来源：作者整理。

## (二)武汉老字号品牌消费情况

1. 武汉老字号品牌单次消费金额统计

由表 4. 37 可知，被调查人群中，购买武汉老字号品牌的最高消费金额频数最多的集中在 100 元及以下区间，占比 67. 7%；101～500 元区间占比 25. 9%，501～1000 元区间占比 4. 2%，1000 元以上占比 2. 2%。说明消费群体在武汉老字号品牌的支出金额偏低，这也与武汉老字号品牌集中在餐饮和食品行业相匹配，附加值并不高。

表 4. 37　　购买武汉老字号品牌的单次最高消费金额

| | | Frequency | Percent | Valid Percent | Cumulative Percent |
|---|---|---|---|---|---|
| Valid | 100 元及以下 | 243 | 67. 7 | 67. 7 | 67. 7 |
| | 101～500 元 | 93 | 25. 9 | 25. 9 | 93. 6 |
| | 501～1000 元 | 15 | 4. 2 | 4. 2 | 97. 8 |
| | 1000 元以上 | 8 | 2. 2 | 2. 2 | 100. 0 |
| | Total | 359 | 100. 0 | 100. 0 | |

资料来源：作者整理。

2. 不同武汉老字号品牌消费情况

蔡林记品牌中 84. 5%的顾客最高消费金额在 100 元及以下，叶开泰品牌中 88. 9%的顾客最高消费金额在 100 元及以下，老谦记品牌中 75. 0%的顾客最高消费金额在 100 元及以下，老大兴园品牌中 66. 7%的顾客最高消费金额在 100 元及以下，马应龙品牌中 66. 7%的顾客最高消费金额在 100 元及以下，说明在受访人群中，这些品牌的客单价水平较低。而五芳斋品牌中 52. 6%的顾客最高消费金额在 101～500 元，谈炎记品牌中 50. 0%的顾客最高消费金额在 101～500 元，汪玉霞品牌中 77. 8%的顾客最高消费金额在 101～500 元，说明在受访人群中，这些品牌客单价明显提升(见表 4. 38，图 4. 23)。

表 4.38　　**不同老字号品牌单次最高金额消费情况**

| | 购买老字号品牌的单次最高消费金额 | | | | | | | |
|---|---|---|---|---|---|---|---|---|
| | 100 元及以下 | | 101~500 元 | | 501~1000 元 | | 1000 元以上 | |
| | Count | Row N% | Count | Row N% | Count | Row N% | Count | Row N% |
| 蔡林记 | 164 | 84.5% | 25 | 12.9% | 2 | 1.0% | 3 | 1.5% |
| 五芳斋 | 24 | 42.1% | 30 | 52.6% | 3 | 5.3% | 0 | 0.0% |
| 叶开泰 | 8 | 88.9% | 1 | 11.1% | 0 | 0.0% | 0 | 0.0% |
| 曹祥泰 | 6 | 40.0% | 7 | 46.7% | 1 | 6.7% | 1 | 6.7% |
| 老谦记 | 3 | 75.0% | 1 | 25.0% | 0 | 0.0% | 0 | 0.0% |
| 谈炎记 | 0 | 0.0% | 2 | 50.0% | 1 | 25.0% | 1 | 25.0% |
| 老万成 | 2 | 40.0% | 1 | 20.0% | 2 | 40.0% | 0 | 0.0% |
| 老通城 | 4 | 44.4% | 4 | 44.4% | 1 | 11.1% | 0 | 0.0% |
| 赵李桥茶 | 1 | 16.7% | 4 | 66.7% | 1 | 16.7% | 0 | 0.0% |
| 老大兴园 | 4 | 66.7% | 1 | 16.7% | 0 | 0.0% | 1 | 16.7% |
| 汪玉霞 | 2 | 22.2% | 7 | 77.8% | 0 | 0.0% | 0 | 0.0% |
| 马应龙 | 2 | 66.7% | 0 | 0.0% | 1 | 33.3% | 0 | 0.0% |
| 其他 | 23 | 60.5% | 10 | 26.3% | 3 | 7.9% | 2 | 5.3% |

资料来源：作者整理。

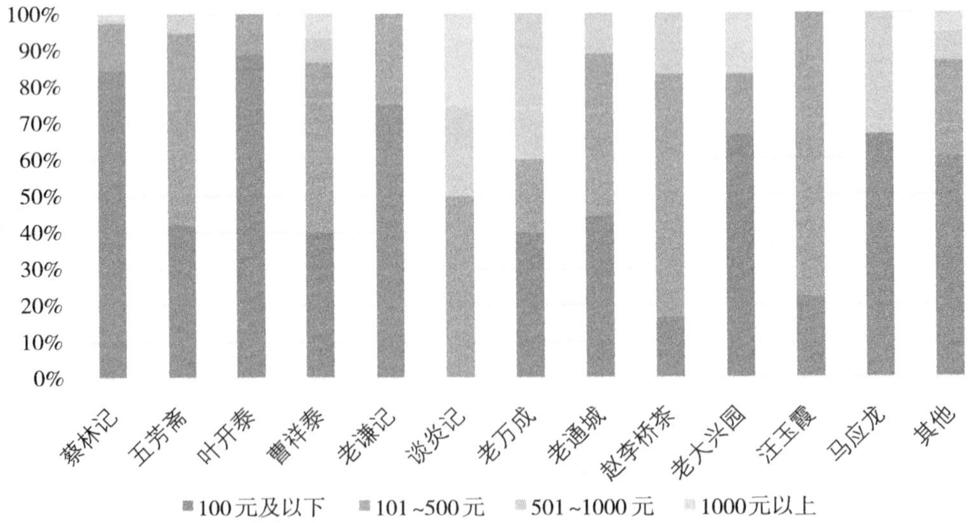


图 4.23　不同老字号品牌单次最高金额消费情况

资料来源：作者整理。

3. 不同人群武汉老字号品牌消费情况

通过对不同背景信息人群武汉老字号品牌消费情况的数据分析，可得到如表4.39所示的数据。

表4.39 不同背景信息人群武汉老字号品牌消费情况

| | | 购买武汉老字号品牌的单次最高消费金额 | | | | | | | |
|---|---|---|---|---|---|---|---|---|---|
| | | 100元及以下 | | 101~500元 | | 501~1000元 | | 1000元以上 | |
| | | Count | Row N% | Count | Row N% | Count | Row N% | Count | Row N% |
| 年龄 | “60后”及以上人群 | 22 | 66.7% | 8 | 24.2% | 1 | 3.0% | 2 | 6.1% |
| | “70后” | 12 | 44.4% | 12 | 44.4% | 2 | 7.4% | 1 | 3.7% |
| | “80后” | 23 | 53.5% | 18 | 41.9% | 2 | 4.7% | 0 | 0.0% |
| | “90后” | 37 | 64.9% | 14 | 24.6% | 4 | 7.0% | 2 | 3.5% |
| | “00后”及以后人群 | 149 | 74.9% | 41 | 20.6% | 6 | 3.0% | 3 | 1.5% |
| 性别 | 男性 | 91 | 68.9% | 31 | 23.5% | 4 | 3.0% | 6 | 4.5% |
| | 女性 | 152 | 67.0% | 62 | 27.3% | 11 | 4.8% | 2 | 0.9% |
| 学历 | 初中生及以下 | 1 | 33.3% | 2 | 66.7% | 0 | 0.0% | 0 | 0.0% |
| | 高中生 | 38 | 61.3% | 19 | 30.6% | 3 | 4.8% | 2 | 3.2% |
| | 大学生 | 204 | 70.3% | 69 | 23.8% | 12 | 4.1% | 5 | 1.7% |
| | 研究生及以上 | 0 | 0.0% | 3 | 75.0% | 0 | 0.0% | 1 | 25.0% |
| 月收入 | 2000元及其以下 | 155 | 79.1% | 36 | 18.4% | 4 | 2.0% | 1 | 0.5% |
| | 2001~5000元 | 54 | 63.5% | 29 | 34.1% | 2 | 2.4% | 0 | 0.0% |
| | 5001~10000元 | 22 | 41.5% | 23 | 43.4% | 6 | 11.3% | 2 | 3.8% |
| | 10000元以上 | 12 | 48.0% | 5 | 20.0% | 3 | 12.0% | 5 | 20.0% |

资料来源：作者整理。

在受访人群中，除“70后”人群外，其他年龄段人群的武汉老字号品牌单次最高消费金额超过50%的占比全部集中在100元及以下(图4.24)。

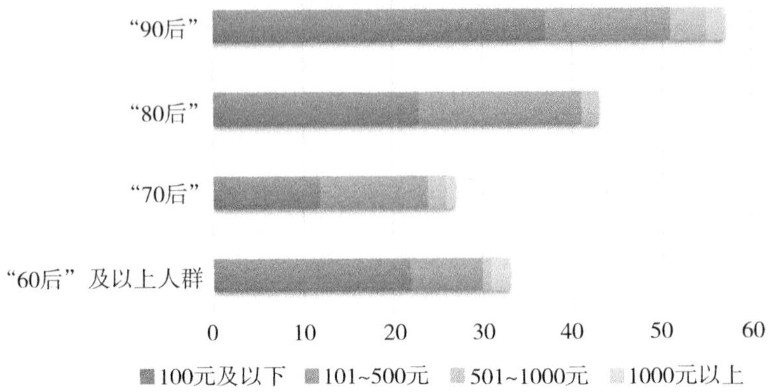


图 4.24　不同年龄人群武汉老字号品牌消费情况

资料来源：作者整理。

无论是男性还是女性群体，超过 60%的人群单次最高金额消费在武汉老字号品牌上都没有超过 100 元(见图 4.25)。

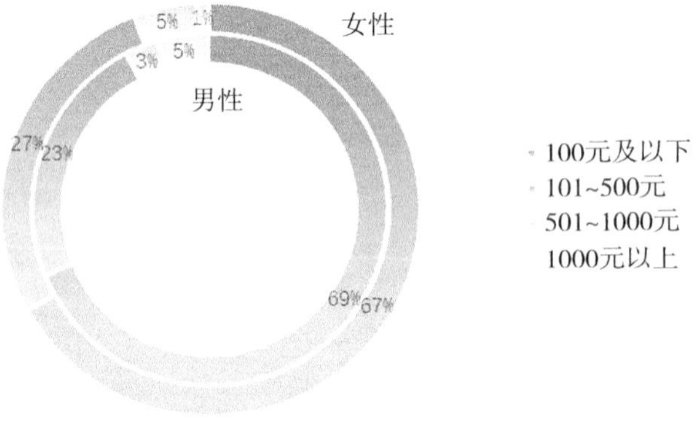


图 4.25　不同性别人群武汉老字号品牌消费情况

资料来源：作者整理。

接受调查基数最多的大学生群体中有超过 70%的消费者，在武汉老字号品牌的单次最高金额消费上都没有超过 100 元(见图 4.26)。

不同收入人群里占比最高的消费金额是 100 元及以下，说明不论收入高低在武汉老字号品牌上的花费并不高(见图 4.27)。

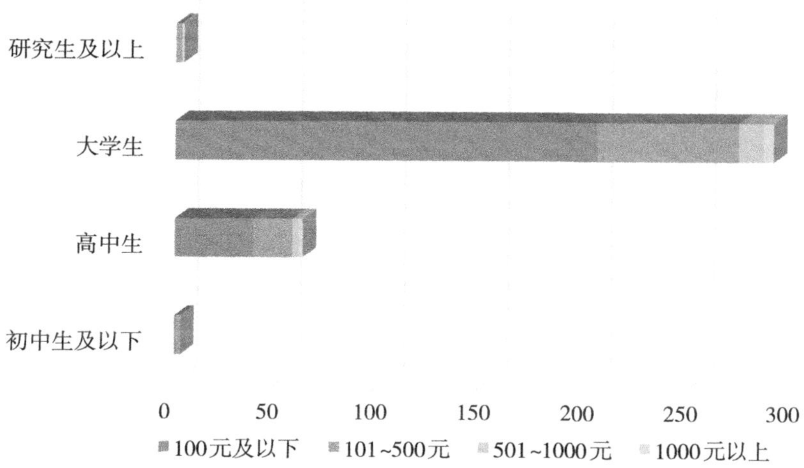


图 4.26 不同学历人群武汉老字号品牌消费情况

资料来源：作者整理。

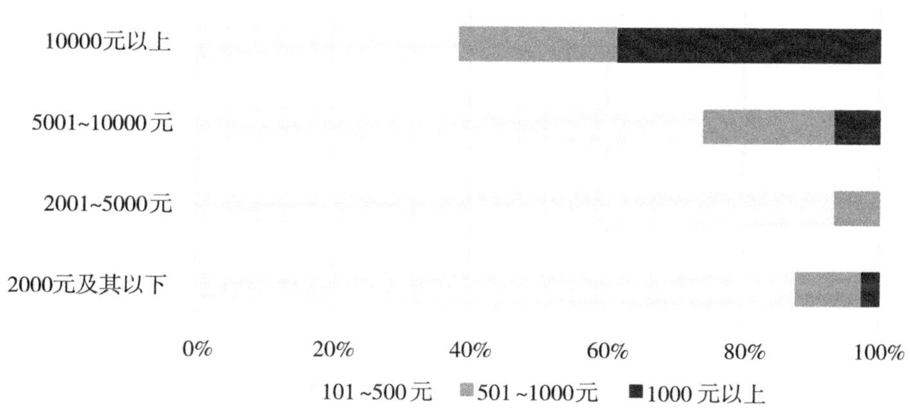


图 4.27 不同收入人群武汉老字号品牌消费情况

资料来源：作者整理。

## (三)武汉老字号品牌形象评价情况

武汉老字号品牌形象评价参与样本共计359份，样本均值为3.325分，中位数为3分，众数为1分，说明受访对象对武汉老字号品牌形象的认同程度整体处于中低水平，且认可度较低的人群占多数(见表4.40)。

表 4.40　　　　　　　　　　**WTHBI Statistics**

| | | WTHBI1 | WTHBI2 | WTHBI3 | WTBNI4 | WTHBI5 | WTHBI6 | WTHBI |
|---|---|---|---|---|---|---|---|---|
| *N* | Valid | 359 | 359 | 359 | 359 | 359 | 359 | 359 |
| | Missing | 0 | 0 | 0 | 0 | 0 | 0 | 0 |
| Mean | | 3.390 | 3.270 | 3.250 | 3.250 | 3.200 | 3.580 | 3.325 |
| Median | | 3 | 3 | 3 | 3 | 3 | 4 | 3 |
| Mode | | 4 | 1 | 1 | 3 | 1 | 4 | 1 |
| Std. Deviation | | 1.814 | 1.868 | 1.843 | 1.815 | 1.863 | 1.754 | 1.696 |
| Percentiles | 25 | 2 | 2 | 2 | 2 | 2 | 2 | 2 |
| | 50 | 3 | 3 | 3 | 3 | 3 | 4 | 3 |
| | 75 | 4 | 4 | 4 | 4 | 4 | 5 | 4 |

资料来源：作者整理。

从不同年龄层次来看，“80后”人群对武汉老字号品牌形象评分较其他人群高一些，均值达到4.17分，多数“00后”人群对武汉老字号品牌形象认可度处于中等水平。从不同性别群体来看，女性对武汉老字号品牌形象的认可度高于男性群体，均值达到3.41分，众数为4分。从不同月收入群体来看，高收入人群对武汉老字号品牌认可度高于其他收入群体，且高收入中的多数人非常认可武汉老字号品牌形象，众数为7分。从不同学历层次来看，初中生及以下群体对武汉老字号品牌形象认可度较高，研究生及以上学历群体认可度也高于整体平均水平（见表4.41）。

表 4.41　　　　**不同背景信息人群对武汉老字号品牌形象维度的评价**

| | | WTHBI | | |
|---|---|---|---|---|
| | | Mean | Median | Mode |
| 年龄 | “60后”及以上人群 | 3.73 | 3.67 | 1.00 |
| | “70后” | 3.22 | 2.33 | 1.00 |
| | “80后” | 4.17 | 4.33 | 1.00 |
| | “90后” | 3.57 | 3.33 | 1.00 |
| | “00后”及以后人群 | 3.02 | 3.00 | 4.00 |

续表

| | | WTHBI | | |
|---|---|---|---|---|
| | | Mean | Median | Mode |
| 性别 | 男性 | 3. 18 | 3. 00 | 1. 00 |
| | 女性 | 3. 41 | 3. 17 | 4. 00 |
| 月收入 | 2000 元及其以下 | 3. 11 | 3. 00 | 4. 00 |
| | 2001～5000 元 | 3. 28 | 3. 00 | 1. 00 |
| | 5001～10000 元 | 3. 77 | 3. 67 | 7. 00 |
| | 10000 元以上 | 4. 26 | 4. 17 | 7. 00 |
| 学历 | 初中生及以下 | 6. 22 | 6. 00 | 5. 67 |
| | 高中生 | 3. 55 | 3. 25 | 1. 00 |
| | 大学生 | 3. 22 | 3. 00 | 1. 00 |
| | 研究生及以上 | 5. 63 | 5. 33 | 4. 83 |

资料来源：作者整理。

### (四)消费者怀旧评价情况

消费者怀旧评价参与样本共计 359 份，样本均值为 3. 464 分，中位数为 3. 4，众数为 4 分，说明受访对象对武汉老字号品牌具有怀旧倾向，且大部分人对怀旧情感的认可度处于中等水平(见表 4. 42)。

表 4. 42　　**CN Statistics**

| | | CN1 | CN2 | CN3 | CN4 | CN5 | CN |
|---|---|---|---|---|---|---|---|
| *N* | Valid | 359 | 359 | 359 | 359 | 359 | 359 |
| | Missing | 0 | 0 | 0 | 0 | 0 | 0 |
| Mean | | 3. 382 | 3. 281 | 3. 362 | 3. 496 | 3. 799 | 3. 464 |
| Median | | 3. 000 | 3. 000 | 3. 000 | 4. 000 | 4. 000 | 3. 400 |
| Mode | | 4 | 3 | 4 | 4 | 4 | 4 |
| Std. Deviation | | 1. 763 | 1. 794 | 1. 828 | 1. 868 | 1. 841 | 1. 656 |
| Percentiles | 25 | 2 | 2 | 2 | 2 | 2 | 2 |
| | 50 | 3 | 3 | 3 | 4 | 4 | 3 |
| | 75 | 4 | 4 | 4 | 5 | 5 | 4 |

资料来源：作者整理。

从不同年龄层次来看，“80后”人群消费者怀旧倾向较其他人群高一些，均值达到4.08分，多数“00后”人群也具有消费者怀旧倾向。从不同性别群体来看，女性的消费者怀旧倾向高于男性群体，均值达到3.63分，众数为4分。从不同月收入群体来看，高收入人群消费者怀旧倾向高于其他收入群体，且中高收入人群中的多数具有明显的消费者怀旧倾向，众数为7分。从不同学历层次来看，初中生及以下群体消费者怀旧倾向明显，研究生及以上学历群体怀旧倾向也高于整体平均水平(见表4.43)。

表4.43　　**不同背景信息人群对消费者怀旧维度的评价**

| | | CN | | |
|---|---|---|---|---|
| | | Mean | Median | Mode |
| 年龄 | “60后”及以上人群 | 3.81 | 3.80 | 1.00 |
| | “70后” | 3.30 | 2.80 | 2.00 |
| | “80后” | 4.08 | 4.00 | 1.00 |
| | “90后” | 3.64 | 3.60 | 3.00 |
| | “00后”及以后人群 | 3.25 | 3.20 | 4.00 |
| 性别 | 男性 | 3.18 | 3.00 | 1.00 |
| | 女性 | 3.63 | 3.60 | 4.00 |
| 月收入 | 2000元及其以下 | 3.31 | 3.40 | 4.00 |
| | 2001~5000元 | 3.34 | 3.00 | 1.00 |
| | 5001~10000元 | 3.85 | 3.60 | 7.00 |
| | 10000元以上 | 4.28 | 4.40 | 7.00 |
| 学历 | 初中生及以下 | 6.20 | 6.00 | 5.80 |
| | 高中生 | 3.62 | 3.70 | 1.00 |
| | 大学生 | 3.37 | 3.40 | 4.00 |
| | 研究生及以上 | 5.50 | 5.20 | 4.60 |

资料来源：作者整理。

### (五)武汉老字号品牌创新评价情况

武汉老字号品牌创新评价参与样本共计 359 份，样本均值为 3.596 分，中位数为 3.8，众数为 4 分，说明受访对象对武汉老字号品牌创新性的认可程度处于中低水平，大部分人对武汉老字号品牌的创新性认可度处于中等水平(见表 4.44)。

表 4.44　**WTHBIN Statistics**

| | | WTHBIN1 | WTHBIN2 | WTHBIN3 | WTHBIN4 | WTHBIN5 | WTHBIN |
|---|---|---|---|---|---|---|---|
| *N* | Valid | 359 | 359 | 359 | 359 | 359 | 359 |
| | Missing | 0 | 0 | 0 | 0 | 0 | 0 |
| Mean | | 3.669 | 3.705 | 3.552 | 3.538 | 3.518 | 3.596 |
| Median | | 4.000 | 4.000 | 4.000 | 4.000 | 4.000 | 3.800 |
| Mode | | 4 | 4 | 4 | 4 | 4 | 4 |
| Std. Deviation | | 1.779 | 1.788 | 1.703 | 1.709 | 1.709 | 1.631 |
| Percentiles | 25 | 2 | 2 | 2 | 2 | 2 | 2 |
| | 50 | 4 | 4 | 4 | 4 | 4 | 4 |
| | 75 | 5 | 5 | 4 | 5 | 4 | 5 |

资料来源：作者整理。

从不同年龄层次来看，“60 后”及以上人群对武汉老字号品牌创新程度的认可较其他人群高一些，均值达到 3.90 分，多数“00 后”人群也比较认可武汉老字号品牌创新性。从不同性别群体来看，女性对武汉老字号品牌创新性的认可程度高于男性群体，均值达到 3.79 分，众数为 4 分。从不同月收入群体来看，高收入人群对武汉老字号品牌创新性的认可程度高于其他收入群体，且中高收入人群中的多数评价较高，众数为 7 分。从不同学历层次来看，初中生及以下群体较认可武汉老字号品牌创新性，研究生及以上学历群体的认可程度也高于整体平均水平(见表 4.45)。

表 4.45　　不同背景信息人群对老字号品牌创新维度的评价

| | | WTHBIN | | |
|---|---|---|---|---|
| | | Mean | Median | Mode |
| 年龄 | “60 后”及以上人群 | 3.90 | 3.80 | 1.00 |
| | “70 后” | 3.47 | 3.60 | 2.00 |
| | “80 后” | 3.89 | 3.80 | 1.00 |
| | “90 后” | 3.72 | 3.80 | 4.00 |
| | “00 后”及以后人群 | 3.46 | 3.60 | 4.00 |
| 性别 | 男性 | 3.26 | 3.10 | 1.00 |
| | 女性 | 3.79 | 4.00 | 4.00 |
| 月收入 | 2000 元及其以下 | 3.43 | 3.60 | 4.00 |
| | 2001~5000 元 | 3.52 | 3.60 | 1.00 |
| | 5001~10000 元 | 3.92 | 3.80 | 7.00 |
| | 10000 元以上 | 4.45 | 4.60 | 7.00 |
| 学历 | 初中生及以下 | 6.00 | 6.00 | 5.60 |
| | 高中生 | 3.70 | 3.70 | 2.00 |
| | 大学生 | 3.53 | 3.70 | 4.00 |
| | 研究生及以上 | 4.95 | 4.70 | 3.40 |

资料来源：作者整理。

### (六)突发事件影响情况

突发事件影响评价参与样本共计 359 份，样本均值为 3.662 分，中位数为 3.8 分，众数为 4 分，说明受访对象对突发事件的影响持基本认可态度，大部分人对突发事件影响的认可度处于中等水平(见表 4.46)。

从不同年龄层次来看，“60 后”及以上人群对突发事件影响的认可较其他人群高一些，均值达到 4.07 分，大部分人群对突发事件带来的影响认可度较低。从不同性别群体来看，女性对突发事件的影响认可程度高于男性群体，均值达到 3.88 分，众数为 4 分。从不同月收入群体来看，高收入人群对突发事件的影响认可程度高于其他收入群体，且中高收入人群中的多数认可度较高，众数为 7 分。

从不同学历层次来看，初中生及以下群体较认可突发事件带来的影响，研究生及以上学历群体的认可程度也高于整体平均水平(见表 4.47)。

表 4.46 **EM Statistics**

| | | EM | EM | EM | EM | EM | EM |
|---|---|---|---|---|---|---|---|
| *N* | Valid | 359 | 359 | 359 | 359 | 359 | 359 |
| | Missing | 0 | 0 | 0 | 0 | 0 | 0 |
| Mean | | 3.677 | 3.710 | 3.596 | 3.613 | 3.713 | 3.662 |
| Median | | 4.000 | 4.000 | 4.000 | 4.000 | 4.000 | 3.800 |
| Mode | | 4 | 4 | 4 | 4 | 4 | 4 |
| Std. Deviation | | 1.785 | 1.825 | 1.814 | 1.782 | 1.748 | 1.626 |
| Percentiles | 25 | 2 | 2 | 2 | 2 | 3 | 3 |
| | 50 | 4 | 4 | 4 | 4 | 4 | 4 |
| | 75 | 5 | 5 | 5 | 5 | 5 | 5 |

资料来源：作者整理。

表 4.47 **不同背景信息人群对突发事件影响的态度**

| | | EM | | |
|---|---|---|---|---|
| | | Mean | Median | Mode |
| 年龄 | “60 后”及以上人群 | 4.07 | 4.20 | 1.00 |
| | “70 后” | 3.67 | 3.80 | 2.80 |
| | “80 后” | 3.89 | 4.00 | 1.00 |
| | “90 后” | 3.71 | 3.80 | 1.00 |
| | “00 后”及以后人群 | 3.53 | 3.80 | 4.00 |
| 性别 | 男性 | 3.29 | 3.40 | 1.00 |
| | 女性 | 3.88 | 4.00 | 4.00 |
| 月收入 | 2000 元及其以下 | 3.57 | 3.80 | 4.00 |
| | 2001~5000 元 | 3.51 | 3.60 | 1.00 |
| | 5001~10000 元 | 3.99 | 4.00 | 7.00 |
| | 10000 元以上 | 4.22 | 4.20 | 7.00 |

续表

| | | EM | | |
|---|---|---|---|---|
| | | Mean | Median | Mode |
| 学历 | 初中生及以下 | 6.13 | 6.00 | 6.00 |
| | 高中生 | 3.91 | 4.00 | 1.00 |
| | 大学生 | 3.56 | 3.80 | 4.00 |
| | 研究生及以上 | 5.20 | 4.80 | 4.20 |

资料来源：作者整理。

### (七)武汉老字号品牌购买意愿情况

武汉老字号品牌购买意愿态度评价参与样本共计359份，样本均值为3.479分，中位数为3.33分，众数为4分，说明受访对象武汉老字号品牌购买意愿处于中低水平，大部分人的武汉老字号品牌购买意愿处于中等水平(见表4.48)。

表4.48　**WTHBPI Statistics**

| | | WTHBPI1 | WTHBPI2 | WTHBPI3 | WTHBPI |
|---|---|---|---|---|---|
| *N* | Valid | 359 | 359 | 359 | 359 |
| | Missing | 0 | 0 | 0 | 0 |
| Mean | | 3.504 | 3.474 | 3.460 | 3.479 |
| Median | | 3.000 | 3.000 | 3.000 | 3.333 |
| Mode | | 4 | 3 | 4 | 4 |
| Std. Deviation | | 1.811 | 1.821 | 1.827 | 1.745 |
| Percentiles | 25 | 2 | 2 | 2 | 2 |
| | 50 | 3 | 3 | 3 | 3 |
| | 75 | 5 | 5 | 5 | 4 |

资料来源：作者整理。

从不同年龄层次来看，“80后”人群武汉老字号品牌购买意愿比其他人群高一些，均值达到4.02分，“00后”中的多数人群武汉老字号品牌的购买意愿处于中等水平。从不同性别群体来看，女性的武汉老字号品牌购买意愿高于男性群体，均值达到 3. 63 分，众数为 4 分。从不同月收入群体来看，高收入人群的武汉老字号品牌购买意愿高于其他收入群体，且高收入人群中的多数意愿强烈，众数为 7 分。从不同学历层次来看，初中生及以下群体武汉老字号品牌购买意愿较强烈，研究生及以上学历群体的购买意愿也高于整体平均水平(见表 4. 49)。

表 4. 49　　不同背景信息人群的武汉老字号品牌购买意愿

| | | WTHBPI | | |
|---|---|---|---|---|
| | | Mean | Median | Mode |
| 年龄 | “60 后”及以上人群 | 3. 87 | 4. 00 | 1. 00 |
| | “70 后” | 3. 30 | 3. 00 | 1. 00 |
| | “80 后” | 4. 02 | 4. 00 | 3. 00 |
| | “90 后” | 3. 60 | 3. 67 | 1. 00 |
| | “00 后”及以后人群 | 3. 29 | 3. 33 | 4. 00 |
| 性别 | 男性 | 3. 22 | 3. 00 | 1. 00 |
| | 女性 | 3. 63 | 3. 67 | 4. 00 |
| 月收入 | 2000 元及其以下 | 3. 35 | 3. 50 | 4. 00 |
| | 2001～5000 元 | 3. 40 | 3. 00 | 1. 00 |
| | 5001～10000 元 | 3. 75 | 3. 67 | 3. 00 |
| | 10000 元以上 | 4. 17 | 4. 00 | 7. 00 |
| 学历 | 初中生及以下 | 6. 56 | 6. 67 | 6. 00 |
| | 高中生 | 3. 59 | 4. 00 | 1. 00 |
| | 大学生 | 3. 40 | 3. 33 | 4. 00 |
| | 研究生及以上 | 5. 25 | 5. 00 | 4. 00 |

资料来源：作者整理。

## 三、信度和效度检验

### (一)信度检验

利用回收的 359 份有效数据检验量表的信度情况。问卷共计 24 个测试题目，总量表的 Cronbach's Alpha 系数为 0.988(见表 4.50)，按照 Cronbach's Alpha 系数的信度判别标准，大于 0.90，问卷整体达到测试题目十分可信程度。

表 4.50　**Reliability Statistics**

| Cronbach's Alpha | Cronbach's Alpha Based on Standardized Items | N of Items |
|---|---|---|
| .988 | .988 | 24 |

资料来源：作者整理。

各变量量表的信度检验结果如表 4.51 所示，从表中可知，武汉老字号品牌形象(WTHBI)量表的 Cronbach's Alpha 系数为 0.968，6 个测试题项的 CITC 值分别为 0.870、0.916、0.927、0.923、0.924、0.816；消费者怀旧(CN)量表的 Cronbach's Alpha 系数为 0.948，5 个测试题项的 CITC 值分别为 0.861、0.896、0.909、0.892、0.737；武汉老字号品牌创新(WTHBIN)量表的 Cronbach's Alpha 系数为 0.966，5 个测试题项的 CITC 值分别为 0.890、0.874、0.929、0.917、0.907；突发事件(EM)量表的 Cronbach's Alpha 系数为 0.947，5 个测试题项的 CITC 值分别为 0.848、0.776、0.874、0.903、0.874；武汉老字号品牌购买意愿(WTHBPI)量表的 Cronbach's Alpha 系数为 0.956，3 个测试题项的 CITC 值分别为 0.913、0.913、0.897。综合 Cronbach's Alpha 系数和 CITC 值的判定标准，发现各量表数据指标均通过检测，表明各变量量表的内部一致性良好，各计量要素设计可靠程度高，信度良好。

### (二)效度检验

#### 1. 表面效度和内容效度检验

这两种效度检验主要依赖于研究人员的主观检测。在设计问卷时，就已经对表面效度进行了基本判断，测试题目测量了主要内容。内容效度是测量项目对有关内容或行为范围取样的适当性检测，主要审查问卷逻辑上是否成立。本研究调研问卷种各量表的编制都是在相关文献理论的基础上构建起来，经过了问卷预调研和修改完善工作，因此，本研究所设计的问卷中量表应该具备了达到标准的内容效度。

表 4.51 量表信度检验

| Construct | Item | Corrected Item-Total Correlation | Cronbach's Alpha if Item Deleted | Cronbach's Alpha | Cronbach's Alpha Based on Standardized Items |
|---|---|---|---|---|---|
| WTHBI | WTHBI1 | .870 | .964 | .968 | .968 |
| | WTHBI2 | .916 | .960 | | |
| | WTHBI3 | .927 | .959 | | |
| | WTHBI4 | .923 | .959 | | |
| | WTHBI5 | .924 | .959 | | |
| | WTHBI6 | .816 | .970 | | |
| CN | CN1 | .861 | .936 | .948 | .948 |
| | CN2 | .896 | .929 | | |
| | CN3 | .909 | .927 | | |
| | CN4 | .892 | .930 | | |
| | CN5 | .737 | .957 | | |
| WTHBIN | WTHBIN 1 | .890 | .960 | .966 | .966 |
| | WTHBIN 2 | .874 | .963 | | |
| | WTHBIN 3 | .929 | .954 | | |
| | WTHBIN 4 | .917 | .956 | | |
| | WTHBIN 5 | .907 | .957 | | |
| EM | EM 1 | .848 | .935 | .947 | .947 |
| | EM 2 | .776 | .948 | | |
| | EM 3 | .874 | .931 | | |
| | EM 4 | .903 | .926 | | |
| | EM 5 | .874 | .931 | | |
| WTHBPI | WTHBPI 1 | .913 | .932 | .956 | .956 |
| | WTHBPI 2 | .913 | .932 | | |
| | WTHBPI 3 | .897 | .944 | | |

资料来源：作者整理。

2. 架构效度检验

主要用来反映实际要测量的理论结构程度的指标，包括收敛效度和区分效度两种检测方法。本研究在进行正式调研问卷的效度检测时，首先应用 SPSS 23.0 软件进行 KMO 检验，判定其是否可以进行因子分析。

(1) KMO 和 Bartlett 球形检验

为了检测正式调研的数据是否适合进行因子分析，应用 KMO 和 Bartlett 球形检验法来进行，选用 SPSS 23.0 软件进行运算获得总量表和各量表的 KMO 值和 Bartlett 球形检验统计值如表 4.52 所示。

表 4.52　**总量表 KMO and Bartlett's Test**

| Kaiser-Meyer-Olkin Measure of Sampling Adequacy. | | .975 |
|---|---|---|
| Bartlett's Test of Sphericity | Approx. Chi-Square | 13748.626 |
| | df | 276 |
| | Sig. | .000 |

资料来源：作者整理。

由表 4.53 可知，正式调研的中间卷各量表的最小值为 0.777，均高于 0.7 的判定标准，所有量表的 Bartlett 球形检验统计值均显著，由此可判断样本可以进行因子分析。

表 4.53　**各量表 KMO and Bartlett's Test**

| Construct | Kaiser-Meyer-Olkin Measure of Sampling Adequacy. | Bartlett's Test of SphericityApprox. Chi-Square | df | Sig. |
|---|---|---|---|---|
| WTHBI | .928 | 2827.673 | 15 | .000 |
| CN | .890 | 1921.963 | 10 | .000 |
| WTHBIN | .905 | 2291.600 | 10 | .000 |
| EM | .901 | 1767.487 | 10 | .000 |
| WTHBPI | .777 | 1152.902 | 3 | .000 |

资料来源：作者整理。

(2)收敛效度检验

本研究在进行武汉老字号品牌消费者购买行为分析时，为了能更清楚和明确老字号品牌形象、消费者怀旧、老字号品牌创新、突发事件和武汉老字号品牌购买意愿等各变量之间的关联情况，使用结构方程模型来进行验证性因子分析(CFA)，进而判定量表的收敛效度。

收敛效度分析结果是测量模型检验中非常重要的指标，主要包括 CR 值(组成信度)、AVE 值(平均方差抽取量)等测量指标。其中 CR 值是指 Composite Reliability，反映的是所有测量项目信度的组合，Hair(1997)、Fornell 和 Larcker(1981)研究认为 CR 值应该大于 0.70。AVE 值是指 Average of variance extracted，用来计算潜变量对测量变量解释能力的平均值，反映了变量对整体题目的平均解释能力，即收敛效度，AVE 值越大，说明构面具有越高的收敛效度。Fornell 和 Larcker(1981)建议 AVE 值应该大于 0.50，0.36~0.50 为可接受标准。

本研究运用 AMOS 23.0 软件对测量模型进行了验证式因子分析，结果如表 4.54 所示：武汉老字号品牌形象(WTHBI)、消费者怀旧(CN)、武汉老字号品牌创新(WTHBIN)、突发事件(EM)、武汉老字号品牌购买意愿(WTHBPI)的 CR 值分别为 0.968、0.950、0.966、0.948、0.956，所有指标均大于 0.70，说明构面的内部一致性良好。武汉老字号品牌形象(WTHBI)、消费者怀旧(CN)、武汉老字号品牌创新(WTHBIN)、突发事件(EM)、武汉老字号品牌购买意愿(WTHBPI)的 AVE 值分别为 0.835、0.792、0.852、0.785、0.879，所有指标均大于 0.50，表明本研究的测量模型具有较好的收敛效度。

表 4.54 收敛效度检验

| Construct | Item | Unstd | S. E. | *z*-value | *P* | Std. | SMC | CR | AVE |
|---|---|---|---|---|---|---|---|---|---|
| WTHBI | WTHBI1 | 1.000 | | | | .877 | .769 | .968 | .835 |
| | WTHBI2 | 1.098 | .039 | 27.842 | *** | .934 | .872 | | |
| | WTHBI3 | 1.105 | .038 | 29.313 | *** | .953 | .908 | | |
| | WTHBI4 | 1.077 | .038 | 28.525 | *** | .943 | .889 | | |
| | WTHBI5 | 1.108 | .039 | 28.715 | *** | .946 | .895 | | |
| | WTHBI6 | .906 | .043 | 21.045 | *** | .821 | .674 | | |

续表

| Construct | Item | Unstd | S. E. | *z*-value | *P* | Std. | SMC | CR | AVE |
|---|---|---|---|---|---|---|---|---|---|
| CN | CN1 | 1.000 | | | | .897 | .805 | .950 | .792 |
| | CN2 | 1.067 | .036 | 29.864 | *** | .940 | .884 | | |
| | CN3 | 1.095 | .036 | 30.514 | *** | .947 | .897 | | |
| | CN4 | 1.070 | .040 | 27.015 | *** | .905 | .819 | | |
| | CN5 | .867 | .048 | 18.067 | *** | .744 | .554 | | |
| WTHBIN | WTHBIN1 | 1.000 | | | | .899 | .808 | .966 | .852 |
| | WTHBIN2 | .985 | .039 | 25.554 | *** | .881 | .776 | | |
| | WTHBIN3 | 1.019 | .032 | 32.014 | *** | .956 | .914 | | |
| | WTHBIN4 | 1.008 | .033 | 30.675 | *** | .943 | .889 | | |
| | WTHBIN5 | .998 | .033 | 29.840 | *** | .934 | .872 | | |
| EM | EM1 | 1.000 | | | | .888 | .789 | .948 | .785 |
| | EM2 | .919 | .046 | 20.049 | *** | .798 | .637 | | |
| | EM3 | 1.036 | .040 | 26.065 | *** | .905 | .819 | | |
| | EM4 | 1.054 | .037 | 28.311 | *** | .937 | .878 | | |
| | EM5 | .987 | .039 | 25.359 | *** | .895 | .801 | | |
| WTHBPI | WTHBPI1 | 1.000 | | | | .945 | .893 | .956 | .879 |
| | WTHBPI2 | 1.006 | .028 | 35.845 | *** | .945 | .893 | | |
| | WTHBPI3 | .985 | .030 | 33.105 | *** | .923 | .852 | | |

注：*** 表示在 0.001 水平上显著。

资料来源：作者整理。

(3)区分效度检验

根据学者们的研究发现，当潜变量之间的相关系数绝对值小于其 AVE 值的平方根值时，即表明测量模型具有较好的区分效度。本研究数据显示(见表 4.55)，武汉老字号品牌形象(WTHBI)、武汉老字号品牌创新(WTHBIN)、消费者怀旧(CN)、突发事件(EM)、武汉老字号品牌购买意愿(WTHBPI)的 AVE 平方根值基本都大于其他构面的相关系数的绝对值，说明本研究的测量模型区分效度达到测试要求。

表 4.55　　区分效度检验

| Construct | AVE | WTHBPI | EM | WTHBIN | CN | WTHBI |
|---|---|---|---|---|---|---|
| WTHBPI | 0.879 | 0.938 | | | | |
| EM | 0.785 | 0.964 | 0.886 | | | |
| WTHBIN | 0.852 | 0.913 | 0.931 | 0.923 | | |
| CN | 0.792 | 0.953 | 0.906 | 0.909 | 0.890 | |
| WTHBI | 0.835 | 0.941 | 0.881 | 0.877 | 0.971 | 0.914 |

资料来源：作者整理。

## 四、模型检验

传统的回归分析是用一个模型描述一个因变量和一组自变量之间的线性关系，而在本研究中，多个指标变量之间的关系复杂、潜在因子之间也不相互独立，需要研究的是不可直接测量的潜变量之间的关系。而结构方程模型主要通过协方差矩阵完成模型建立，利用一定的统计手段，对复杂现象的理论模式进行处理，根据理论模式与实际数据关系的一致性程度，对理论模式做出评价，以达到对实际问题进行定量研究的目的。因此，本研究在进行分析时就应用结构方程模型来检验各变量之间的关系。

### (一)参数估计

在经典的基于线性回归模型中，参数估计通常依据模型的残差平方和达到最小，能够达到这样效果的参数为合适的参数估计值，最小二乘估计就是这方面应用的典型。但是在结构方程模型中，结构模型是用来研究各潜变量之间的结构关系，并没有可以直接观测的数值，因而也就无法得到潜变量的估计值，更无法得到潜变量的残差，所以传统线性回归的参数估计并不适用。结构方程模型研究结构，能够反映变量之间结构的最好统计特征值就是方差和协方差。因此，可以将残差平方和最小的思想转化，将样本观测值的协方差矩阵 S 替代总体变量之间的关系，如果模型定义正确，那么总体协方差矩阵与模型拟合协方差矩阵应该相等。如果将总计变量间的结构协方差矩阵用 $\Sigma$ 表示，样本观测值的协方差矩阵用 $S$ 表示，那么假

设模型得出的 $\Sigma(\theta)$ 与 $S$ 的接近程度可以用拟合函数表示，记为 $F(S, \Sigma(\theta))$，不同的估计方法，选用的拟合函数不同，得到的结果也不完全一样。

本研究在进行参数估计时选用最大似然估计法（Maximum likelihood），简称ML估计。从性质上看，ML估计是渐近无偏估计，在大样本情况下偏差很小，学者认为样本数量至少应大于200；ML估计是一致估计，在大样本情况下，与 $\theta$ 有显著偏差的可能性极小；ML估计是有效估计，在所有可能的无偏估计中，ML估计的渐近方差最小；ML值渐近服从正态分布，在大样本情况下，该值近似服从正态分布，因此可以对参数进行显著性检验；ML值不受量纲影响，一般情况下，当一个或多个指标的测量单位发生变化时，参数ML的值不变[237]。在本研究中，样本数量为359，大于200，属于大样本情况，因此符合研究标准。

### （二）参数检验

模型的参数检验包括合理性检验与显著性检验两方面。参数的合理性是指估计得到的参数有合理的实际意义，检验参数的合理性就是检验参数估计值是否恰当，包括几个方面：①参数的符号是否符合理论假设，即估计的方差、标准误差是否为正；②因子之间的关系是否与估计得到的参数相符合；③参数的取值范围是否合理，如没有互通的路径系数是否为0，相关关系是否在-1与1之间，标准化系数是否超过或太接近于1；④参数是否可以得到合理解释，比如参数与假设模型的关系有无矛盾等。如果出现不合理，就需要对模型进行修正[237]。参数的显著性检验类似于回归模型中参数的显著性检验，检验的统计量为C. R. 值，是参数估计值除以估计值的标准误差，C. R. 值的绝对值如果大于1.96，就可以认为模型回归系数在 $\alpha=0.05$ 的显著性水平下显著不为0，而概率P值在AMOS软件中如果低于0.001就会显示三个星号。

本研究应用AMOS 23.0软件对样本数据进行分析，得到参数估计结果如表4.56所示。

表4.56　　初始参数估计结果

| | | | Estimate | S. E. | C. R. | *P* |
|---|---|---|---|---|---|---|
| CN | ← | WTHBI | .728 | .048 | 15.146 | *** |

续表

| | | | Estimate | S. E. | C. R. | *P* |
|---|---|---|---|---|---|---|
| CN | ← | WTHBIN | . 182 | . 059 | 3. 101 | . 002 |
| CN | ← | EM | . 101 | . 060 | 1. 682 | . 093 |
| WTHBPI | ← | CN | . 255 | . 130 | 1. 959 | . 050 |
| WTHBPI | ← | WTHBI | . 269 | . 108 | 2. 482 | . 013 |
| WTHBPI | ← | EM | . 653 | . 069 | 9. 458 | *** |
| WTHBPI | ← | WTHBIN | -. 117 | . 067 | -1. 738 | . 082 |
| WTHBI1 | ← | WTHBI | 1. 000 | | | |
| WTHBI2 | ← | WTHBI | 1. 082 | . 038 | 28. 466 | *** |
| WTHBI3 | ← | WTHBI | 1. 085 | . 037 | 29. 680 | *** |
| WTHBI4 | ← | WTHBI | 1. 059 | . 037 | 28. 981 | *** |
| WTHBI5 | ← | WTHBI | 1. 098 | . 037 | 29. 775 | *** |
| WTHBI6 | ← | WTHBI | . 929 | . 040 | 23. 056 | *** |
| WTHBIN1 | ← | WTHBIN | 1. 000 | | | |
| WTHBIN2 | ← | WTHBIN | . 986 | . 038 | 25. 992 | *** |
| WTHBIN3 | ← | WTHBIN | 1. 008 | . 032 | 31. 663 | *** |
| WTHBIN4 | ← | WTHBIN | 1. 006 | . 032 | 31. 197 | *** |
| WTHBIN5 | ← | WTHBIN | 1. 000 | . 033 | 30. 606 | *** |
| EM1 | ← | EM | 1. 000 | | | |
| EM2 | ← | EM | . 875 | . 043 | 20. 122 | *** |
| EM3 | ← | EM | 1. 020 | . 035 | 29. 141 | *** |
| EM4 | ← | EM | 1. 011 | . 034 | 29. 893 | *** |
| EM5 | ← | EM | . 954 | . 036 | 26. 828 | *** |
| CN1 | ← | CN | 1. 000 | | | |
| CN2 | ← | CN | 1. 047 | . 031 | 33. 363 | *** |
| CN3 | ← | CN | 1. 055 | . 033 | 32. 121 | *** |
| CN4 | ← | CN | 1. 035 | . 037 | 28. 347 | *** |
| CN5 | ← | CN | . 841 | . 045 | 18. 511 | *** |
| WTHBPI1 | ← | WTHBPI | 1. 000 | | | |

续表

| | | | Estimate | S. E. | C. R. | *P* |
|---|---|---|---|---|---|---|
| WTHBPI2 | ← | WTHBPI | 1.011 | .027 | 37.029 | *** |
| WTHBPI3 | ← | WTHBPI | .998 | .029 | 34.607 | *** |

注：*** 表示在 0.001 水平上显著。

资料来源：作者整理。

由表 4.56 可知，出现了不显著的路径。因此，研究采取逐步剔除 P 值最大法，从小到大逐步删去不显著路径，最终删除路径系数不显著的“突发事件对消费者怀旧”“老字号品牌创新对武汉老字号品牌购买意愿”“老字号品牌形象对武汉老字号品牌购买意愿”三条关系路径，重新得到的参数估计结果如表 4.57 所示。

表 4.57　　武汉老字号品牌购买行为参数估计结果

| | | | Estimate | S. E. | C. R. | *P* |
|---|---|---|---|---|---|---|
| CN | ← | WTHBI | .778 | .046 | 16.906 | *** |
| CN | ← | WTHBIN | .234 | .039 | 6.073 | *** |
| WTHBPI | ← | CN | .496 | .048 | 10.239 | *** |
| WTHBPI | ← | EM | .563 | .049 | 11.407 | *** |
| WTHBI1 | ← | WTHBI | 1.000 | | | |
| WTHBI2 | ← | WTHBI | 1.084 | .038 | 28.441 | *** |
| WTHBI3 | ← | WTHBI | 1.085 | .037 | 29.577 | *** |
| WTHBI4 | ← | WTHBI | 1.061 | .037 | 28.974 | *** |
| WTHBI5 | ← | WTHBI | 1.097 | .037 | 29.650 | *** |
| WTHBI6 | ← | WTHBI | .930 | .040 | 23.046 | *** |
| WTHBIN1 | ← | WTHBIN | 1.000 | | | |
| WTHBIN2 | ← | WTHBIN | .986 | .038 | 26.028 | *** |
| WTHBIN3 | ← | WTHBIN | 1.008 | .032 | 31.672 | *** |
| WTHBIN4 | ← | WTHBIN | 1.006 | .032 | 31.157 | *** |
| WTHBIN5 | ← | WTHBIN | 1.000 | .033 | 30.634 | *** |
| EM1 | ← | EM | 1.000 | | | |

续表

| | | | Estimate | S. E. | C. R. | $P$ |
|---|---|---|---|---|---|---|
| EM2 | ← | EM | .878 | .044 | 20.103 | *** |
| EM3 | ← | EM | 1.025 | .035 | 29.172 | *** |
| EM4 | ← | EM | 1.016 | .034 | 29.915 | *** |
| EM5 | ← | EM | .954 | .036 | 26.537 | *** |
| CN1 | ← | CN | 1.000 | | | |
| CN2 | ← | CN | 1.046 | .031 | 33.593 | *** |
| CN3 | ← | CN | 1.052 | .033 | 32.138 | *** |
| CN4 | ← | CN | 1.032 | .036 | 28.286 | *** |
| CN5 | ← | CN | .834 | .046 | 18.314 | *** |
| WTHBPI1 | ← | WTHBPI | 1.000 | | | |
| WTHBPI2 | ← | WTHBPI | 1.009 | .027 | 36.789 | *** |
| WTHBPI3 | ← | WTHBPI | .999 | .029 | 34.765 | *** |

注：*** 表示在 0.001 水平上显著。

资料来源：作者整理。

由参数估计结果可知，所有因子载荷的 C. R. 值均大于 2，所有载荷系数在 0.001 的显著性水平下显著，说明武汉老字号品牌购买行为模型的估计效果较好。

由标准化系数数据可知(见表 4.58)，所有的载荷系数都为正，符合理论假定，标准化系数都没有超过或太接近 1 的情况。由方差估计数据可知(见表 4.59)，潜变量的方差和测量误差的方差估计值都大于 0。因此，可以认为武汉老字号品牌购买行为模型参数估计合理。

表 4.58　　**标准化系数**

| | | | Estimate |
|---|---|---|---|
| CN | ← | WTHBI | .771 |
| CN | ← | WTHBIN | .232 |
| WTHBPI | ← | CN | .472 |

续表

| | | | Estimate |
|---|---|---|---|
| WTHBPI | ← | EM | .537 |
| WTHBI1 | ← | WTHBI | .885 |
| WTHBI2 | ← | WTHBI | .931 |
| WTHBI3 | ← | WTHBI | .944 |
| WTHBI4 | ← | WTHBI | .937 |
| WTHBI5 | ← | WTHBI | .945 |
| WTHBI6 | ← | WTHBI | .851 |
| WTHBIN1 | ← | WTHBIN | .901 |
| WTHBIN2 | ← | WTHBIN | .884 |
| WTHBIN3 | ← | WTHBIN | .948 |
| WTHBIN4 | ← | WTHBIN | .943 |
| WTHBIN5 | ← | WTHBIN | .938 |
| EM1 | ← | EM | .909 |
| EM2 | ← | EM | .780 |
| EM3 | ← | EM | .917 |
| EM4 | ← | EM | .924 |
| EM5 | ← | EM | .885 |
| CN1 | ← | CN | .919 |
| CN2 | ← | CN | .944 |
| CN3 | ← | CN | .932 |
| CN4 | ← | CN | .894 |
| CN5 | ← | CN | .734 |
| WTHBPI1 | ← | WTHBPI | .940 |
| WTHBPI2 | ← | WTHBPI | .944 |
| WTHBPI3 | ← | WTHBPI | .931 |

注：*** 表示在 0.001 水平上显著。

资料来源：作者整理。

表 4.59　　　　**方差估计**

| | Estimate | S. E. | C. R. | *P* |
|---|---|---|---|---|
| WTHBI | 2.567 | .240 | 10.684 | *** |
| WTHBIN | 2.563 | .233 | 11.002 | *** |
| EM | 2.622 | .235 | 11.146 | *** |
| e25 | .101 | .019 | 5.286 | *** |
| e26 | .098 | .022 | 4.466 | *** |
| e1 | .713 | .058 | 12.383 | *** |
| e2 | .464 | .040 | 11.570 | *** |
| e3 | .366 | .033 | 11.072 | *** |
| e4 | .399 | .035 | 11.359 | *** |
| e5 | .368 | .033 | 11.033 | *** |
| e6 | .846 | .067 | 12.654 | *** |
| e7 | .595 | .050 | 11.883 | *** |
| e8 | .697 | .057 | 12.142 | *** |
| e9 | .291 | .028 | 10.244 | *** |
| e10 | .320 | .030 | 10.543 | *** |
| e11 | .349 | .032 | 10.807 | *** |
| e12 | .554 | .049 | 11.306 | *** |
| e13 | 1.298 | .102 | 12.706 | *** |
| e14 | .525 | .047 | 11.070 | *** |
| e15 | .461 | .043 | 10.790 | *** |
| e16 | .658 | .056 | 11.798 | *** |
| e17 | .484 | .041 | 11.736 | *** |
| e18 | .351 | .032 | 10.855 | *** |
| e19 | .439 | .039 | 11.357 | *** |
| e20 | .697 | .057 | 12.175 | *** |
| e21 | 1.560 | .120 | 13.033 | *** |
| e22 | .379 | .035 | 10.697 | *** |
| e23 | .362 | .035 | 10.504 | *** |
| e24 | .445 | .040 | 11.131 | *** |

注：*** 表示在 0.001 水平上显著。

资料来源：作者整理。

## (三)模型评价

模型参数估计和检验后，还需要对模型拟合的效果进行评价。如果模型不能很好拟合已有数据，用模型对实际问题加以说明和解释就会有问题。结构方程模型的整体评价，一般通过计算拟合指数来完成。拟合指数是拟合优度(Goodness Fit)统计量的简称，它是通过构造统计量，衡量 $S-\Sigma(\hat{\theta})$ 的差距，比较观察到的协方差与期望协方差之间的差异，评价和测量模型的绝对拟合程度。最基本的指标有 $\chi^2$ 检验，在实际应用时，主要用 $\chi^2/df$ 比较，该值越小越好，一般要求在 1 与 2 之间，5 以内也是可以接受的标准。另外一个指标就是近似误差均方根(Root Mean Square Error of Approximation)，简称 RMSEA，是一种不需要有底线的测量模型拟合程度的绝对指数，一般来说，RMSEA 应低于 0.05 表明模型与数据拟合很好，理论模型可以接受；在 0.05 与 0.08 之间，可以认为拟合不错；在 0.08 与 0.10 之间，则认为拟合一般；若大于 0.10，则说明模型拟合效果不能接受。RMSEA 受样本容量的影响较小，它对错误模型比较敏感，同时惩罚复杂模型，是一个较为理想的用于模型评价的绝对拟合指数[237]。

除了绝对拟合指数以外，还可以通过计算相对拟合指数来完成结构方程模型整体拟合度的评价。常用指数有标准拟合指数(Normed Fit Index，NFI)、非标准化拟合指数(Non-Normed Fit Index，NNFI)、比较拟合指数(Comparative Fit Index，CFI)等(见表 4.60)。

表 4.60 **常用拟合指数**

| 指数名称 | | 评价标准 |
|---|---|---|
| 绝对拟合指数 | 调整卡方 $\chi^2/df$ | 一般在 1 与 2 之间，5 以内可接受 |
| | 拟合优度指数 GFI | >0.90 |
| | 标准化残差均方根 SRMR | <0.08 |
| | 近似误差均方根 RMSEA | <0.08 |
| 相对拟合指数 | 标准拟合指数 NFI | >0.90 |
| | 非标准化拟合指数 NNFI(TLI) | >0.90 |
| | 比较拟合指数 CFI | >0.90 |

资料来源：易丹辉，李静萍．结构方程模型及其应用[M]．北京大学出版社，2019.

本研究利用 AMOS 23.0 软件的“Modification Indices”功能，可得到武汉老字号品牌购买行为模型的各类拟合评价指标如表 4.61 至表 4.64 所示。

由数据可知，$\chi^2/df=6.013$，GFI 为 0.709，AGFI 为 0.644，PGFI 为 0.579，NFI 为 0.895，TLI(即 NNFI)为 0.900，CFI 为 0.911，RMSEA 为 0.118，SRMR 通过计算可得为 0.0466，说明武汉老字号品牌购买行为模型的各项拟合指标明显好于独立模型，但是卡方检验没有在经验值 5 以内，GFI、AGFI、PGFI、NFI 等指标没有大于 0.90，RMSEA 没有小于 0.08，因此，该模型的拟合效果不够理想，需要进行模型修正。

表 4.61　**CMIN**

| Model | NPAR | CMIN | DF | *P* | CMIN/DF |
|---|---|---|---|---|---|
| Default model | 55 | 1473.206 | 245 | .000 | 6.013 |
| Saturated model | 300 | .000 | 0 | | |
| Independence model | 24 | 14096.444 | 276 | .000 | 51.074 |

资料来源：作者整理。

表 4.62　**RMR，GFI**

| Model | RMR | GFI | AGFI | PGFI |
|---|---|---|---|---|
| Default model | .150 | .709 | .644 | .579 |
| Saturated model | .000 | 1.000 | | |
| Independence model | 2.406 | .067 | -.014 | .062 |

资料来源：作者整理。

表 4.63　**Baseline Comparisons**

| Model | NFI Delta1 | RFI rho1 | IFI Delta2 | TLI rho2 | CFI |
|---|---|---|---|---|---|
| Default model | .895 | .882 | .911 | .900 | .911 |
| Saturated model | 1.000 | | 1.000 | | 1.000 |
| Independence model | .000 | .000 | .000 | .000 | .000 |

资料来源：作者整理。

表 4.64　　**RMSEA**

| Model | RMSEA | LO 90 | HI 90 | PCLOSE |
|---|---|---|---|---|
| Default model | .118 | .113 | .124 | .000 |
| Independence model | .374 | .369 | .379 | .000 |

资料来源：作者整理。

## (四)模型修正

模型拟合指数和系数显著性检验非常重要，但是对于数据分析更重要的是模型结论一定要有理论依据，可以用相关理论知识进行解释，因此，在进行模型修正时主要考虑修正后的模型结果是否具有现实意义或理论价值，当模型效果不理想时，可以参考模型修正指标对模型进行调整(见表 4.65)。本研究应用修正指数(Modification Index，MI)，并结合理论和现实意义，重新修正了模型，得到调整后模型的拟合指标如表 4.66 至表 4.68 所示，根据模型拟合指标的评价标准，各项指标都达到了优度标准，表明模型的拟合度良好，修改后的结构方程模型及其各条路径是最优的。

表 4.65　　**调整后的模型拟合指数**

| | 绝对拟合指数 | | | | 相对拟合指数 | | |
|---|---|---|---|---|---|---|---|
| | $\chi^2/df$ | GFI | SRMR | RMSEA | NFI | TLI | CFI |
| 评价标准 | <3 | >0.90 | <0.08 | <0.08 | >0.90 | >0.90 | >0.90 |
| 模型 | 2.874 | 0.913 | 0.019 | 0.072 | 0.968 | 0.974 | 0.979 |

资料来源：作者整理。

表 4.66　　**最优模型路径系数估计结果**

| | | | Unstd | S.E. | C.R. | *P* | Std. |
|---|---|---|---|---|---|---|---|
| CN | ← | WTHBI | .841 | .052 | 16.109 | *** | .826 |
| CN | ← | WTHBIN | .176 | .045 | 3.936 | *** | .171 |
| WTHBPI | ← | CN | .456 | .047 | 9.633 | *** | .435 |

续表

| | | | Unstd | S. E. | C. R. | *P* | Std. |
|---|---|---|---|---|---|---|---|
| WTHBPI | ← | EM | .700 | .062 | 11.325 | *** | .582 |
| WTHBI1 | ← | WTHBI | 1.000 | | | | .881 |
| WTHBI3 | ← | WTHBI | 1.093 | .037 | 29.257 | *** | .948 |
| WTHBI5 | ← | WTHBI | 1.116 | .037 | 30.078 | *** | .957 |
| WTHBIN1 | ← | WTHBIN | 1.000 | | | | .890 |
| WTHBIN3 | ← | WTHBIN | 1.026 | .033 | 30.792 | *** | .954 |
| WTHBIN4 | ← | WTHBIN | 1.018 | .034 | 29.860 | *** | .943 |
| WTHBIN5 | ← | WTHBIN | 1.016 | .034 | 29.693 | *** | .942 |
| EM2 | ← | EM | 1.000 | | | | .776 |
| EM3 | ← | EM | 1.187 | .059 | 20.237 | *** | .926 |
| EM4 | ← | EM | 1.158 | .058 | 20.047 | *** | .920 |
| CN1 | ← | CN | 1.000 | | | | .922 |
| CN2 | ← | CN | 1.046 | .030 | 34.510 | *** | .948 |
| CN3 | ← | CN | 1.037 | .033 | 31.381 | *** | .923 |
| WTHBPI1 | ← | WTHBPI | 1.000 | | | | .941 |
| WTHBPI2 | ← | WTHBPI | 1.010 | .027 | 37.209 | *** | .945 |
| WTHBPI3 | ← | WTHBPI | .995 | .029 | 34.538 | *** | .928 |

注：*** 表示在 0.001 水平上显著。

资料来源：作者整理。

表 4.67　　最优模型相关性路径系数估计

| | | | Unstd | S. E. | C. R. | *P* | Std. |
|---|---|---|---|---|---|---|---|
| WTHBIN | <--> | EM | 2.024 | .192 | 10.564 | *** | .905 |
| WTHBI | <--> | WTHBIN | 2.203 | .199 | 11.098 | *** | .873 |
| WTHBI | <--> | EM | 1.965 | .190 | 10.34 | *** | .871 |

注：*** 表示在 0.001 水平上显著。

资料来源：作者整理。

表 4.68 **最优模型方差估计**

| | | | Estimate | S. E. | C. R. | *P* |
|---|---|---|---|---|---|---|
| WTHBI | | | 2.546 | .240 | 10.589 | *** |
| WTHBIN | | | 2.502 | .232 | 10.773 | *** |
| EM | | | 2.000 | .231 | 8.662 | *** |
| e25 | | | .109 | .025 | 4.409 | *** |
| e26 | | | .082 | .023 | 3.558 | *** |
| e1 | | | .734 | .061 | 12.033 | *** |
| e3 | | | .345 | .035 | 9.824 | *** |
| e5 | | | .288 | .032 | 8.900 | *** |
| e7 | | | .656 | .055 | 11.902 | *** |
| e9 | | | .262 | .028 | 9.414 | *** |
| e10 | | | .320 | .031 | 10.182 | *** |
| e11 | | | .330 | .032 | 10.297 | *** |
| e13 | | | 1.320 | .106 | 12.465 | *** |
| e14 | | | .466 | .049 | 9.511 | *** |
| e15 | | | .487 | .049 | 9.887 | *** |
| e17 | | | .462 | .041 | 11.200 | *** |
| e18 | | | .325 | .033 | 9.892 | *** |
| e19 | | | .495 | .044 | 11.193 | *** |
| e22 | | | .372 | .035 | 10.589 | *** |
| e23 | | | .354 | .034 | 10.372 | *** |
| e24 | | | .461 | .041 | 11.190 | *** |

注：*** 表示在 0.001 水平上显著。

资料来源：作者整理。

### （五）模型效应分解

结构方程模型是否具有解释力，可以通过效应分解加以印证（见表 4.69）。效应分为直接效应和间接效应。表 4.69 给出了模型中各潜变量之间的直接效应、间接效应和总效应数据情况。

表 4.69 模型中各潜变量之间的直接效应、间接效应和总效应

| | EM | WTHBIN | WTHBI | CN | WTHBPI |
|---|---|---|---|---|---|
| CN | | 0.171*** | 0.826*** | | |
| 直接效应 | | | | | |
| 间接效应 | | | | | |
| 总效应 | | 0.171 | 0.826 | | |
| WTHBPI | 0.582*** | | | 0.435*** | |
| 直接效应 | | | | | |
| 间接效应 | | 0.074 | 0.359 | | |
| 总效应 | 0.582 | 0.074 | 0.359 | 0.435 | |

注：*** 表示在 0.001 水平上显著。

资料来源：作者整理。

1. 直接效应

直接效应是指自变量对因变量的直接影响。由各变量之间的直接效应、间接效应和总效应数据可知，武汉老字号品牌形象（WTHBIN）到消费者怀旧（CN）的标准化路径系数为 0.826，说明当其他条件不变时，“武汉老字号品牌形象”潜变量每提升一个单位，“消费者怀旧”潜变量将直接提升 0.826 个单位。武汉老字号品牌创新（WTHBIN）到消费者怀旧（CN）的标准化路径系数为 0.171，说明当其他条件不变时，“武汉老字号品牌创新”潜变量每提升一个单位，“消费者怀旧”潜变量将直接提升 0.171 个单位。突发事件（EM）到武汉老字号品牌购买意愿（WTHBPI）的标准化路径系数为 0.582，说明当其他条件不变时，“突发事件”潜变量每提升一个单位，“武汉老字号品牌购买意愿”潜变量将直接提升 0.582 个单位。消费者怀旧（CN）到武汉老字号品牌购买意愿（WTHBPI）的标准化路径系数为 0.435，说明当其他条件不变时，“消费者怀旧”潜变量每提升一个单位，“武汉老字号品牌购买意愿”潜变量将直接提升 0.435 个单位。

2. 间接效应

间接效应是指自变量通过其他变量对因变量产生的间接影响。在武汉老字号品牌购买行为模型中，“消费者怀旧”是中介变量，所以“武汉老字号品牌形象”对“武汉老字号品牌购买意愿”的间接效应是 0.359，即武汉老字号品牌形

象每提升一个单位，武汉老字号品牌购买意愿将间接提升 0.359 个单位；“武汉老字号品牌创新”对“武汉老字号品牌购买意愿”的间接效应是 0.074，说明武汉老字号品牌创新每提升一个单位，武汉老字号品牌购买意愿将间接提升 0.074 个单位。

3. 总效应

总效应是自变量对因变量总的影响，等于直接效应和间接效应之和。所以，当其他条件不变时，武汉老字号品牌形象每提升一个单位，武汉老字号品牌购买意愿总共提升 0.359 个单位；武汉老字号品牌创新每提升一个单位，武汉老字号品牌购买意愿总共提升 0.074 个单位；消费者怀旧每提升一个单位，武汉老字号品牌购买意愿总共提升 0.435 个单位；突发事件每提升一个单位，武汉老字号品牌购买意愿总共提升 0.582 个单位。

## 五、研究结论

### (一) 不同人群武汉老字号品牌购买行为特征

1. 不同年龄人群武汉老字号品牌购买行为特征

根据前文的数据分析可知，“60 后”及以上人群、“80 后”人群比较偏爱的是蔡林记、五芳斋和曹祥泰；“70 后”人群比较偏爱的是蔡林记、五芳斋；“90 后”人群、“00 后”人群比较偏爱的是蔡林记和五芳斋。在受访人群中，除“70 后”人群外，其他年龄段人群的武汉老字号品牌单次最高消费金额超过 50%的占比全部集中在 100 元及以下。“80 后”人群武汉老字号品牌购买意愿比其他人群高一些，“00 后”中的多数人群武汉老字号品牌的购买意愿处于中等水平。

2. 不同性别人群武汉老字号品牌购买行为特征

根据前文的数据分析可知，男性群体主要偏爱蔡林记，而女性群体偏爱蔡林记和五芳斋两种品牌；无论是男性还是女性群体，超过 60%的人群单次最高金额消费在武汉老字号品牌上都没有超过 100 元；女性群体的武汉老字号品牌购买意愿高于男性群体。

3. 不同收入人群武汉老字号品牌购买行为特征

根据前文的数据分析可知，2000 元及以下收入群体、10000 元以上收入群体偏爱蔡林记，2001~5000元收入群体、5001~10000元收入群体偏爱蔡林记和五芳斋。不论收入高低在武汉老字号品牌上的花费没有超过100元。高收入人群的武汉老字号品牌购买意愿高于其他收入群体，且高收入人群中的多数意愿强烈。

4. 不同学历背景人群武汉老字号品牌购买行为特征

根据前文的数据分析可知，初中生及以下学历人群偏爱蔡林记和马应龙，高中生学历人群偏爱蔡林记、五芳斋和曹祥泰，大学生学历人群偏爱蔡林记和五芳斋，研究生及以上学历人群偏爱汪玉霞、蔡林记和曹祥泰。大学生群体中有超过70%的消费者，武汉老字号品牌的单次最高金额消费上都没有超过100元。初中生及以下群体武汉老字号品牌购买意愿较强烈，研究生及以上学历群体的购买意愿也高于整体平均水平。

总体来说，武汉老字号品牌消费者的购买行为呈现出品牌偏好相对集中、品牌消费金额较低、品牌购买意愿一般的特点。

### (二)理论模型检验结果

1. 武汉老字号品牌形象与武汉老字号品牌购买意愿之间的关系

由模型检验结果可知，在最优模型路径中，武汉老字号品牌形象对武汉老字号品牌购买意愿并没有直接影响作用，而是通过消费者怀旧变量，起到间接影响，影响效应为0.359，因此，研究假设H1不成立，H8成立。

2. 消费者怀旧与武汉老字号品牌购买意愿之间的关系

由模型检验结果可知，在最优模型路径中，消费者怀旧对武汉老字号品牌购买意愿存在显著的正向影响，标准化系数为0.435，且在0.001水平上显著，因此，研究假设H2成立。

3. 武汉老字号品牌创新与武汉老字号品牌购买意愿之间的关系

由模型检验结果可知，在最优模型路径中，武汉老字号品牌创新对武汉老字号品牌购买意愿并没有直接影响作用，而是通过消费者怀旧变量，起到间接影响，影响效应为0.074，因此，研究假设H3不成立，H9成立。

4. 突发事件与武汉老字号品牌购买意愿之间的关系

由模型检验结果可知，在最优模型路径中，突发事件对武汉老字号品牌购买意愿存在显著作用，标准化系数为0.582，且在0.001水平上显著，因此，研究假设H4成立，H10不成立。

5. 武汉老字号品牌形象、武汉老字号品牌创新与突发事件之间的关系

由模型检验结果可知，在最优模型路径中，武汉老字号品牌形象与武汉老字号品牌创新存在显著正相关关系，相关系数为 0.873，且在 0.001 水平上显著。武汉老字号品牌形象与突发事件之间存在显著正相关关系，相关系数为 0.871，且在 0.001 水平上显著。武汉老字号品牌创新与突发事件之间存在显著正相关关系，相关系数为 0.905，且在 0.001 水平上显著。因此，研究假设 H5、H6、H7 均成立。

表 4.70　　**理论假设模型检验结果**

| 序号 | 假设 | 结果 |
|---|---|---|
| H1 | 武汉老字号品牌形象对武汉老字号品牌购买意愿存在显著正向作用 | 不支持 |
| H2 | 消费者怀旧对武汉老字号品牌购买意愿存在显著正向作用 | 支持 |
| H3 | 武汉老字号品牌创新对武汉老字号品牌购买意愿存在显著正向作用 | 不支持 |
| H4 | 突发事件对武汉老字号品牌购买意愿存在显著影响 | 支持 |
| H5 | 武汉老字号品牌形象与武汉老字号品牌创新存在显著相关关系 | 支持 |
| H6 | 武汉老字号品牌形象与突发事件存在显著相关关系 | 支持 |
| H7 | 武汉老字号品牌创新与突发事件存在显著相关关系 | 支持 |
| H8 | 消费者怀旧在武汉老字号品牌形象与武汉老字号品牌购买意愿之间起调节作用 | 支持 |
| H9 | 消费者怀旧在武汉老字号品牌创新与武汉老字号品牌购买意愿之间起调节作用 | 支持 |
| H10 | 消费者怀旧在突发事件与武汉老字号品牌购买意愿之间起调节作用 | 不支持 |

资料来源：作者整理。

最终根据模型验证结果，得到武汉老字号品牌购买行为模型，如图 4.28 所示。

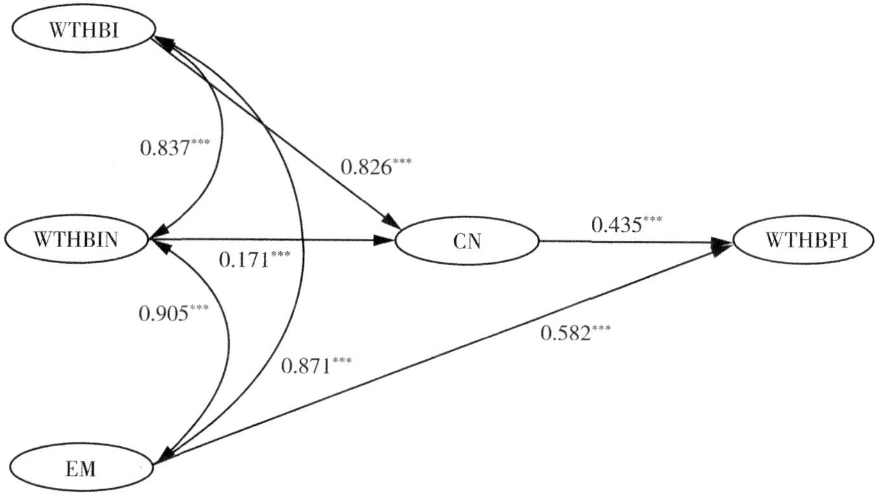


图 4.28　武汉老字号品牌购买行为模型验证结果

资料来源：作者整理。

# 第五章　营销4.0时代武汉老字号品牌发展建议

我国当前经商务部认定的中华老字号共1128家，平均有160多年的历史，超过60%分布在食品药品和餐饮行业。自2006年商务部启动“振兴老字号工程”以来，老字号的发展环境不断优化，发展情况有了很大改善，但依然有不少企业面临发展困境，为此，2017年商务部等16部门联合印发《关于促进老字号改革创新发展的指导意见》（以下简称《指导意见》），其中明确提出支持老字号传承和创新传统技艺，线上线下融合发展，创新经营管理模式，加强原址风貌保护，促进老字号集聚发展，深化老字号企业产权改革，注重发挥老字号品牌价值，推动老字号积极对接资本市场等八项具体任务，《指导意见》也成为当下我国老字号企业发展的重要纲领性文件[238]。

可以说从中央到地方政府，一直在关心、关注并支持老字号企业的发展，但是外部市场经济环境不断变化，充满各种风险和未知因素，给这些百年老字号企业带来了更多的发展困惑。经历了三次迭代后的营销4.0时代，更加注重大数据、社群和价值观营销，需要老字号企业经营者们具有更加专业和先进的营销管理知识，不能仅盼着政府的政策扶持谋发展，不能仅守着传统经营理念不改革，更不能“倚老卖老”不创新。在这样一个新时代，是不同国家、企业、非营利组织等实现“弯道超车”的时代，是中国本土品牌实现跨越式发展的关键时代，武汉老字号品牌如果能搭上这趟时代发展的快车，必将迎来属于“武汉造”的春天。

## 第一节　优化怀旧营销策略

在前文对武汉老字号品牌消费者购买行为的研究中发现，消费者怀旧对武汉老字号品牌购买意愿的影响作用效果显著，不仅仅体现在其对购买意愿的直接作用上，还体现于其在武汉老字号品牌形象、武汉老字号品牌创新等维度对武汉老字号品牌购买意愿的调节作用中，这一研究结论和多位学者提出振兴中国老字号品牌发展要实施怀旧策略的理论建议一致。何佳讯、李耀(2006)研究指出大多数的中国老品牌长期在市场上占据重要地位，具有很高的市场价值，只要采取适当措施，必将重焕青春，因此以情感诉求建立消费者关系是非常重要的战略，要基于消费者对过去经历、事物的情感，通过广告宣传、产品包装等营销方式唤醒消费者的怀旧记忆[72]。卢泰宏和高辉(2006，2007)认为应该把消费者怀旧与其他营销概念结合，应用于广告、品牌等细分领域，并指出利用消费者怀旧倾向激活的品牌按照符合现代标准的相关程度，包括怀旧品牌和复古品牌两种，前者是对过去品牌的忠实复制，后者是对过去和现在的协调统一即强调老样式与新功能的结合，对于当下大多数中国老字号企业，只有将老字号发展为复古品牌，才能拥有更大市场空间[171-172]。吴水龙(2008)认为激活"老字号"品牌资产的方向和关键路径之一就是对"老字号"品牌的旧元素加以复活，充分创新我国老字号品牌宝贵的旧元素，提炼精髓，塑造老字号品牌经典，并将其转换成老字号品牌的营销DNA，但是在应用怀旧策略时，要动态地将旧元素与顾客价值关联，要提炼老字号中积极正面地旧元素并提升至经典[73]。张莹、孙明贵(2011)指出要重视消费者怀旧心理及相关外部环境带来的怀旧营销机遇，要充分利用怀旧元素从事怀旧产品开发和品牌设计，要有效利用媒介在怀旧营销中的催化作用，要在促销中应用怀旧诉求策略[179]。江红艳、王宇、吉峰、孙配贞等(2016)实证研究发现如果老字号品牌的目标市场处于较低社会阶层，则更应该选择怀旧型营销组合策略，以此激发消费者怀旧情结促进购买[76]。王秀宏、杨立娟、马向阳(2017)指出企业应通过怀旧宣传和包装促进消费者怀旧感知，提高消费者购买意愿[190]。杨宜苗、邓京京、郭佳伟(2021)认为老字号品牌应根据消费者怀旧倾向进行市场细分，达到最佳营销传播效果[191]。

综合学者们的研究对策和武汉老字号品牌消费者购买行为的实证分析结果，本研究认为怀旧营销策略是振兴武汉老字号品牌的重要对策，在营销 4.0 时代，可以从品牌的不同细分消费群体和所属不同产业模式的角度去完善和优化怀旧营销策略。

## 一、YWN消费群体的怀旧营销策略

Philip Kotler等(2018)指出当代企业想要获得更多支持，就应该多关注年轻人、女性和网民群体，简称YWN群体，这类群体属于有影响力的数码亚文化群体，他们拥有更为广阔的社群、朋友和家庭网络。YWN群体通常很难对品牌产生深刻印象，可一旦被品牌打动，就会成为该品牌的忠实拥护者，他们对主流市场的影响力会为品牌带来意想不到的巨大收益[1]。在本研究中也发现，这三类群体有比较明显的特点。

其一，从不同年龄层次来看，“00后”参与调研的主动性较高，“60后”及以上人群参与到武汉老字号品牌情况调研的难度较大、时间较长。年轻群体更容易尝试新鲜事物，追求潮流，当然也更喜欢打破常规，也正是基于此本研究中年轻群体在武汉老字号品牌的购买意愿上并不强烈，所以具有文化底蕴的武汉老字号品牌不能走传统的怀旧营销策略去打动这些年轻人的心，这一点也与学者卢泰宏和高辉的研究相吻合，即是采取不同怀旧策略。具体实施时，考虑对武汉老字号品牌产生美好回忆的老龄群体采用怀旧品牌营销策略，利用他们的怀旧心理，打造与过去完全一样的品牌形象，从产品到服务只做简单复制即可；考虑对武汉老字号品牌没有记忆点的年轻群体采用复古品牌营销策略，提炼武汉老字号品牌的历史价值精髓，结合年轻群体消费的真实情感，将品牌精髓通过品牌故事等方式进行宣传和推广，创造年轻群体对武汉老字号品牌的情感共鸣，形成美好的回忆点(见图5.1)。

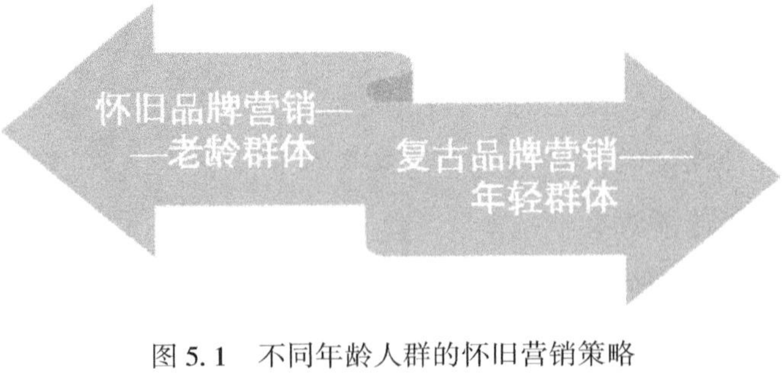


图5.1 不同年龄人群的怀旧营销策略

资料来源：作者整理。

其二，从不同性别群体来看，女性群体在调研中更加主动、积极，且对武汉老字号品牌的购买意愿明显高于男性，消费者怀旧倾向也比男性群体高。Philip Kotler 等(2018)指出女性具有信息收集者、家庭采购主管和管家三种身份，她们的消费在数字经济中占有主要市场份额[1]。因此，针对女性群体的怀旧营销策略应该精心设计，用情感或美感去抓住女性消费群体的心，将品牌的过去理想化后在女性群体中传播，建立具有亲密关系和归属感的女性消费者品牌社群(见图 5.2)。

图 5.2　女性群体的怀旧营销策略

资料来源：作者整理。

其三，从是否触网来看，网民群体是互联网的原住民，他们看待世界的方式更为水平，是有表现力的传播者和内容的贡献者[1]。当然他们也是市场中的消费者，一旦爱上某个品牌，就会成为该品牌的拥护者，乐于传播和分享品牌使用心得。在本研究中，不少受访者是通过网络访问的形式完成调研，他们的参与度较高，且拥有更为主动的表达意愿，针对武汉老字号品牌的发展研究也显示，武汉老字号品牌依赖于地缘和人缘发展，规模较小，多为中小企业，有的甚至是单店发展模式，在这种情况下去沿用传统的怀旧营销策略难度较大。但是基于网民消费者的力量，哪怕是在里弄的老字号都能在主流市场赢得知名度和关注度，网民群体会成为最好的武汉老字号品牌口碑传播者，并且该口碑会随着社会关系在网络中迅速推广。因此，针对网民的怀旧营销策略要基于该群体在网络中的习惯，借助信息技术等搭建网民消费群体与武汉老字号品牌的情感纽带(见图 5.3)。

## 二、门把手式品牌的怀旧营销策略

针对武汉老字号品牌的研究发现，大部分品牌属于 Kotler 等(2018)所提出的门把手式品牌，他们指出该模式最为鲜明的特征在于消费者高度的购买承诺和低水平的好奇心。在门把手式模式下，消费者选购商品时并不会花费太多时间调查

图5.3 网民消费群体的怀旧营销策略

资料来源：作者整理。

和比较，购买行为通常呈现出高频性和习惯性，因此，消费者比较容易基于过去的经验，对特定的品牌产生自己的期望偏好，但是对于研究品牌的兴趣不高，不会主动推荐品牌[1]。

在本研究的调查中，蔡林记是选购最多的武汉老字号品牌，占到总人群的54%，这与实际情况相符合，说起热干面大部分人都会第一时间联想到蔡林记，即便是后进入市场的竞争者也都和蔡林记有着各种历史故事渊源，该品牌在消费者群体中具有典型的高频消费特性，但另一方面该品牌的客单价较低，消费者在购买时极少进行询价和比对，也不会主动在自己的社交群落中去推荐这个品牌，购买行为的产生基于习惯和低价。当然它拥有的竞争对手数目也不少，包括同为连锁品牌的蔡明伟、三镇民生甜食馆、常青麦香园以及分布在武汉三镇不同街道的"网红"单店等。而占到总数42%的武汉老字号品牌都集中在餐饮和食品加工行业，与蔡林记品牌类似，属于典型的门把手式品牌，针对这类品牌利用怀旧营销策略最为合适，消费者的怀旧因素可以帮助这些品牌在竞争激烈的市场中获取消费者的信赖，促进购买行为的产生。可是这种购买行为具有极大的不稳定性，消费者转换成本较低，流动性较高，在营销4.0时代这种不稳定性会被加重。

因此，针对这种门把手式的武汉老字号品牌进行怀旧营销策略时，需要结合"领结式"模式的特点去优化。所谓的"领结式"模式是Kotler等(2018)提出的区别于传统的第五种产业模式，其反映了完美品牌应该有的关键要素，了解品牌的人会基于其久远的声誉愿意推荐和拥护品牌，品牌影响力很大，慕名而来的人最终都有强烈的购买愿意[1]。所以，在对门把手式武汉老字号品牌进行怀旧营销策略优化时，重点应该放在建立品牌售后参与机制上，即消费者与品牌的关系不仅局限在购买前和购买中，更是扩展到购买后，给予消费者反馈的渠道、互动的渠道甚至是提意见的渠道，这样才能建立起品牌与消费者之间的强连接，降低消费者更换的频率和可能。

## 第二节　打造“人本品牌”形象

在迈向数字时代的营销4.0，人工智能化的产品将逐渐渗透到人们的衣食住行当中，但却并不意味着人工智能的产品将替换所有的产品和品牌，在数字世界中，消费者可能更需要的是带有人本关怀的品牌和产品。在所有品牌中，老字号品牌具有先天的人本属性，却没有进行很好的品牌形象设计。因此，针对武汉老字号品牌的形象升级重点应该放在人性化魅力的凸显上，这将成为它们在未来世界中最重要的个性化标签和竞争优势。

### 一、真实性打造：夯实武汉老字号品牌功能属性

所谓老字号品牌的功能属性是指老字号产品(或服务)的本身形象，它们是老字号品牌的重要载体，也是构成老字号品牌形象的核心内容。一个武汉老字号品牌与它所代表的产品(或服务)类别密切相关，当老字号品牌的功能属性被不断强化后，消费者在考虑购买某类产品时就会迅速联想到某种关联品牌，激发消费者购买和使用的意愿，给消费者带来实质性的利益，而这种老字号品牌功能属性强化的关键就是产品品质或服务质量的提升。武汉老字号品牌虽然大多集中在餐饮和食品加工行业中，但是在百年的岁月中能够依然留存，核心竞争力就在于“质量可靠、产品正宗和货真价实”上，在营销4.0时代，需要去不断强化这种优质的经营理念，作为武汉老字号“人本品牌”形象打造的重点，因为功能属性体现出的就是武汉老字号品牌的真实，包括产品用料真实、制造工艺讲究、销售价格稳定、广告宣传真实等方面。

### 二、个性化打造：提炼武汉老字号品牌个性标签

在“人本品牌”形象的塑造中，老字号品牌的个性化最具人的特质，它使得老字号品牌拟人化，老字号品牌形象更加丰富有趣、与众不同。针对武汉老字号品牌的研究发现，消费者对这些品牌的主要印象就是“古老”，这种单一的标签

并不能支撑起武汉老字号品牌所具备的个性特征，也不利于其在营销4.0时代的发展，因此需要结合武汉老字号产品特征、工艺特点和销售方式等提炼出更容易被消费群体识别和认可的个性化标签。这种个性化特征不是完美主义，而是武汉老字号品牌清楚明白自己的立身之本，却也不害怕暴露自己的缺点，并愿意为自己的行为承担全部责任，就像真人一般，每个武汉老字号品牌都有自己专属的DNA。

## 三、互动性打造：培育武汉老字号品牌社交能力

在传统营销模式中，大部分老字号品牌企业的营销活动都致力于鼓励消费者试用和重复购买产品上，忽视了消费者对产品或服务真实使用体验的感受。营销实践界当前出现了一种新的趋势“后营销”(aftermarketing)，它的基本命题是：在现代营销活动中，企业在生产前发生的一系列活动固然重要，但是在产品进入消费之前的大量交易活动仅仅是企业与顾客接触的开始，而不是两者关系的终结。“后营销”发生在消费者已经购买产品以后，是企业在顾客完成消费以后，为维持消费者的忠诚，以及持续挖掘顾客价值而进行的营销活动，这其中就包括通过有效的沟通活动来增加消费体验，建立品牌资产[239]。因此，针对武汉老字号品牌社交能力培育就是指加强其与消费群体的连通性，通过各种类型的沟通活动，增加消费者与品牌之间的互动，让消费者感受到一个有温度的品牌存在。要想培育武汉老字号品牌的社交能力，可以借鉴“后营销”中的相关方法，比如制定武汉老字号品牌忠诚度计划，邀请消费者参与到武汉老字号品牌忠诚度计划的构建中，通过品牌和消费者的双向交流和互动，了解消费者的购买需求、购后体验、基本信息等资料，从而不断更新和完善忠诚度计划，力求在消费者心中形成正面、积极的武汉老字号品牌形象，培养高水平的品牌共鸣。

## 四、道德感打造：增强武汉老字号品牌社会责任

一个品格优良且有诚信的武汉老字号品牌，会将道德准则应用在自身商业活动的每个环节中，这种道德准则在实践当中最直观的体现就是其社会责任感的高低。武汉的老字号品牌平均寿命在110年以上，最老的杨楼子湾榨坊甚至有460多年的历史，可以说这些老字号品牌都是百年诚信经营获得的金字招牌，得到了

消费者、利益相关者和社会的极大认同和信赖，在数字经济时代，这种优良的传统不仅需要保留还要不断深化和加强，要以价值观营销的方式推广。首先，针对消费者，武汉老字号品牌要做到“货真价实、童叟无欺”；其次，针对员工，武汉老字号品牌要做到“义利共存、追求功德”；再者，针对社会，武汉老字号品牌要“广施仁德、兼容并蓄”。

## 第三节 深化“互联网+老字号”建设

进入营销 4.0 时代，现代经济和先进的数字技术赋予了消费群体在品牌购买过程中，越来越多追求自我和个性化的权力，而互联网也逐步改变了企业传统的品牌营销方式，包括营销思维、营销模式、营销策略等方面。可是仍然有不少老字号企业习惯用传统的营销观念理解市场，“抱老守旧”，过高估计了自身的品牌市场价值和抗风险能力，在品牌创新的道路上犹豫不决。在针对武汉老字号品牌的研究中也发现，受访对象对当前武汉老字号品牌创新性的认可度处于中低水平，说明大部分消费群体感知到的品牌创新力度不够，而这样的品牌创新思维和速度与数字化时代信息碎片化、产品更新周期短、营销模式多元丰富等是格格不入的。武汉老字号品牌想要搭上时代发展的快车，就必须加强老字号品牌创新意识，以老字号厚重的文化和社会价值为重要基础，从产品创新、技术创新、营销创新等方面实现突围，尤其是要重视营销创新，相较于产品和技术创新，其投入周期和成本相对较小，更适合武汉老字号品牌在当下发展的趋势，可以帮助武汉老字号进行品牌形象重塑，提升其在营销 4.0 时代的综合竞争力。

### 一、线上线下多渠道协同营销

Kotler 等(2018)认为多渠道营销旨在整合多种渠道，创造无缝持续的客户体验，在营销 4.0 时代，通过多渠道营销，可以整合传统与数字的媒体，实现品牌承诺。林炳坤、吕庆华、杨敏(2016)梳理了国内外多渠道零售商线上线下协同营销相关研究，认为当前其具有线下“触网”线上和线上“进军”线下两种形式，并从渠道整合、企业资源、商品和服务等三个视角给出了协同营销策略[240]。在针对武汉老字号品牌的调查研究中发现，消费者对武汉老字号品牌的营销渠道与当下时代发展匹配性的认可度较低，说明不少武汉老字号品牌的营销渠道过于陈旧。武汉老字号品牌大多属于传统商铺，想要进行多渠道营销创新，需要积极“触网”线上渠道，做到线上线下渠道融合。在具体路径选择时，本研究借鉴王国顺、邱子豪(2012)绘制的“零售商向网上零售与实体零售协同发展的路径”[241]，制定武汉老字号品牌线上线下多渠道协同营销路径(见图5.4)，由武汉老字号品牌资源整合能力与武汉老字号品牌规模两个要素，共组成四维度，两条发展路径。

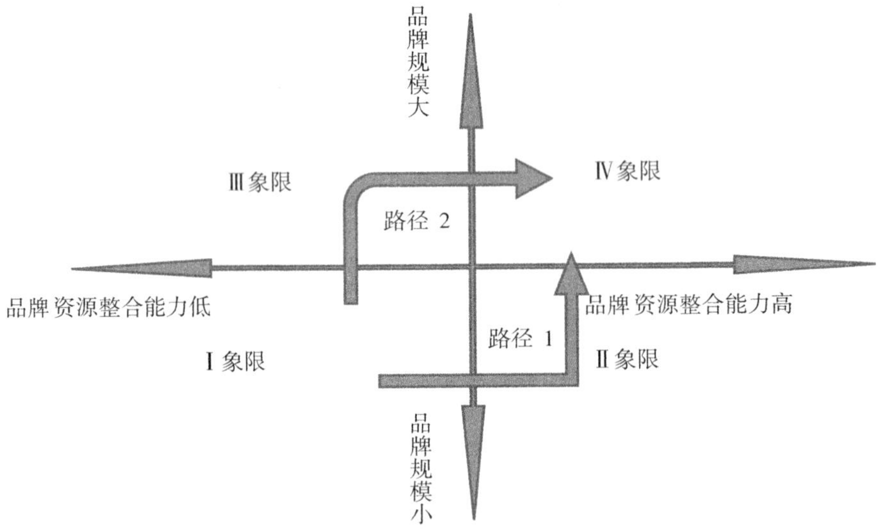


图5.4　武汉老字号品牌线上线下协同营销路径

资料来源：作者整理。

## (一)各象限内涵

Ⅰ象限：该象限的特点是品牌资源整合能力较弱，品牌规模较小。武汉老字号品牌的现实情况是经营规模普遍偏小，资源整合能力也较弱，所以大多数武汉老字号品牌当前处于第Ⅰ象限。

Ⅱ象限：该象限的特点是品牌资源整合能力较强，但品牌规模偏小。处于Ⅱ象限的品牌正在开拓或已经具备了多渠道资源，尤其是线上渠道资源正在打通或是已经建立，但是品牌产品种类、品牌门店、品牌销售额等都较少。

Ⅲ象限：该象限的特点是品牌规模较大，但品牌资源整合能力较弱。处于Ⅲ象限的品牌具有较丰富的产品种类、可观的门店数目以及不错的销售额，但是渠道整合能力比较差，要么是单一渠道，要么是多渠道之间独立运行、线上线下业务不关联。

Ⅳ象限：该象限的特点是品牌规模和品牌资源整理能力都较强，属于线上线下协同化阶段，可以为消费者提供无缝持续的购买体验。

### （二）路径解读

武汉老字号品牌线上线下协同营销路径包括如下两种。

路径1：由Ⅰ象限发展到Ⅱ象限，最终发展到Ⅳ象限，即Ⅰ→Ⅱ→Ⅳ。首先，是Ⅰ→Ⅱ发展阶段，针对本身经营规模偏小、渠道资源单一且整合能力较弱的武汉老字号品牌，可以考虑拓宽自身现有渠道，用线上销售渠道补充线下门店无法覆盖的区域，当然在选择线上渠道时要综合考虑目标客户群体网络平台使用情况、线上渠道运营成本、线上平台开通数量等方面，不必每家平台都开放，可以先运营好一家线上平台后再考虑开通其他平台运营，该阶段的重点是在保障线下现有渠道正常运转的情况下，开启线上渠道运营，并逐步做强做大。接着，是Ⅱ→Ⅳ发展阶段，当线上渠道运营稳定后，逐步实现线上线下商品共享、销售共享、物流共享，但注意线上渠道与线下渠道不冲突，让消费者在选购商品时不受地域和时间限制，可以实时同步了解线上商铺与线下门店信息，在线下感受商品和服务带来的直观体验，线上感受来自品牌的重视和关心，从而促进更多消费行为产生。

路径2：由Ⅰ象限发展到Ⅲ象限，最终发展到Ⅳ象限，即Ⅰ→Ⅲ→Ⅳ。首先，是Ⅰ→Ⅲ发展阶段，针对本身经营规模偏小、渠道资源单一且整合能力较弱的武汉老字号品牌，也可以考虑先维护好现有消费群体需求，将品牌实体规模做大做强，这一阶段的重点在于提升顾客忠诚度，以达到提升客单价、重购率、销售额等目的。接着，是Ⅲ→Ⅳ发展阶段，当线下渠道和既有消费群体非常稳定后，开始进军线上渠道，可以采取自建模式或是与第三方合作模式，因为有较为强大的现金流，可以同时开通多个有代表性的线上平台，在最短的时间里实现线上与线下渠道融合，完成消费者无缝持续选购商品，提升消费者的购买体验。

## 二、基于CCM的营销传播创新

自互联网出现以来，消费者的购物习惯和获取商品信息的方式就在不断发生变化，新兴的营销传播方式也日益丰富，笔者认为能较为系统进行论述的就是创意传播管理理论，即CCM(Creative Communication Management)，最早由陈刚在2008年提出，他认为创意传播管理以“人的智慧与数字技术”为核心，包括传播管理、创意传播和传播接触等三个方面的主要内容。在大数据与智能化技术快速发展和持续的商业化应用共同推进下，创意传播管理的理论框架在数十年的发展中逐步体现出整体的方法论价值，并可以落地到具体的操作方法层面，形成了创意传播管理的新框架，陈刚(2017)指出整个创意传播管理的基础是数据，需要利用智能化技术提升数据价值，而智能化在创意传播管理应用中有两个维度：一是内容层面的智能化管理平台和智能化内容生产；二是以生活者为中心的智能化数据管理平台和智能化投放。所以最终数字营销传播活动是基于场景、话题等，与数字生活空间的生活者进行交流互动，通过相关的大数据工具进行评估和改进，并精准衡量品牌传播效果与市场销售效果，呈现出品效合一的特点[242-243]。

结合武汉老字号品牌的发展情况以及针对其消费者购买行为的分析结果，本研究认为CCM理论可以有效指导武汉老字号品牌开展营销传播创新工作。

一方面，进行营销传播理念更新。在互联网和大数据技术快速发展的时代，拥有移动或是智能化装备的人，都能成为自媒体，都能时刻产生各种各样的数据，都能迅速获取碎片化的、海量化的信息，这些人就成为了数字空间的生活者。作为区域品牌的代表——武汉老字号品牌，想要获取更多消费群体的认知、喜爱和购买，就必须更新自身的营销传播理念，不能仅通过传统广告传播品牌或是依赖老顾客的口碑传播，需要了解数字空间中生活者们的消费习惯、方式和特点，与消费群体建立高强度的品牌连接，让消费者积极参与到品牌的营销传播活动中，共创武汉老字号品牌价值。

另一方面，进行营销管理模式的更新。营销4.0时代也是数字化的时代，数据是一切的基础，相比于新品牌，武汉老字号品牌拥有更多的原始信息，但是都是一些零散的没有进行深入挖掘和分析的资料，俗话说得好“工欲善其事必先利其器”，要想用数据就必须具有可以分析数据的工具、技术、人员和方法。在

CCM 理论中，非常强调智能化技术的应用，对于武汉老字号品牌来说，这不仅仅是技术层面的问题，更是营销管理模式的更新迭代，是新媒体营销、精准营销、口碑营销等模式的尝试和应用。只有将新的模式进行了应用，才能有将各种数据进行关联与分析的可能，如果企业现阶段无法完成技术分析，可以委托第三方专业公司进行，但是却能掌握和获得更有价值的数据信息，这才是进行营销传播的重要作用。

## 第四节　培养组织复原力

营销 4.0 时代除了会带来技术、观念和模式的更新外，也带来了更加动荡的商业环境，在这种时代背景下，不稳定性、不确定性、复杂性和模糊性(VCUA)夹杂其中，并且逐步成为常态，一旦遭遇突发事件的影响，多为中小企业的武汉老字号品牌必将接受严峻考验，应对外部环境的压力会陡增。在针对武汉老字号品牌消费者行为的研究中也发现，突发事件对消费者的购买意愿有直接显著的影响。因此，如何去应对这些具有不稳定性、不确定性、复杂性、危害性、突发性等特征的事件，已然成为众多武汉老字号品牌必须面对和解决的问题。

在学者们的研究中发现从个体复原力演化形成的组织复原力是应对外部复杂环境的一个有效方面。Lengnickhall 等(2011)将组织复原力定义为组织恢复到原始状态的能力，是企业从危机中恢复到原始状态的动态能力[244]；朱瑜等(2014)认为组织复原力是组织通过整合资源，及时解决当前困境，并充分利用机遇，构建组织成功未来的能力[245]；何奎、崔萧、刘文昌(2020)认为组织复原力是组织对自己所掌握的各种资源进行重组，以构建应对所面临的风险和危机的能力[246]。付丙海、高德芳、孙秀梅(2021)认为组织复原力是企业创造性解释经营环境中出现的不确定性情况，并通过整合资源的形式化解困境，从而提升企业动态能力的一种建构能力，同时又是企业应对危机的一种机会能力，更强调企业在面对不确定性时积极主动的反应行为[247]。张秀娥、杨柳(2021)实证研究发现组织复原力是企业应对突发事件冲击的重要能力，对中小企业可持续发展有积极影响[248]。

因此，武汉老字号品牌在面对突发事件或是其他危机时，应该从培养组织复原力着手，通过整合企业各种资源去化解危机，使得品牌发展回到自己的生态位中去。其一，形成快速的反应力，要在平时不断积累知识、技能和经验，并进行知识转换和更新，能在危机中找到商机，尤其是武汉老字号企业的管理者要能在刚刚出现危机时做出迅速反应。其二，形成准确的判断力，要在平时就确定好危机一旦发生后的判断主体、判断原则、判断手段和反馈判断信息的通道，能精准判断外部环境带来的影响范围。其三，形成有效的整合力，要在平时建立好良好与紧密稳定的环境关系，能在风险来临时高效整合资源；其四，形成正确的决策力，要明确决策内容主体、实施方法、评估和改进方案等，通过正确的决策提高武汉老字号品牌生态位的复原力[249]。其五，形成较强的学习力，无论是常规化管理还是危机管理时刻，从员工到组织领导都要保持不间断的学习强度，用知识的力量去探寻解决问题的路径，全方位增强组织的复原力。

# 参考文献


[1]菲利普·科特勒，等．营销革命4.0：从传统到数字[M]．王赛，译．北京：机械工业出版社，2018.

[2]王成荣，李诚，王玉军．老字号品牌价值[M]．北京：中经济出版社，2012.

[3]李新灏．增强国货意识 弘扬民族精神 促进经济发展[J]．商业研究，1990(Z1)：53-56.

[4]周铭．国货意识小议[J]．经济工作通讯，1990(19)：28.

[5]宫希魁．论国货意识[J]．中共宁波市委党校学报，1999(3)：16-17.

[6]宫希魁．国货意识再思考[J]．中国党政干部论坛，2006(1)：39-41.

[7]王海忠，赵平．基于消费者民族中心主义倾向的市场细分研究[J]．管理世界，2004(5)：88-96+156.

[8]庄贵军，周南，周连喜．国货意识、品牌特性与消费者本土品牌偏好——一个跨行业产品的实证检验[J]．管理世界，2006(7)：85-94+114+172.

[9]周志民，贺和平，刘雁妮．中国人国货意识的形成机理：基于国家品牌社群视角[J]．中国软科学，2010(5)：45-56.

[10]王鹏，庄贵军，周英超．爱国主义和民族主义对中国消费者国货意识影响的研究[J]．管理学报，2012，9(4)：548-554.

[11]张燚，刘进平，张锐．本土品牌负面刻板印象生成的根源及抑制对策——刻板思维与符号认知的视角[J]．企业经济，2014，33(11)：12-16.

[12]张燚，刘进平，张锐，郭斌．中国人国货意识淡漠的影响因素模型及其引导策略——基于扎根理论的探索性研究[J]．兰州学刊，2016(5)：181-195.

[13]刘进平，张燚，肖艳．洞察消费者购买决策：国货偏见还是国货意识？——基于全要素问卷调查的实证分析[J]．品牌研究，2016(3)：77-84.

[14]张燚，李冰鑫．社会情绪对消费者国货意识的调节效应研究[J]．企业经济，2017，36(3)：98-104.

[15]张燚，李冰鑫，刘进平．消费者国货意识形成的自我调控机制及实证研究——基于“大我-小我-国货”平衡的视角[J]．西南大学学报(社会科学版)，2018，44(1)：91-104+190-191.

[16]刘进平，张燚，龚政．国货意识消费者与国货偏见消费者心理机制的比较——基于受众网络跟帖的质性分析[J]．企业经济，2018，37(3)：48-57.

[17]张燚，刘进平，卢方杰．中国自主品牌形象提升的关键驱动因素及对策研究——基于矫形与塑形传播的视角[J]．北京工商大学学报(社会科学版)，2019，34(1)：40-51.

[18]李倩倩，崔翠翠．本土品牌逆袭与消费者偏好逆转的纵向扎根研究[J]．管理科学，2018，31(5)：42-55.

[19]刘帆．“中华老字号”品牌文化研究[J]．武汉商业服务学院学报，2007(3)：5-10.

[20]周露阳．老字号的文化属性如何影响其延伸评价[D]．浙江工商大学，2011.

[21]王伊礼．老字号品牌形象与怀旧品牌战略对消费者购买意愿的影响研究[D]．武汉大学，2018.

[22]白玉苓．字号、老字号、中华老字号的内涵解析[J]．现代商业，2019(6)：11-13.

[23]沈浩蓝．老字号保护的困境与出路——以非在业老字号的回归为考察中心[J]．中华商标，2020(1)：54-61.

[24]邱志强．经济全球化下的中华“老字号”企业的营销战略研究[J]．北京大学学报(哲学社会科学版)，2004(S1)：54-61.

[25]冷志明．“中华老字号”品牌发展滞后原因及其对策研究[J]．北京工商大学学报(社会科学版)，2004(1)：55-57+63.

[26]张景云，陈碧莹，白玉苓．老字号年轻化转型的现状、问题与建议——以“内联升”为例[J]．商业经济研究，2019(15)：78-80.

[27]李鹏，谢奕，李静，杨凯强．老字号品牌年轻化策略研究——以片仔癀为例[J]．财经理论研究，2021(3)：91-101.

[28]王兆峰."中华老字号"企业品牌创新策略[J].湖南商学院学报,2005(6):29-31.

[29]尉建文,黄莉."老字号"企业品牌创新及其影响因素[J].广西师范学院学报(哲学社会科学版),2016,37(1):13-18.

[30]徐伟,杨玉成,李永发.老字号品牌创新路径与模式研究[J].管理学报,2020,17(10):1535-1543.

[31]魏崇红,王金玉.新媒体语境下中华老字号品牌创新路径研究[J].山东社会科学,2020(9):168-173.

[32]何开源,向永胜,童向东,戴慧倩,公茂霞,郭琦伟,张子涵.餐饮老字号产业链创新研究——以杭州知味观为例[J].中国经贸导刊(中),2021(4):130-131.

[33]门海艳.消费需求视域下的老字号企业创新发展研究——互联网经济中"老字号"企业的转型之路[J].造纸装备及材料,2021,50(2):48-50.

[34]陈喆,张欣旻.饮食业"老字号"品牌营销战略分析[J].特区经济,2009(3):240-241.

[35]罗颖."老字号"餐饮企业现状分析和战略选择研究——以郑州市"老字号"为例[J].经济经纬,2010(4):40-45.

[36]罗纪宁,陈绿丹.广东餐饮老字号品牌复兴战略研究——基于文化营销的视角[J].战略决策研究,2011,2(5):52-60.

[37]杨珩.广州老字号餐饮品牌营销传播探索[J].今传媒,2012,20(6):71-72.

[38]张景云,周野."全聚德"品牌创新经营及其对餐饮老字号的启示[J].对外经贸实务,2017(4):20-23.

[39]张昊雯.基于UGC的老字号餐饮企业营销传播策略分析——以"大众点评"网南京老字号餐饮企业获评为例[J].新媒体研究,2018,4(17):67-69.

[40]谭培健.基于感官营销的广州老字号餐饮品牌创新研究[J].经营与管理,2019(2):144-146.

[41]胡家铭,李小刚,李静.餐饮老字号企业粉丝营销策略探析[J].中国经贸导刊(中),2020(2):117-118.

[42]李珍珍，黄利坤．浅谈老字号餐饮企业的营销创新[J]．时代经贸，2020(29)：21-23.

[43]张景云，程瑜，白玉苓．新消费模式下餐饮老字号品牌营销创新策略——以东来顺为例[J]．商业经济研究，2020(24)：53-55.

[44]吕倩．"互联网+"背景下餐饮类商业老字号转型升级研究[J]．商业经济研究，2021(12)：130-134.

[45]吴国峰．战略创业视角下中华老字号食品企业品牌延伸策略探赜——基于嘉兴"五芳斋"的个案分析[J]．浙江学刊，2015(3)：185-190.

[46]宣春霞．基于消费者怀旧情绪的苏州老字号营销策略分析[J]．市场周刊，2019(12)：79-80.

[47]高敏．老字号企业泰康食品连锁经营的 SWOT 分析及对策[J]．全国流通经济，2020(30)：3-5.

[48]江炜康，吴锦莲，叶育宁，卓炜桓，李宏斌，卢一楠．基于跨界 IP 合作的中华老字号品牌形象升级与激活策略研究——以稻香村为例[J]．经济师，2020(6)：33-34+36.

[49]刘博．黑龙江老字号品牌激活策略研究——以秋林食品为例[J]．老字号品牌营销，2020(5)：8-9.

[50]吴新玲．医药老字号新营销：大健康营销战略[J]．产业与科技论坛，2013，12(5)：26-27.

[51]陈虹羽，董媛媛，胡杨峰．北京同仁堂建立品牌营销战略的策划分析[J]．纳税，2018(9)：184.

[52]杜丰秀．浅谈广东药业老字号品牌创新[J]．市场经济与价格，2015(4)：40-47.

[53]曾静．广州医药老字号品牌振兴战略研究——从品牌领导力的视角[J]．商场现代化，2019(14)：41-44.

[54]曾静．新媒体下广州医药老字号的品牌营销[J]．现代营销(下旬刊)，2019(12)：96-97.

[55]陈家怡，陈琳，马钰妍，曾为瑛，周小倩．老字号"百雀羚"怀旧营销研究[J]．企业技术开发，2016，35(3)：129-131.

[56]涂开仁，甘胜进．百雀羚品牌生命周期衰退阶段复兴策略分析[J]．齐齐哈尔大学学报(哲学社会科学版)，2016(6)：54-56.
[57]迟丹凤，温韬．扬州谢馥春品牌营销策略研究[J]．江苏商论，2017(10)：15-17.
[58]白玉苓．老字号品牌重塑中的时尚化定位及策略研究[J]．品牌研究，2018(6)：16-19.
[59]秦瑞瑜，秀梅．中国老字号化妆品品牌的新媒体营销策略——以百雀羚为例[J]．新闻前哨，2020(7)：107-109.
[60]谭春玲，毛可进．"孔凤春"化妆品的品牌营销策略研究[J]．时代经贸，2019(30)：21-22.
[61]张永，张浩．中国老字号企业连锁经营模式研究——以全聚德为例[J]．管理学报，2012，9(12)：1752-1760+1825.
[62]朱有明．信息经济视阈下老字号企业转型升级的路径选择[J]．企业经济，2016(3)：51-54.
[63]涂嘉欣．供给侧改革视角下中华老字号转型升级研究[J]．全国商情，2016(20)：8-10.
[64]张恒军．同仁堂：讲述中华文化走出去的中国故事[J]．商业文化，2017(21)：18-23.
[65]陈奇．"互联网+"时代中华老字号国际化经营策略研究[J]．产业与科技论坛，2018，17(20)：17-18.
[66]李芳芳．推进"中华老字号"国际化的知识产权保护路径探析[J]．文化学刊，2020(12)：101-104.
[67]王玉军．北京老字号品牌价值构成要素和表现形式[J]．北京财贸职业学院学报，2010，26(4)：53-55.
[68]李盛林，田雯霞．基于消费者的老字号品牌价值提升问题实证研究[J]．商业时代，2014(8)：18-20.
[69]姬志恒，王兴元．老字号品牌文化属性与企业价值关联性研究——以我国51家老字号上市公司为样本[J]．山东社会科学，2014(8)：137-141.
[70]吴方．基于BLC理论的广西老字号品牌价值提升研究——以桂林三花酒为

例[J]. 广西经济管理干部学院学报, 2015, 27(4): 55-61.
[71]陈亚荣, 孙晶路. 中华老字号品牌价值评估模型[J]. 北京服装学院学报(自然科学版), 2013, 33(1): 58-67.
[72]何佳讯, 李耀. 品牌活化原理与决策方法探窥——兼谈我国老字号品牌的振兴[J]. 北京工商大学学报(社会科学版), 2006(6): 50-55.
[73]吴水龙. 品牌激活策略研究: 以"老字号"为例[J]. 现代管理科学, 2008(1): 49-51.
[74]杨攀, 于海龙. 中华老字号品牌资产激活路径模型研究[J]. 北方经济, 2008(14): 13-14.
[75]陶云彪. 老字号品牌激活策略——基于 Aaker 理论[J]. 企业活力, 2011(4): 33-35.
[76]江红艳, 王宇, 吉峰, 孙配贞. 社会排斥对老字号品牌激活策略效果的影响——时间取向的中介作用[J]. 管理评论, 2016, 28(11): 95-105.
[77]郭雯琦. 老字号品牌激活战略研究[J]. 人民论坛·学术前沿, 2018(9): 122-126.
[78]许晖, 张海军, 冯永春. 传承还是重塑? 本土老字号品牌活化模式与机制研究——基于品牌真实性与价值迁移视角[J]. 管理世界, 2018, 34(4): 146-161+188.
[79]江林, 丁瑛. 消费者心理与行为(第 6 版)[M]. 北京: 中国人民大学出版社, 2018.
[80]杨晓燕. 中国消费者行为研究综述[J]. 经济经纬, 2003(1): 56-58.
[81]陈建. 中国消费者行为研究进展及展望[J]. 商业时代, 2014(27): 30-32.
[82]卢泰宏. 消费者行为学 50 年: 演化与颠覆[J]. 外国经济与管理, 2017, 39(6): 23-38.
[83]韩小林, 刘向明. 对近代中国"国货意识"的探讨[J]. 嘉应大学学报(哲学社会科学), 1995(4): 24-28.
[84]王海忠. 消费者民族中心主义的中国本土化研究[J]. 南开管理评论, 2003(4): 31-36.
[85]王海忠, 于春玲, 赵平. 消费者民族中心主义的两面性及其市场战略意义

[J]. 管理世界，2005(2)：96-107.
[86]汪蓉，李辉．消费者国货意识对国外品牌产品购买意向的影响机制——兼论消费者—品牌情感的调节效应[J]. 经济与管理研究，2013(3)：102-110.
[87]杨府．老字号与中国传统文化研究[M]. 西安：西安交通大学出版社，2016.
[88]应雄，金海．试论“老字号”的保护和发展[J]. 商业经济与管理，1998(1)：62-64.
[89]商务部关于《中华老字号认定管理办法(征求意见稿)》公开征求意见的通知．中华人民共和国商务部条约法律司[EB/OL]. 2018-09-05. http：//tfs. mofcom. gov. cn/article/as/201809/20180902782217. shtml.
[90]王成荣．老字号的历史传承与品牌创新[J]. 北京市财贸管理干部学院学报，2005(3)：4-8.
[91]冯炫淇．新媒体时代老字号品牌更新的成功之道——以北京故宫博物院为例[J]. 现代营销(经营版)，2019(11)：80-82.
[92]白玉苓．“中华老字号”服饰品牌营销策略[J]. 现代商业，2017(2)：17-18.
[93]朱立等．品牌管理(第三版)[M]. 北京：高等教育出版社，2020.
[94]王新刚．品牌管理[M]. 北京：机械工业出版社，2020.
[95]张挺．区域品牌的价值评估[D]. 复旦大学，2006.
[96]刘文超，孙丽辉，辛欣．区域品牌化理论研究：国外文献述评[J]. 税务与经济，2018(5)：54-62.
[97]孙丽辉，毕楠，李阳，孙领．国外区域品牌化理论研究进展探析[J]. 外国经济与管理，2009，31(2)：40-49.
[98]陆国庆．区位品牌：农产品品牌经营的新思路[J]. 中国农村经济，2002(5)：59-62.
[99]夏曾玉，谢健．区域品牌建设探讨——温州案例研究[J]. 中国工业经济，2003(10)：43-48.
[100]杨建梅，黄喜忠，张胜涛．区域品牌的生成机理与路径研究[J]. 科技进步与对策，2005(12)：22-24.
[101]蒋廉雄，朱辉煌，卢泰宏．区域竞争的新战略：基于协同的区域品牌资产构建[J]. 中国软科学，2005(11)：107-116.

[102]孙丽辉，盛亚军，徐明．国内区域品牌理论研究进展述评[J]．经济纵横，2008(11)：121-124.

[103]孙丽辉，王艳芳，蓝海平，毕楠．区域品牌形象效应的实验检验——基于原产国理论[J]．税务与经济，2015(3)：1-9.

[104]赵军．关于非物质文化遗产的区域品牌化[J]．理论探索，2008(3)：113-115.

[105]雷亮，彭真，李鸿．大数据在区域品牌营销中的应用研究[J]．图书与情报，2015(2)：77-81.

[106]马向阳，白丽群，杨颂．区域品牌的文化认同及内群体偏好的口碑传播效应研究[J]．软科学，2016，30(1)：105-109+119.

[107]熊爱华，邢夏子．区域品牌发展对资源禀赋的敏感性研究[J]．中国人口·资源与环境，2017，27(4)：167-176.

[108]赵卫宏，程海兵，张雷．区域品牌信任的四个维度及其构建[J]．江西社会科学，2017，37(7)：202-210.

[109]李嘉敏，韦明，李星颖．老字号品牌价值评估[J]．纳税，2019，13(1)：257.

[110]Berry，N. C. Revitalizing Brands[J]. Journal of Consumer Marketing，1988，5(Summer)：15-20.

[111]Kevin Lane Keller. Strategic Brand Management(影印版)，the 2nd Edition[M]．北京：中国人民大学出版社，2004.

[112]柴俊武，陈倩倩．复古品牌激活策略研究——以百雀羚为例[J]．广义虚拟经济研究，2014，5(3)：65-73.

[113]王成荣，王玉军．老字号品牌价值评价模型[J]．管理评论，2014，26(6).

[114]简予繁，周志民，周南．老字号品牌采用流行文化的合法性获得与影响[J]．华东经济管理，2019，33(9)：142-152.

[115]周德钧．回望武汉老字号[J]．武汉文史资料，2006(4)：42-45.

[116]李笙清．老汉口商家推广有妙招[N]．中国商报·收藏拍卖导报，2019-06-19.

[117]周英姿．武汉老字号的历史与振兴[D]．华中师范大学，2008.

[118]姚伟钧，李任．承嬗离合：湖北老字号的历史与发展[J]．文化发展论丛，2019(1)：213-228.
[119]方志武汉．经济体制综合改革试点城市[EB/OL]．(2021-07-14)．https：//www. sohu. com/a/477451559_ 121124762.
[120]中华人民共和国商务部商业改革司．商务部关于实施“振兴老字号工程”的通知[EB/OL]．(2006-04-14)．http：//ltfzs. mofcom. gov. cn/aarticle/aw/200604/20060401910767. html.
[121]中华人民共和国商务部商业改革司．商务部关于认定第一批“中华老字号”的通知[EB/OL]．(2006-11-16)．http：//ltfzs. mofcom. gov. cn/article/aw/200611/20061103752041. shtml.
[122]中华人民共和国商务部商业改革司．商务部关于印发《“中华老字号”标识使用规定》的通知[EB/OL]．(2007-04-20)．http：//ltfzs. mofcom. gov. cn/article/aw/200704/20070404593321. shtml.
[123]中华人民共和国商务部商业改革司．商务部等14部门关于印发《关于保护和促进老字号发展的若干意见》的通知[EB/OL]．(2008-04-10)．http：//ltfzs. mofcom. gov. cn/article/aw/200804/20080405470630. shtml.
[124]中华人民共和国商务部流通业发展司．商务部等16部门联合印发《关于促进老字号改革创新发展的指导意见》[EB/OL]．(2017-02-09)．http：//ltfzs. mofcom. gov. cn/article/aw/201702/20170202512701. shtml.
[125]人民网．人民日报聚焦老字号新零售[EB/OL]．(2018-06-07)．http：//finance. people. com. cn/n1/2018/0607/c1004-30044436. html.
[126]武汉市商务局．武汉老字号认定办法[EB/OL]．(2016-12-08)．http：//sw. wuhan. gov. cn/zfxxgk/zc/gfwj/202001/t20200106_ 567626. shtml.
[127]长江网．“十四五”期间，武汉要培育一批销售过亿元的老字号品牌[EB/OL]．(2020-12-30)．http：//news. cjn. cn/sywh/202012/t3765192. htm.
[128]朱福枝．老字号的经营特色[J]．武汉文史资料，1997(4)：132-135.
[129]周德钧．细说“苏恒泰”[J]．武汉文史资料，2006(7)：44-47.
[130]李任．武汉非物质文化遗产传承与发展研究[D]．华中师范大学，2015.
[131]李任．关于汉正街老字号保护与振兴的思考[J]．文化发展论丛，2016(2)：

80-93.

[132]财讯网．以研发创新，马应龙婴儿护臀膏吸引年轻妈妈[EB/OL]．(2021-06-11)．https：//hea. china. com/article/20210611/062021_ 801429. html.

[133]世界品牌实验室．世界品牌实验室发布2020年世界品牌500强[EB/OL]．https：//www. worldbrandlab. com/news/202012/.

[134]世界品牌实验室．中国最具价值500品牌评估报告[EB/OL]．https：//brand. icxo. com/brandmeeting/2020china500/brand/bg2. htm.

[135]中华人民共和国商务部．商务部部署2021年“老字号嘉年华”系列活动[EB/OL]．(2021-04-13)．http：//www. gov. cn/xinwen/2021-04/13/content_5599394. htm.

[136]长江日报．国家点名：加快武汉都市圈建设，打造全国重要增长极“十四五”规划纲要饱含“武汉机遇”[EB/OL]．http：//www. wuhan. gov. cn/sy/whyw/202103/t20210314_1650281. shtml.

[137]武汉市发展和改革委员会．武汉市国民经济和社会发展第十四个五年规划和2035年远景目标纲要[EB/OL]．(2021-04-29)．http：//www. wuhan. gov. cn/zwgk/xxgk/ghjh/sswgh/202104/t20210429_1678393. shtml.

[138]中华人民共和国商务部流通发展司．多措并举促消费 老字号发展焕新机[EB/OL]．(2021-06-11)．http：//ltfzs. mofcom. gov. cn/article/aw/202106/20210603070234. shtml.

[139]中新网湖北．武汉16个品牌进入2020年度中国品牌500强[EB/OL]．(2021-02-26)．http：//www. hb. chinanews. com/news/2021/0226/352903. html.

[140]武汉市统计局．2020年武汉统计年鉴[M]．北京：中国统计出版社，2020.

[141]湖北日报．湖北消费环境全国第四武汉夜经济活跃度全国第二[EB/OL]．(2019-08-28)．http：//sw. wuhan. gov. cn/xwdt/mtbd/202004/t20200423_1107611. shtml.

[142]贾璇．国潮复兴，国货崛起 这届年轻人就是爱国货[J]．中国经济周刊，2021(2)：24-25.

[143]陈杰．乘风破浪的新国货[J]．知识经济，2020(20)：54-57.

[144]长江日报．“新国货”主导年轻人的购物车[EB/OL].(2021-05-10). http://sw.wuhan.gov.cn/xwdt/mtbd/202105/t20210510_1682138.shtml.

[145]张俊．“湖北老字号”发展的障碍及其对策[J].中国市场，2014(43)：67-69.

[146]网易财经．马应龙[DB/OL]. http://quotes.money.163.com/f10/gszl_600993.html#01f02.

[147]网易财经．白云山[DB/OL]. http://quotes.money.163.com/f10/gszl_600332.html#01f02.

[148]谭宏．竞争与策略——迈克尔·波特的五种竞争力模型分析[J].渝西学院学报(社会科学版)，2005(6)：42-48+4.

[149]戴瑾．武汉老字号企业知识产权保护问题与破解探析[J].现代商贸工业，2010，22(16)：295-296.

[150]程绍珊，顾国峰．营销4.0的创新模式升级[J].销售与市场(管理版)，2012(5)：53-56.

[151]李荣庆．全渠道营销策略分析——以良品铺子为例[J].时代经贸，2021，18(3)：84-87.

[152]冯建英，穆维松，傅泽田．消费者的购买意愿研究综述[J].现代管理科学，2006(11)：7-9.

[153]王长征，寿志钢．西方品牌形象及其管理理论研究综述[J].外国经济与管理，2007(12)：15-22.

[154]方芳，许正松．国内外品牌形象研究综述[J].科技视界，2020(18)：199-201.

[155]江明华，曹鸿星．品牌形象模型的比较研究[J].北京大学学报(哲学社会科学版)，2003(2)：107-114.

[156]黄胜兵，卢泰宏．品牌的阴阳二重性——品牌形象的市场研究方法[J].南开管理评论，2000(2)：27-30.

[157]蒋廉雄，卢泰宏．形象创造价值吗?——服务品牌形象对顾客价值—满意—忠诚关系的影响[J].管理世界，2006(4)：106-114+129.

[158]罗子明．品牌形象的构成及其测量[J].北京工商大学学报(社会科学版)，

2001(4)：19-22.
[159]范秀成，陈洁．品牌形象综合测评模型及其应用[J]．南开学报，2002(3)：65-71.
[160]许晓勇，吕建红，陈毅文．品牌形象的消费行为学研究[J]．心理科学进展，2003(4)：464-468.
[161]焦璇，吕建红，陈毅文．品牌形象系统的因素结构[J]．心理学报，2004(3)：359-364.
[162]关辉，董大海．中国本土品牌形象对感知质量-顾客满意-品牌忠诚影响机制的实证研究——基于消费者视角[J]．管理学报，2008(4)：583-590.
[163]赵占波．品牌资产维度的探索性研究[J]．管理科学，2005(5)：12-18.
[164]关辉，董大海．品牌形象对消费者行为倾向影响的实证研究[J]．中国流通经济，2007(7)：42-45.
[165]刘凤军，王鏐莹．品牌形象对顾客品牌态度的影响研究[J]．科学决策，2009(1)：67-74.
[166]杨伟文，刘新．品牌认知对消费者购买行为的影响[J]．商业研究，2010(3)：158-162.
[167]康庄，石静．品牌资产、品牌认知与消费者品牌信任关系实证研究[J]．华东经济管理，2011，25(3)：99-103.
[168]杨桂菊，侯丽敏，柏桦，李斌．老字号品牌知名度、形象与支持：资产还是包袱？——基于品牌资产的顾客忠诚度研究[J]．经济与管理研究，2015，36(5)：138-144.
[169]马玲燕．基于消费者的品牌形象进化与老字号购买意愿的实证研究[J]．现代商业，2018(22)：22-25.
[170]王霞．品牌形象文化价值塑造对消费行为的影响[J]．商业经济研究，2020(5)：76-79.
[171]高辉，卢泰宏．西方消费者怀旧研究评介[J]．外国经济与管理，2006(8)：26-33.
[172]卢泰宏，高辉．品牌老化与品牌激活研究述评[J]．外国经济与管理，2007(2)：17-23.

[173]杜娟，孙明贵．上海老品牌怀旧价值的影响因素研究[J]．知识经济，2016(4)：75+77.

[174]何佳讯．传承与隔断：基于代际影响的老字号品牌关系质量——一项来自上海的探索性研究[J]．营销科学学报，2007(2).

[175]何佳讯，秦翕嫣，杨清云，王莹．创新还是怀旧？长期品牌管理“悖论”与老品牌市场细分取向——一项来自中国三城市的实证研究[J]．管理世界，2007(11)：96-107+149.

[176]张莹，孙明贵．中华老字号品牌资产增值——一个创新与怀旧契合的案例分析[J]．当代经济管理，2010，32(4)：21-25.

[177]孙明贵．怀旧消费研究：起源、成果及其核心问题[J]．浙江工商大学学报，2010(6)：66-72.

[178]张莹，孙明贵．消费者怀旧的理论基础、研究现状与展望[J]．财经问题研究，2011(2)：28-33.

[179]张莹，孙明贵．怀旧消费的形成机制与营销启示[J]．理论探讨，2011(4)：118-121.

[180]张莹．消费者怀旧产品购买行为主要影响因素的实证研究[D]．东华大学，2011.

[181]张义，孙明贵．消费者怀旧情感研究评述[J]．中国流通经济，2011，25(9)：94-99.

[182]张义，孙明贵．消费者怀旧情感对品牌忠诚的影响[J]．商业研究，2012(2)：32-36.

[183]张义，孙明贵．消费者怀旧的产生机制与营销功能[J]．华东经济管理，2012，26(4)：105-108.

[184]张义，孙明贵．怀旧消费决策模型及其营销启示[J]．商业研究，2012(9)：185-189.

[185]孙明贵．老字号品牌情感认知与消费者怀旧倾向测量[J]．企业经济，2014(9)：5-8.

[186]孙明贵，邓绪文，孙雨晴．怀旧倾向对老字号品牌购买意愿影响的中介效应研究[J]．广义虚拟经济研究，2017，8(2)：21-28.

[187]孙明贵，孙雨晴．消费者品牌怀旧情感的形成机理与怀旧营销策略[J]．广义虚拟经济研究，2015，6(3)：45-50.

[188]张艳．怀旧倾向对老龄消费者品牌偏好的影响——以中华老字号品牌为例[J]．财经问题研究，2013(10)：123-128.

[189]林升梁，郑璐莹．怀旧倾向在老字号品牌资产影响消费者态度中的作用机制研究[J]．新闻大学，2016(5)：114-125+133+151-152.

[190]王秀宏，杨立娟，马向阳．怀旧倾向对老字号真实性与品牌承诺、购买意愿关系的调节作用[J]．沈阳工业大学学报(社会科学版)，2017，10(1)：50-57.

[191]杨宜苗，邓京京，郭佳伟．产品属性一致性对老字号品牌延伸评价的影响机制[J]．学术研究，2021(3)：92-99+178.

[192]刘海兵，冯文静，张文礼．中华老字号文化传统、创新与能力动态分析[J]．科学学研究，2019，37(1)：140-153.

[193]Keller K L. Managing Brands for the long run：brand reinforcement and brand revitalization strategies[J]. California Management Review，1999，41(3)：102-124.

[194]梅雪芹．消费者感知老字号品牌创新性对购买意愿的影响机制研究[D]．华侨大学，2018.

[195]吕庆华，林炳坤，梅雪芹．老字号品牌创新的前因后果：基于消费者感知视角[J]．华侨大学学报(哲学社会科学版)，2019(1)：75-86.

[196]贺爱忠，彭星闾．中华老字号企业复兴的关键：创新力与控制力的动态统一[J]．商业经济与管理，2005(7)：24-28.

[197]张莹，孙明贵．中华老字号品牌资产增值——一个创新与怀旧契合的案例分析[J]．当代经济管理，2010，32(4)：21-25.

[198]秦州．基于品牌个性的中华老字号创新研究[J]．内蒙古农业大学学报(社会科学版)，2014，16(1)：126-129.

[199]杨博．基于品牌文化的中华老字号传承与创新研究[D]．云南财经大学，2014.

[200]张继焦，柴玲，黄莉，尉建文．传承与发展：老字号企业创新研究[J]．青

海民族研究，2016，27(4)：33-37.

[201]梅雪芹．消费者感知老字号品牌创新性研究综述[J]．北方经贸，2017(8)：19-22.

[202]吴梦晨．怀旧、创新与购买意向——以“老字号”为例[J]．重庆科技学院学报(社会科学版)，2016(6)：29-32+40.

[203]王海波，马金伟．消费者感知老字号品牌的创新性研究[J]．商业经济研究，2018(23)：48-50.

[204]杨桂菊，徐秀秀，曲旸．机会窗口、文化传承与老字号创新成长[J]．科学学研究，2020，38(12)：2271-2281.

[205]杨子晖，陈雨恬，张平淼．重大突发公共事件下的宏观经济冲击、金融风险传导与治理应对[J]．管理世界，2020，36(5)：13-35+7.

[206]秦启文等．突发事件的管理与应对[M]．北京：新华出版社，2004.

[207]郭研实．国家公务员应对突发事件能力[M]．北京：中国社会科学出版社，2005.

[208]李明强，岳晓．透视混沌理论看突发事件预警机制的建设[J]．湖北社会科学，2006(1)：45-47.

[209]朱力．突发事件的概念、要素与类型[J]．南京社会科学，2007(11)：81-88.

[210]李飞，马宝龙，林健．突发事件对零售企业顾客购买行为的影响研究[J]．南开管理评论，2010，13(3)：4-11.

[211]杨翠红，陈锡康．SARS 对我国消费的影响程度分析[J]．管理评论，2003(4)：13-17+63.

[212]何小洲，李治横．突发事件情境下个人安全动机与消费行为关系研究[J]．华东经济管理，2011，25(1)：112-114.

[213]戚海峰．突发事件情境下中国消费者冲动性购买行为研究[J]．华东理工大学学报(社会科学版)，2015，30(1)：29-36.

[214]沈正赋．突发公共事件的危机管理、舆情应对和共情传播[J]．社会科学文摘，2020(3)：11-13.

[215]李柳颖，武佳藤．新冠肺炎疫情对居民消费行为的影响及形成机制分析

[J]. 消费经济，2020，36(3)：19-26.

[216]金晓彤，宋伟，赵太阳，姚凤．公共卫生事件对居民非理性消费行为的影响[J]. 西安交通大学学报(社会科学版)，2020，40(4)：50-60.

[217]孙承文，李海廷．突发事件下个体抢购行为的影响因素分析——以新冠肺炎疫情期间口罩消费为例[J]. 商业经济，2021(8)：66-68.

[218]李林梅．试论市场调查中问卷设计的几个基本原则[J]. 统计与信息论坛，2000(2)：45-47+59.

[219]钟柏昌，黄峰．问卷设计的基本原则与问题分析——以某校 2011 年教育学硕士学位论文为例[J]. 学位与研究生教育，2012(3)：67-72.

[220]贺珍．问卷设计五原则[J]. 秘书之友，2018(9)：16-18.

[221]许衍凤，赵晓康．中华老字号品牌形象结构维度实证研究[J]. 山东工商学院学报，2015，29(1)：53-59.

[222]何佳讯．品牌关系质量本土化模型的建立与验证[J]. 华东师范大学学报(哲学社会科学版)，2006(3)：100-106.

[223]何佳讯．我们如何怀念过去？中国文化背景下消费者怀旧倾向量表的开发与比较验证怀旧倾向与怀旧产品购买行为研究[J]. 营销科学学报，2010(10)：30-50.

[224]何佳讯，秦翕嫣．中西价值观碰撞：消费者的物质主义、怀旧倾向于中外品牌态度[C]. 上海市社会科学联合会．改革开放 制度. 发展. 管理：上海市社会科学界第六届学术年会集(2008 年度)：经济、管理学科卷．上海：上海人民出版社，2008：210-221.

[225]汪涛，周玲，彭传新．消费者不安全感与怀旧产品购买行为研究[J]. 经济管理，2011(1)：83-92.

[226]俞林．社会转型背景下消费者焦虑对怀旧消费决策的影响机理研究[D]. 东华大学，2017.

[227]李耀．中国老字号品牌重振策略研究[D]. 华东师范大学，2007.

[228]楚晓勤．中华老字号品牌的营销策略对消费者购买意愿的影响研究[D]. 东北大学，2012.

[229]徐伟，汤筱晓，王新新．老字号真实性、消费态度与购买意向[J]. 财贸研

究，2015，26(3)：133-141.

[230]王瑞．老字号的品牌延伸产品购买意愿研究文化认同、契合度的影响[J]．东北农业大学学报(社会科学版)，2015，13(5)：17-23+30.

[231]郭彦，孙明贵．老字号品牌价值共创机理及对策研究——基于服务主导逻辑视角[J]．统计与信息论坛，2016，31(9)：89-100.

[232]杜学美，丁璟妤，谢志鸿，雷丽芳．在线评论对消费者购买意愿的影响研究[J]．管理评论，2016，28(3)：173-183.

[233]张俊，王勇．老字号品牌的刻板印象与消费者购买意愿的关系研究——基于消费者认知过程的实证分析[J]．河北经贸大学学报(综合版)，2018，18(1)：50-57.

[234]刘德文，姚山季．调节聚焦对老字号品牌激活策略效果的影响——品牌认同的中介效应[J]．财经论丛，2018(10)：86-95.

[235]高凌，张梦霞．消费者非遗产品购买意愿影响因素及作用机制[J]．经济与管理研究，2018，39(1)：126-135.

[236]王新新，徐伟，单臻．老字号真实性对购买意向的影响——口碑与自我概念一致性的作用[J]．经济问题，2019(7)：62-68.

[237]易丹辉，李静萍．结构方程模型及其应用[M]．北京：北京大学出版社，2019.

[238]商务部．1128家中华老字号迎政策礼包[EB/OL]．(2017-02-07)．http：//sw. wuhan. gov. cn/zfxxgk/zc/zcjd/202001/t20200106_570903. shtml.

[239]凯文·莱恩·凯勒，王海忠，陈增祥．战略品牌管理(全球版·原书第4版)[M]．北京：机械工业出版社，2021.

[240]林炳坤，吕庆华，杨敏．多渠道零售商线上线下协同营销研究综述与展望[J]．重庆邮电大学学报(社会科学版)，2017，29(4)：94-103.

[241]王国顺，邱子豪．零售企业网上与实体零售的比较及协同路径选择[J]．财经理论与实践，2012，33(4)：110-113.

[242]陈刚．后广告时代：创意传播管理革命[J]．广告大观(综合版)，2008(7)：23-25.

[243]陈刚．思想、理论与方法——创意传播管理的发展[J]．广告大观(理论

版)，2017(4)：4-10.

[244]Lengnickhall C A，Beck T E，Lengnickhall M L，et al，Developing a capacity for organizational resilience through strategic human resource management[J]. Human Resource Management Review，2011，21(3)：243-255.

[245]朱瑜，王小霏，孙楠，等．基于战略人力资源管理视角的组织复原力研究[J]. 管理评论，2014，26(12)：78-90.

[246]何奎，崔萧，刘文昌．基于同群效应的组织复原力提升路径研究[J]. 辽宁工业大学学报(社会科学版)，2020，22(3)：30-31+35.

[247]付丙海，高德芳，孙秀梅．跨界搜寻、组织复原力与企业绩效——基于278家瞪羚企业的实证分析[J/OL]. 科技进步与对策：1-9[2021-09-07]. http：//kns. cnki. net/kcms/detail/42. 1224. G3. 20210527. 0924. 006. html.

[248]张秀娥，杨柳．组织复原力对中小企业可持续发展的影响——基于突发事件应对视角[J]. 华东经济管理，2021，35(9)：70-78.

[249]赵婷，刘志峰．企业生态位复原力的结构体系和培育途径研究[J]. 商业经济研究，2017(19)：121-123.

# 附录：武汉老字号品牌消费者购买行为调查问卷

尊敬的受访者：

您好！我们正在进行一项关于武汉老字号品牌的市场调查研究，您的作答将是本次研究成功的关键，十分感谢您在百忙之中填答此问卷。本问卷不涉及姓名、电话等隐私信息，请您放心填写，谢谢！

请问您现在的居住地是在(　　)[单选题]

○江岸区

○汉阳区

○武昌区

○江汉区

○青山区

○硚口区

○洪山区

○蔡甸区

○江夏区

○黄陂区

○新洲区

○东西湖区

○汉南区

○其他____________

请选出您最常购买的武汉老字号品牌(　　)[单选题]

○蔡林记

○五芳斋

○叶开泰

○曹祥泰

○老谦记

○谈炎记

○老万成

○老通城

○赵李桥茶

○老大兴园

○汪玉霞

○马应龙

○其他____________

在该部分中，您将评估每一条陈述语句，同意程度最高的赋值为7，同意程度最低的赋值为1，中间依此根据同意程度分别赋值6，5，4，3，2等级。请您根据自己最常购买的老字号品牌真实情况选择合适的分数[矩阵量表题]

| | 7 | 6 | 5 | 4 | 3 | 2 | 1 |
|---|---|---|---|---|---|---|---|
| 该武汉老字号品牌能给我带来更好的购买体验 | ○ | ○ | ○ | ○ | ○ | ○ | ○ |
| 该武汉老字号品牌的质量有保障 | ○ | ○ | ○ | ○ | ○ | ○ | ○ |
| 该武汉老字号品牌在业界具有较高的评价 | ○ | ○ | ○ | ○ | ○ | ○ | ○ |
| 该武汉老字号品牌在竞争中具有较高的品牌地位 | ○ | ○ | ○ | ○ | ○ | ○ | ○ |
| 该武汉老字号品牌具有良好的品牌名声 | ○ | ○ | ○ | ○ | ○ | ○ | ○ |
| 该武汉老字号品牌的包装比较吸引我 | ○ | ○ | ○ | ○ | ○ | ○ | ○ |

续表

| | 7 | 6 | 5 | 4 | 3 | 2 | 1 |
|---|---|---|---|---|---|---|---|
| 该武汉老字号品牌的味道我觉得迄今为止没有变过 | ○ | ○ | ○ | ○ | ○ | ○ | ○ |
| 该武汉老字号品牌的风格让我觉得很有年代感 | ○ | ○ | ○ | ○ | ○ | ○ | ○ |
| 该武汉老字号品牌能唤起我对以前某些时期生活的回忆 | ○ | ○ | ○ | ○ | ○ | ○ | ○ |
| 该武汉老字号品牌让我具有怀旧的情感 | ○ | ○ | ○ | ○ | ○ | ○ | ○ |
| 我非常了解该武汉老字号品牌的时代背景和故事 | ○ | ○ | ○ | ○ | ○ | ○ | ○ |
| 该武汉老字号品牌经常推出新的产品 | ○ | ○ | ○ | ○ | ○ | ○ | ○ |
| 该武汉老字号品牌推出的广告富有创意 | ○ | ○ | ○ | ○ | ○ | ○ | ○ |
| 该武汉老字号品牌的营销方式符合当下时代发展需求 | ○ | ○ | ○ | ○ | ○ | ○ | ○ |
| 该武汉老字号品牌的营销渠道符合当下时代发展需求 | ○ | ○ | ○ | ○ | ○ | ○ | ○ |
| 该武汉老字号品牌定位符合当下时代发展需求 | ○ | ○ | ○ | ○ | ○ | ○ | ○ |
| 疫情导致我的消费欲望降低 | ○ | ○ | ○ | ○ | ○ | ○ | ○ |
| 疫情的发生影响了我在该武汉老字号品牌上的消费 | ○ | ○ | ○ | ○ | ○ | ○ | ○ |
| 疫情发生后我对购买该武汉老字号品牌产生了犹豫 | ○ | ○ | ○ | ○ | ○ | ○ | ○ |
| 我对该武汉老字号品牌的购买需求在疫情结束后才会增加 | ○ | ○ | ○ | ○ | ○ | ○ | ○ |
| 疫情发生后该武汉老字号品牌推出了优惠活动 | ○ | ○ | ○ | ○ | ○ | ○ | ○ |
| 该武汉老字号品牌对我具有较高的吸引力 | ○ | ○ | ○ | ○ | ○ | ○ | ○ |

续表

| | 7 | 6 | 5 | 4 | 3 | 2 | 1 |
|---|---|---|---|---|---|---|---|
| 在同类商品选择时，我会优先考虑购买该武汉老字号品牌 | ○ | ○ | ○ | ○ | ○ | ○ | ○ |
| 我购买该武汉老字号品牌的意愿很强 | ○ | ○ | ○ | ○ | ○ | ○ | ○ |

请问您购买老字号品牌的单次最高消费金额是(　　)[单选题]

○100 元及以下

○101～500 元

○501～1000 元

○1000 元以上

请问您的年龄为(　　)[单选题]

○“60 后”及以上人群

○“70 后”

○“80 后”

○“90 后”

○“00 后”及以后人群

请问您的性别是(　　)[单选题]

○男性

○女性

请问您的月收入是(　　)[单选题]

○2000 元及其以下

○2001～5000 元

○5001～10000 元

○10000 元以上

请问您的学历是(　　)[单选题]

○初中生及以下

○高中生

○大学生

○研究生及以上

关于此次调查，您有什么意见？

[填空题]____________________

问卷到此结束，十分感谢您的参与合作！